U0531018

熊彼特文集
第 3 卷

从马克思到凯恩斯
十大经济学家

宁嘉风 译

Joseph A. Schumpeter
TEN GREAT ECONOMISTS FROM MARX TO KEYNES
George Allen & Unwin Ltd.
London 1952

译者序言

熊彼特(1883—1950)是当代著名的资产阶级经济学家、资本主义制度最热心的辩护士。

他早年执教于奥国维也纳大学。第一次世界大战以后，为了支撑垂危的奥国反动政权，曾直接参加统治集团，一度出任奥国财政部部长及银行总经理。1927年到德国波恩大学担任教授，1932年又投靠美国，在哈佛大学担任教授，一直到他逝世前几年。

他为宣扬资产阶级庸俗经济学写过不少著作，主要有《理论经济学的本质与内容》(1908年)、《经济发展理论》(1912年)、《经济理论与方法史上的阶段》(1924年)、《商业循环》(1939年)、《资本主义、社会主义和民主》(1942年)、《经济分析史》和本书(最后两本书是在他逝世的那年由他的亲友整理出版的)。在这些著作中，熊彼特在"纯粹经济学"、"纯粹理论分析"等词句的伪装下，竭力为资本主义制度辩护。

在这本书里，熊彼特对于无产阶级革命的伟大导师马克思极尽诽谤和歪曲之能事。由于世界无产阶级和广大劳动人民热烈拥护马克思主义，熊彼特表面上不得不承认马克思是伟大的思想家。紧接着他就攻击马克思的许多基本原理。他说劳动价值理论只适用于完全竞争的情况，并须以劳动是唯一的生产要素且都属于同一类型为条件,实际上是诬蔑马克思的劳动价值论和剩余价值论同资本主义生产交换过程不相符合。他还说什么工人不是按照成本计算生产出来的,劳动价值论即使适用于其他一切商品,也永远不能适用于劳动力这一商品,妄图借此否定剩余价值的来源和本质,从而否定资本主义剥削关系。他说马克思关于阶级和阶级斗争的理论是错误的,因为每个人都是按照他参加生产的功能来合理地参加分配的,如果把"所有权"看作是划分阶级的标准,其合理程度就像把持枪的人界说为士兵一样;即使把社会集团划分为资产阶级和无产阶级,在普通情况下这两个阶级的关系主要是互相合作的关系,趋于较高工资的动向绝不亚于趋于较高利润的倾向。显然,他的这些陈词滥调,都是妄图抹杀资本主义社会的基本矛盾和阶级对抗关系,否定马克思所揭明的资本积累的一般规律,为资本主义制度涂脂抹粉。他极力诋毁马克思的历史唯物主义观点,说什么马克思关于手工作坊产生封建社会、蒸汽工厂产生资本主义社会的提法是把技术因素的作用夸大到了危险的程度,马克思关于资本主义制度必然灭亡和社会主义、共产主义必然胜利的科学论断是"阴谋"。他睁眼不看世界无产阶级革命不断取得胜利、社会主义阵营形成与壮大的事实,胡说什么社会主义"不死鸟"不一定从资本主义覆灭的灰烬中长出来。然而资本主义社会阶级对抗关系是客观存在的。资本积累的后果,必然一极是资本家所占有的资本和财富的积累,另一极是工人的贫困和愚昧的积累。因此,资本主义社会的阶级斗争尖锐化是必然的。资本主义积累的历史趋势,正如马克思所指出的:"资本垄断,成了这种和它一起,并且在它下面繁花盛开起来的生产方式的桎梏。生产资料的集中和劳动的社会化,达到了同它们的资本主义外壳不能相容的地步。这个外壳会被炸开。资本主义私有制的丧钟响起来了。剥夺者被剥夺了。"(《资本论》第一卷)20世纪的历史和现状,完全证实了马克思对于资本主义前途的科学预见。熊彼特故意颠倒是非黑白,猖狂攻击马克思主义,这当然是枉费心机的。

对于书中提到的代表资产阶级庸俗经济学各个流派的12个学者,熊彼特完全换了一副腔调:一味地吹捧、标榜。他把瓦尔拉说成是最伟大的经济学家,说什么瓦尔拉在经济学史上第一次有效地采用了所谓"经济数量之间互相依存的纯粹逻辑"。他把门格尔的"成就"和哥白尼的成就相比拟,说什么门格尔的价值理论是唯一能同马克思的劳动价值论相抗衡的理论。他宣扬马歇尔和陶西格的局部均衡分析是有用的工具。他对帕累托、庞巴维克和费希尔更是大加捧场,说什么帕累托的"成就"超过瓦尔拉;庞巴维克的"造诣"比门格尔更卓越,其理论贡献属于全人类;费希尔解决了边际效用的计量问题,并且在庞巴维克的"成就"的基础上发展了利息理论。为了在资产阶级统治集团面前争宠,熊彼特对凯恩斯的经济理论有所指责(当然是属于资产阶级理论内部的争吵),但他还是从根本上加以肯定并为之辩解,他说:故意的批评,即使在个别的假定或主张的抨击上成功了,仍然无损于凯恩斯学说的整个结构。

人们清楚地知道,上述各派资产阶级经济学家的所谓理论与方法,完全是反科学的。他们从主观主义和形式主义出发,只是在资本主义社会经济现象的外表联系内兜圈子,而根本抹杀资本主义社会经济内在的、本质的联系。例如,他们的各种各样"均衡分析"完全离开了社会经济发展的历史的、客观的过程,掩盖了资本主义经济内在矛盾和阶级对抗关系。他们把供求关系看成是支配资本主义经济变动的基本力量,这显然是错误的,仅仅停留于供求关系的分析,并不能究明反映资本主义经济内在联系的客观规律。正如马克思所指出的:"很明白,资本主义生产的现实的内在法则,不能由需要与供给的相互作用来说明,⋯⋯因为要在需要与供给停止发生作用,即互相一致的时候,此等法则方才纯粹地实现出来。"(《资本论》第三卷)他们的"边际效用价值论"是为了反对马克思的劳动价值论而捏造出来的一种谬论。它阉割价值范畴的社会性和历史性,根本否认商品价值反映人和人的生产关系,把商品价值看成"财富与人们欲望"之间的关系,把价值规律视为人的心理作用的结果。总之,这批庸俗经济学家不过是"把资产阶级生产代表人物关于他们的最好世界的陈腐而自负的看法系统化,赋以学究气味,并宣布为永恒的真理"(马克思语)罢了。

熊彼特是欧美各国资产阶级经济学家1930年在美国成立的经济计量学会的创始人之一。在这本书里,他自然要利用一切机会来吹嘘经济计量学。他说,瓦尔拉在第一部作品中就提出了可以应用数学来研究经济问题的观点;马歇尔的"方便的工具"是经济计量学必然的出发点;帕累托描述收入分配的公式对经济计量学有很大贡献;如此等等。但是,我们知道,经济计量学只是披着数学和数理统计的科学外衣来玩弄形式主义的经济结构,借以否定表明社会经济现象本质联系的客观规律,继续贩卖资产阶级庸俗经济学,并为垄断资本集团和资产阶级政府维持反动统治出谋献策。因此,它同其他的一切庸俗经济理论一样,随着资本主义危机的发展,不可避免地要遭到可耻的破产。

　　鉴于熊彼特的经济理论和本书中宣扬的各派庸俗经济学家的理论观点在资产阶级庸俗经济学中占有重要的地位,特将本书译出,供学术界研究和批判之用。

目 录

前言(伊丽莎白·布迪·熊彼特)……………………………… 1

卡尔·马克思(1818—1883)…………………………………… 9

马力·爱斯普利·里昂·瓦尔拉(1834—1910) …………… 84

卡尔·门格尔(1840—1921)………………………………… 91

艾尔弗雷德·马歇尔(1842—1924)………………………… 102

维尔弗来多·帕累托(1848—1923)………………………… 123

欧根·方·庞巴维克(1851—1914)………………………… 158

弗兰克·威廉·陶西格(1859—1940)……………………… 209

欧文·费希尔(1867—1947)………………………………… 242

韦斯利·克莱尔·米契尔(1874—1948)…………………… 260

约翰·梅纳德·凯恩斯(1883—1946)……………………… 283

附录…………………………………………………………… 318

  乔治·弗雷德里克·克纳普(1842—1926)………………… 318

  弗雷德里克·方·维塞尔(1851—1926)…………………… 321

  拉地斯劳斯·方·鲍尔特凯维兹(1868—1931) ………… 325

人名对照表…………………………………………………… 329

前　　言

　　这些篇论文是在1910—1950年这40年期间里写出的,最早的三篇(瓦尔拉、庞巴维克、门格尔)是用德文写的,其余是用英文写的。除了关于马克思的那篇论文以外,它们或是在某一经济学家逝世的时候,或是在某种纪念日的时候——如马歇尔《经济学原理》发表50周年纪念,帕累托诞辰100周年纪念——为几个经济杂志写的。熊彼特认为它们是为特定的纪念日仓促赶写成的,没有集刊成书的价值。但是许多人需要它们,因为原来发表它们的那些杂志难于得到。所以,他在逝世(1950年1月)前几个月,最后同意由牛津大学出版社刊行。

　　这十篇主要论文,除了关于马克思的那一篇以外,都是熊彼特自己选择的。1949年6月,即《共产党宣言》发表的100周年以后不久,为了纪念这篇名著,他给《政治经济学杂志》写了一篇题为"《共产党宣言》在社会学和经济学中"的论文。他原先打算把这篇论文选入本书。现在我们用《资本主义、社会主义和民主》一书中的第一部分即"马克思学说"代替了它,因为这篇文章对于作为先知、社会学家、经济学家和导师的马克思,做了更全面的论述。我非常感谢卡斯·坎斐尔德先生和哈培尔兄弟出版社慷慨允许将"马克思学说"选入《十大经济学家》里。我同时借此机会感谢《经济学季刊》、《美国经济评论》、《经济学杂志》和《计量经济学》的编辑和出版者，因为他们同意把原先在他们刊物上发表过的这些论文选入本书。本书所选入的部分论文原先发表在早期德文《国民经济杂志》上，现在这一刊物已经停刊，我就无从感谢了。

附录中关于克纳普、维塞尔和鲍尔特凯维兹的三篇短文，是由于戈特弗里德·哈伯勒教授的建议而被选入的。他认为这三篇短文应当再发表，并且应当和其他传记论文一道选入本书。这三篇短文是为《经济学杂志》写的。从1920年到1926年熊彼特是这一杂志的奥国通讯编辑，从1927年到1932年又是该杂志的德国通讯编辑，1932年他离开波恩大学去了哈佛大学。

著者和这些篇传记论文的主人公之间大都具有密切的联系。他不仅推崇他们的作品，而且，除了一个例外，他都认识他们，[①]并且同其中一些人的私人友谊很亲密。这一例外又是卡尔·马克思。马克思在1883年逝世，这正是熊彼特和十大经济学家中最年轻的凯恩斯诞生的一年。熊彼特和马克思有一共同之处，那就是关于经济发展过程的看法。在他自己的《经济发展理论》里，熊彼特企图提出"关于经济变迁不单是决定于推动经济制度从一个均衡到另一个均衡的各种外在因素的纯粹经济理论"。在这一著作日文版的序言里，他说："读者可能会立刻明了的一点，我在开始时是不清楚的，即这一概念和这一目的（熊彼特自己的）是和构成卡尔·马克思经济学说基础的概念和目的完全相同的。实际上，马

---

① 这句话对于十篇主要论文所论述的人物全部适用，至于附录中所论述的三位经济学家，他和维塞尔很熟悉，他也可能见过克纳普和鲍尔特凯维兹。

克思所以有别于同时代和前代的经济学家,正是因为他所持的经济发展的特定过程是经济制度本身所产生的这一看法。在任何其他方面,他只是采用或修改李嘉图经济学的概念和命题;但是被放在次要的黑格尔背景里的经济发展概念,却完全是他自己的创见。可能正是由于这一点,一代又一代的经济学家才又都折回到他这里来,尽管他们可能发现他有许多可以批评之处。"此外,在《经济分析史》手稿里我们看到:"在他(马克思)的主导思想里,经济发展一事不像当时一切其他经济学家所认为的那样是经济静态学的附属物,而是中心问题。他把他的分析力集中于阐明由于自身内在的逻辑而变动的经济过程,如何不断地改变社会体制——实际上即整个社会。"这种看法是他们共有的,但却引向极不相同的结果:它使马克思谴责资本主义,而使熊彼特成为资本主义的热心辩护人。

熊彼特认为,作为一门科学的经济学,它的发展决定于看法与技术。正如他推崇马克思关于经济发展过程的看法那样,他也推崇只见过一次面的瓦尔拉的纯粹经济理论。在《经济分析史》里关于后者他说:"……经济学是一辆庞大的公共汽车,它运载着兴趣和能力难以互相比较的许多乘客。但是就纯粹理论来说,我认为瓦尔拉是最伟大的经济学家。他的经济均衡体系把'革命的'创造性的优点和古典学派的综合的优点统一起来,这是唯一可与理论物理学的成就比美的一个经济学家的作品。"

马克思和瓦尔拉各走一个极端:前者企图合理地说明经济变迁;后者给我们一个"理论工具,它在经济学的历史中第一次有效地采用了经济数量之间互相依赖的纯粹逻辑"。

熊彼特对于历史和纯粹理论，计量经济学和大量搜集的实际资料，社会学和统计学，都极为欣赏，并认为有用。这是他的特色。① 这种广泛兴趣也反映在这些篇传记论文之中。

他在维也纳求学的时候认识了门格尔、庞巴维克和维塞尔。门格尔和他的两位弟子——庞巴维克与维塞尔——可以算是奥地利或维也纳学派的共同创始人。那时门格尔已从大学退休，熊彼特只见过他一两次。但这些篇论文的著者是维塞尔和庞巴维克讨论班上的积极参加者(1904—1906年)。其后，关于利息率问题他和庞巴维克进行了著名的论战(见《国民经济杂志》，1913年)。1921年庆祝维塞尔七十诞辰时，他是三位发言人之一。

虽然他对于自己受熏陶的奥地利学派的著作看得很高，但对于发展边际效用价值理论的另一个学派却更有兴趣，那就是由于瓦尔拉著作而产生出来的洛桑学派。从某种意义上说，这一学派的真正创始人是接替瓦尔拉在洛桑担任政治经济学教授的他的杰出学生帕累托。直到最近，对于英美的经济学家来说，他们的作品是太"数学化"和"理论化"了。同时英美的经济学家认为阅读用其他文字写的经济学家的著作有困难(也许是浪费时间)。但是洛桑学派在早年就得到两位第一流的美国信徒——欧文·费希尔和H.L.穆尔。本书的十篇论文中有三篇是献给瓦尔拉、帕累托和费希尔的。在关于帕累托的论文的一个脚注里，熊彼特描述了一次集会，会上谈论着各派经济学家，帕累托对于欧文·费希尔给予很

---

① 哈伯勒在《经济学季刊》(1950年8月)里提到他说，在个别领域里有人超过他，"但作为经济学各部门的大师和博学多能之士，当代经济学家无出熊彼特之右者"。

高的评价；熊彼特说："当我听到他(帕累托)对于(费希尔的)《资本与收入》给予很高的评价时,真是出乎意料。"

1906年在维也纳获得学位以后,熊彼特到英国去了几个月。他拜访了一些英国经济学家,在1907年他第一次会见了马歇尔。熊彼特在1933年12月给《经济学杂志》写了一篇关于凯恩斯《传记论文集》的书评,在一个附注里简短地描述了这次会见。在评论凯恩斯关于马歇尔的论文时,他写道："当我在1907年隔着早餐桌望着他(马歇尔)时,我对他说,'教授,在我们谈话之后,(关于我的科研计划)我真觉得我就像一个轻率的恋爱者一心要进行冒险的结婚,而您就像一位慈祥的老伯想说服我断了这个念头'。他回答说,'这是理所当然的。因为它要是可为的话,伯父的劝诫就无用了'。"本书里熊彼特自己的论文表明他对马歇尔的著作是如何地重视。当这篇论文在《美国经济评论》上发表之后,他收到玛丽·马歇尔在1941年7月19日从英国剑桥寄来的一封短信。信里说："我刚刚收到《美国经济评论》。我正以极大的兴趣阅读你所写的关于马歇尔《经济学原理》发表五十周年的评价。我一向就知道你对于他的著作是如何赞赏。我很高兴你趁此良机热烈而恰当地表达了你的赞赏。这篇论文的最末一段尤其使我欣慰。我也和你同样欣赏凯恩斯先生的《纪念艾尔弗雷德·马歇尔》一文。"

熊彼特在1913—1914这一学年作为奥国交换教授来到美国哥伦比亚大学时,可能是第一次和这些篇论文中所讨论到的美国经济学家(陶西格、费希尔、米契尔)会面。在此之前,他阅读过他们的著作,并至少和陶西格通过信。1912年11月27日陶西格从马萨诸塞州剑桥写给他一封信,信中称赞了这位青年经济学家的英文水平,并讨论了他所提出的一个理论问题。"我对于你的论证没有争议,但是我的倾向是从一个更为实际的观点来研究这些问题。"陶西格在提出供给图表的一些画法以后又继续说:"我很想把同样论证应用于劳动,就像应用于资本与土地一样,并发展一种'租赁'劳动理论。我已经拟出来讨论这一题目的一篇长文的大纲。你当然知道我的朋友 J. B. 克拉克进行这种论证,以及稍晚一些时候欧文·费希尔更仔细地进行这种论证的情形。关于这一论题还没有得出最后结论。我并不如此放肆地认为我自己能够得出这一结论,但是我希望对这一题目有所贡献。"这样开始的友谊一直继续到1940年陶西格逝世的时候。实际上在熊彼特到哈佛的最初几年(1932—1937年),他和陶西格一起住在斯考特街二号。

同样,他既推崇欧文·费希尔和韦斯利·米契尔,也和他们有感情。他和费希尔共同创立计量经济学会。当熊彼特到费希尔在纽黑文的比较朴素的家(那里烟、酒、咖啡,并且我相信连肉都罕见)中访问时,这两个朋友间饶有许多趣事,咖啡是为这位"堕落的"客人特别煮的。阿尔及尔大学 G. H. 布斯克教授在法文《政治经济学评论》1950年第3期的一篇文章里曾经描述过这次纽黑文的周末谈话。本书里纪念韦斯利·米契尔逝世的论文,是在熊彼特自己逝世前一两个星期才完成的。米契尔和熊彼特都研究商业循环。他们都相信,为了有效地研究资本主义发展中的这一现象,需要调查分析最广泛的实际资料。熊彼特辛勤地搜集他自己的资料,而且几乎没有别人帮助搜集,因为这是他的工作方法。但他对于能够组织全国经济研究局,并明智而有效地应用它的资料的人给予了最大的赞赏。

虽然凯恩斯很久以来就是《经济学杂志》的编辑之一，而熊彼特从1920年起就是这一杂志的奥国通讯编辑，但是到1927年他才和凯恩斯会面。由于一些难以解释的理由，他们两位的关系，不论从个人说或从专业说，都是不太密切的。

关于论述瓦尔拉、门格尔和庞巴维克的那三篇文章的翻译，曾经发生了一定的困难。正如保罗·斯维济在他的《帝国主义和社会阶级》的序言里所指出的，也正如哈伯勒早些时候在《经济学季刊》上发表的一篇论文里所指出的，熊彼特的德文风格特别难以翻译。哈伯勒说："他的有些复杂的文学笔调，也许可以最好地形容为'奇异的格式'。这种笔调能恰当地表达出他的思想的复杂结构。它的特征是长长的句子，许多修饰短句，修饰语再加修饰语，诡辩式的词义区别。正如人们会想到的，他的文体特点在他的德文著作里特别显著，因为德国语言更便于表现出复杂的结构。"熊彼特也知道这一事实，特别是关于庞巴维克的那篇论文，他认为那篇论文太长了，为了便利英语读者起见，必须删减和改写。他强调指出不这样做是"不行的"。

关于庞巴维克的那篇论文，比原来的篇幅约删减了一半。删减工作是由哈伯勒和译者——著者从前的学生赫伯特·查森浩斯教授——共同进行的。为了他们的关怀和慷慨的帮助，我愿意在这里感谢哈伯勒教授和三位译者（沃尔夫根·斯托尔培尔、汉斯·辛格和赫伯特·查森浩斯）。我也要感谢保罗·斯维济，他和我一道读过全部译文，还在许多地方帮助我润色文字和澄清含义。在一些情况下，对于译文中直译或含义模糊的段落，我不得不冒昧地加以改动。关于庞巴维克的那篇论文特别是如此。因此，译文中的任何缺点都是我所造成的,因而只能由我来负责。

其余的论文是用英文写的,这次是按照原来发表的文章重新刊印的。除了改正一些小的印刷错误,以及为保证技术细节诸如大写字母、标点符号和附注排列的格式一致而做了一些小的变动以外,没有做任何其他改动或修订。

伊丽莎白·布迪·熊彼特

康涅狄格,大康尼

1951年2月2日

卡尔·马克思

(1818—1883)

马克思学说[*]

　　绝大部分人类智慧或想象的作品，经过一定的时间之后就永远过时了。这一时间，短的仅如茶余饭后的片刻，长的也不过二三十年。但有些作品却不是这样。它们有时会黯然失色，但是它们会以各自的形式，带着人们能以目睹手触的各自的痕迹，作为文化遗产中可以辨识的成分而恢复其光辉。这些作品我们可以恰当地称为伟大的作品——这一定义把伟大和生命力联系在一起并无不利之处。按照这种意义说，"伟大"一词毫无疑问是适用于马克思的启示的。但是，用复活来说明伟大还有另外一个好处，那就是它因此可以不受我们爱憎的影响。我们不必以为伟大的成就，不论在基本宗旨方面或在细节方面，必然是光明的来源或没有错误。与此相反，我们可以相信它是黑暗的力量；我们可以认为它是根本错误的，也可以在若干具体问题上不同意它。对马克思理论来说，正是由于那些非难甚或完全否定没能给它以致命的打击，从而只能有助于它的力量的发挥。

---

[*] 选自约瑟夫·A. 熊彼特：《资本主义、社会主义和民主》，1942年版，经哈培尔兄弟出版公司允许重印。

近20年来，人们看到了极饶兴趣的马克思主义的复兴。这位社会主义信仰的伟大导师在苏联享有声誉是不奇怪的。只是在经典化的过程中，马克思启示的原意和布尔什维克的实践与观念之间的鸿沟，至少像卑微的耶稣教和红衣主教或中世纪好战领主的实践与观念之间的差异一样大，这是一个特点。

但是另一复兴就比较不容易解释，那就是马克思主义在美国的复兴。这一现象是很有趣的，因为一直到20年代，不论在美国工人运动中，或在美国知识分子的思想中，都没有重要的马克思主义的调子。当时美国所有的马克思主义总是肤浅的、不重要的和没有地位的。此外，布尔什维克式的复兴，在从前最为马克思观念所笼罩的那些国家里并没有产生同样的冲刺。尤其是在所有国家中马克思传统最强的德国，在战后社会主义兴盛时期和过去的衰微时期一样，的确始终存在一小撮正统派。但社会主义思想的领导人物（不仅是和社会民主党联盟的那些人，还有在实际问题上比社会民主党的谨小慎微的保守主义走得更远的那些人）对于恢复原来的教义没有表示出多大兴趣，对马克思采取敬而远之的态度，在经济事务方面，完全像其他经济学家那样看问题。因此，在俄国之外，美国的现象是突出的。虽然我们不管它的原因是什么，但考虑一下许多美国人所形成的自己的马克思主义的轮廓和意义，那是值得的。①

---

① 我们将尽量不多引用马克思的著作，并将不提供关于他的生平的资料。这似乎是不必要的。因为为了我们的目的，想得到马克思著作的目录和关于他的生平概要的任何读者，可以在任何字典里找到他所需要的一切，特别是在《英国百科全书》或《社会科学百科全书》里。研究马克思，从《资本论》第一卷开始最方便（第一部英译本的译者是穆尔和艾威林，编者是恩格斯，1886年）。传记方面，虽然有大量的更新近的作品，我仍然认为F.梅林的著作是最好的，至少从一般读者的观点来看是如此。

一、先知马克思

我不是因为偶然疏忽而拿宗教界来类比,硬给这一章起这个标题。这不只是类比。在某种重要意义上说,马克思主义是一种宗教。对信徒来说,它首先表现为一种关于最终目的的学说,这些最终目的体现着人生的意义,并且是检验各种事物和行动的绝对标准;其次,它是达到这些目的的指南,包含着救世的计划,并指出人类或特定部分人类必须从那里获救的灾难。我们也可以进一步详细说明如下:马克思主义者的社会主义也属于许诺在人世建立天堂的那一分支流派。我相信,由圣典学家有系统地讲述这些特征,会对于分类和评论提供方便;它可能比纯粹经济学家的任何说明都更深入地指向马克思主义的社会学本质。

关于这一方面,最不重要之处是马克思主义的宗教性说明了马克思主义之所以成功的原因。① 纯粹的科学成就,即使远比马克思所达到的更为完善,也从来不可能像马克思那样永垂青史。他的党的口号武器库也办不到这一点。他的成功的一部分,虽然只是极小的一部分,诚然应归功于他给他的信徒准备好的,在任何讲坛可以随时使用的大量的让人心潮澎湃的成语、煽情的谴责和愤怒的手势。关于这一问题的这一方面需要说的是,这种弹药过去曾经,现在也正在很好地起着它的作用,但它的生产却带来了一

---

① 马克思主义的宗教性也说明了正统马克思主义者对反对派的特有态度。对他们来说,就像对任何宗教信徒一样,反对者不仅有错误,而且还有罪孽。不仅从理智上,而且从道义上不准有异议。一旦"启示"透露给人们,持有异议就不可能得到饶恕。

种不利:为了给社会斗争战场制造这类武器,马克思有时不得不离开他的学说所应该合理得出的意见。但是,如果马克思只是一个寻章摘句的人,他现在就会湮没无闻了。人类对那类服务是不感谢的,很快就会忘掉那些为政治歌剧写歌词的人的名字。

但他是一位先知。为了理解这一成就的性质,我们必须从他的时代背景来考察。当时是资产阶级成就的顶点又是资产阶级文明的低潮。当时是机械唯物主义的时代。当时的文化环境还没有显露出孕育新文艺和新生活方式的任何迹象,到处充斥着最讨厌的平庸陈腐生活。社会上一切阶级都迅速地抛弃着任何真正意义的信仰,工人世界的一线希望(除了从罗奇德尔[①]的态度和储蓄银行所得到的以外)也随着消逝了,而知识分子则自称十分满足于穆勒的《逻辑》和济贫法。

这个时候,对于成千上万人来说,马克思主义启示中的人间社会主义天堂就是新的一线光明和新的人生意义。人们可以对马克思主义宗教产生质疑——关于这种看法有许多的话可说,但却不能忽视或不赞赏这一伟大成就。即使所有这成千上万的人几乎都不能理解或评价马克思启示的真正意义,那也没有关系。那是一切神示的共同命运。重要的事情是,这一启示是如此组织和传达的,它能为当代具有实证主义思想的人所接受——毫无疑问,实证主义思想主要是资产阶级的,但是,说马克思主义主要是资产阶级思想的产物并没有什么悖理之处。情况是这样造成的:它一方面

[①] 指消费合作。罗奇德尔是英国兰开夏的行政自治市。1844年在那里成立世界上第一个消费合作社。——译者注

以无比的力量系统地详细描述受挫折和被虐待的心情,这本是大多数失败者自我治疗的态度;另一方面它又宣称,社会主义肯定能把人们从这些灾难里拯救出来。

衰微的宗教使得人们彷徨如丧家之犬怀着许多超理性的渴望。当代一些难以避免的理性主义和唯物主义的趋势又不能容忍任何没有科学或假科学内容的信念。马克思主义者把这些超理性的渴望和理性主义与唯物主义的趋势成功地交织在一起,这是何等高超的技术!只宣传最终目的是不会生效的。只分析社会进程仅能使几百个专家发生兴趣。但披着分析的外衣去宣传并针对人们内心的需要进行分析,却是赢得热烈拥护之道并给予马克思主义者以无上的犒赏。这一犒赏包含着这样的信念,即人们所赞成拥护的永远不可能失败,最后一定会取得胜利。当然,这并没能详尽说明这一成就。个人的力量和预言的闪光是独立于信条的内容而发生作用的。没有这些就不可能有效地显示任何新的生活或新的生活意义。但在这里这些是与我们无关的。

关于马克思想要证明社会主义归宿的不可避免性这一企图的中肯性与正确性,我们还要说些话。但是,只要指出上面所说的他关于失败的人的心情的有系统讲述就足够了。当然,这不是有意识的或下意识的实际心情的真实描述。我们倒可以把它叫作一种企图,要以社会进化逻辑的真的或假的启示来代替真实的心情。由于这样做并由于把他自己的术语"阶级意识"归之于(很不实际地)人民大众,毫无疑问他歪曲了工人的真实心理(工人的真实心理是希望成为小资产者,并且要借助于政治力量来达到这一地位)。但是,只要他的教导发生影响,他也就扩大和提高了工人的心理。他没有为了社会主义观念的美好未来流出任何感情之泪。这是他自称为优越于他所谓乌托邦社会主义者的优点之一。他也没有像资产阶级那样,当他们担心得不到利润的时候,喜欢把工人称颂为终日勤劳的英雄。他完全没有巴结工人的倾向。这种倾向在他的某些较脆弱的信徒中是极明显的。关于人民大众是何许人,他可能具有很清楚的理解。他所瞻望的各种社会目标,远不是工人所能理解的,他们完全没有想到它们或需要它们。另外,他从不以他自己所确立的任何理想教导他们。他没有这种虚荣心。正如任何真正的先知都自称为他的神祇的卑微的代言人一样,马克思并不妄想说出比历史辩证进程的逻辑更多的事情。这一切都表现出能够弥补许多偏狭和鄙俗之处的庄严。在他的作品和生平中,这一庄严与这些偏狭和鄙俗构成了极为奇异的结合。

最后,另外一点也不应当略而不提。马克思个人的修养很高,不能同那些目不见舆薪的庸俗社会主义教授并列在一起。他完全有能力理解文明及其价值的"相对的绝对"价值,虽然他自己可能觉得与此相去很远。在这一方面,我们提不出比《共产党宣言》更好的证据来说明他的胸襟广阔。在这一宣言里,他也热烈地赞扬①资本

---

① 这可能似乎是言过其实。但让我们引证一些话:"资产阶级……首次证明了人类的活动能够取得怎样的成就。它创造了同埃及金字塔、罗马水道、哥特式教堂根本不同的艺术奇迹。……资产阶级……把一切民族……都卷入文明的旋涡里了。……它创立了规模巨大的城市……因而使很大一部分居民脱离了乡村生活的愚昧状态。〔原文如此!〕……资产阶级争得自己的阶级统治地位还不到一百年,它所创造的生产力比过去世世代代总共创造的生产力还要大,还要多。"请看,一切上述的成就都归功于资产阶级,这比许多彻头彻尾的资产阶级经济学家所宣称的还多。这就是上面那段里我所讲的全部意义——这和今天的庸俗化了的马克思主义观点,或近代非马克思的激进派的凡勃伦主义的拙劣作品是迥然不同的。

主义的成就；即使在宣布资本主义的将来死刑时，也从没有不承认它的历史必然性。诚然，这一态度暗示着有许多事情马克思自己原是不愿意接受的。但毫无疑问他的态度是很坚定的。由于认识到他的历史理论所特别表明的事物的有机联系，他就更容易采取这样的态度。对他来说，社会事物都有一定轨道。虽然在他的生平中的某些时候，他很可能是一个咖啡店中的阴谋者，他的真我却是厌恶这类事情的。对他来说，社会主义不是要取消其他一切生活情调并对其他文明制造不健康的和无聊的憎恨或轻蔑的一种固执观念。他的社会主义思想和社会主义意志是由他的根本立场所结合在一起的，把它叫作科学社会主义，从许多意义上说，都是正当的。

二、社会学家马克思

现在我们不得不做一件为忠实信徒所最反对的事情。对于他们所认为的真理的真正源泉进行冷静的分析，他们当然会感到不愉快。但他们感到最不愉快的一件事是把马克思的作品分成若干部分，一部分一部分地加以讨论。他们会说，这一做法表明了资产阶级没有能力领会这一光辉的整体。它的各部分是互为补充和互为说明的。因此，要是单就其中一部分或一方面来考虑，就会失去它的真正意义。可是我们没有另外的选择。当我们违背他们的意见，在分析了作为先知的马克思之后来分析作为社会学家的马克思时，我并不否认在马克思的作品中存在着对社会看法的统一性，这一统一性在某种程度上成功地给予他的作品以分析的统一性，更多的是外表的统一性。我也不否认这样的事实：作品的各部分尽管实质上是独立的，仍然是由著者把它们互相联系在一起的，但在这广阔领域的各个部分里，仍各自保存着足够的独立性，学者可以接受他的劳动果实中的某一部分，而拒绝另一部分。在这一过程中，宗教魔力大部分都消失了。但由于把重要的和令人鼓舞的真理拯救出来，因此也会有所收获。让这种真理单独存在，比把它束缚在一艘不可救药的破船上会更有价值得多。

这一说法首先适用于马克思的哲学，我们同样可以干脆不去讨论它。由于他是德国培育出来的，为人又善于思考，因此他的哲学基础很牢固，他对哲学的兴趣也很浓厚。德国式的纯粹哲学是他的出发点，也是他青年时代的爱好。有一个时期他认为这就是他的职业。他曾经是新黑格尔派哲学家。这大致是说，他和他的一派一方面接受他们的创始人的基本态度和方法；另一方面又摒除了黑格尔派其他信徒们对于黑格尔哲学所做的保守解释，而代之以极其相反的解释。这一背景表现在他的一切作品中，只要那里有机会的话。德国和俄国读者，由于思想倾向和训练基本相仿，都主要抓住这一因素把它作为理解马克思体系的总钥匙，那就不足为怪了。

我相信这是一个错误，并且对于马克思的科学能力是一种不公正的看法。他一生都保持着他的早期爱好。他因他的论证和黑格尔的论证之间可能找到某种形式上的类似而感到高兴。他喜欢证实他的黑格尔主义和使用黑格尔派词汇，但也只此而已。在任何地方他也没有背叛实证科学而依附于形而上学。在《资本论》第一卷第二版的序言里，他自己也这样说过。分析他的论证，足证他在那里所说是真的,不是自欺欺人的。他的论证是根据社会事实的,他的主张的真正来源都不出自哲学领域。诚然,那些从哲学角度出发的注释者或评论者是办不到这一点的,因为对于有关的社会科学他们知道的不够多。此外,哲学体系建立者的心理倾向是只愿意接受来自哲学原理的解说,而不喜欢接受任何其他解说。所以他们把哲学理解为关于经济实践的最实事求是的说明,从而把讨论引向错误的方向,贻误了朋友,也贻误了敌人。

　　作为社会学家的马克思借助于这样一种装备来完成他的任务,这种装备主要是广泛掌握历史的和当代的资料。他关于后者的知识总是有点过时,因为他是一个最大的书呆子,所以他所得到的基本资料(这是和报纸上的资料有所区别的)总是有点晚。然而,虽然有很多专论文章被他忽略了,但凡是具有一般重要意义或范围的当代历史作品他却很少漏掉。我们当然不能像颂扬他在经济理论领域里那样博学多识那样,说他在这一领域的知识也同样完备。可是他仍然不仅能以巨大的历史画面,也能以许多具体事实来说明他对社会的看法。这些具体事实大部分的可靠性被认为是超过而不是低于当代其他社会学家的标准。他在引用这些资料时,都是透过杂乱的不规则的表面现象而洞察历史事物的伟大的必然趋势。在这方面他不仅具有热情,也具有分析的冲动。他表述这一必然趋势的努力的结果,即所谓经济史观,①毫无疑问到今天还是社会学上一个最伟大的个人成就。在这个成就面前,究竟

---

① 首先发表于对普鲁东的《贫困的哲学》进行严厉抨击的著作中,名为《哲学的贫困》,1847年。经过改写之后又包括于《共产党宣言》里,1848年。

这种成就是否完全是马克思的创见或者在多大程度上应归功于德国和法国先辈之类的问题,就降到不重要的地位了。

经济史观并不意味着人们都有意或无意地、全部或主要地为经济动机所驱使。与此相反,关于非经济动机的作用和结构的说明,以及关于社会现实怎样反映于个人精神方面的分析,是这一理论的主要组成部分,也是它的最重要的贡献之一。马克思并没有认为宗教、形而上学、各派艺术、伦理观念和政治主张可以还原为经济动机或者没有重要意义。他只想揭露形成它们并说明其兴衰的经济条件。马克斯·韦伯①的全部资料和论证完全适合于马克思的体系。社会集团和阶级以及这些集团或阶级如何解释其本身的存在、地位和行为的方式,当然是最使马克思感兴趣的。有些历史学家根据社会集团和阶级的表面价值来采取这类态度和形成概念(意识形态或如帕累托所说的派生物)并想用以说明社会现实。对于采取这种态度的历史学家他大发脾气。但是,如果观念或价值对他来说不是社会进程的主要动力,它们也不只是一股轻烟。如果我可以使用比喻的话,它们在社会机器中是起着传送带的作用的。战后这些理论的最有趣味的发展是知识的社会学(Sociology of Knowledge)②,它对解释这一问题能提供最好的例证。虽然我们不能谈到它,但以上所说是必要的,因为马克思在这方面始终

---

① 这里所指的是韦伯关于宗教的社会学研究,特别是指重新发表于他的文集中他的名著《新教伦理和资本主义精神》。

② 德文是"Wissenssoziologie"。可以提出的最著名的人物是马克斯·舍勒尔和卡尔·曼海姆。后者在《社会学词典》(德文版)中关于这一题目所写的论文可作为入门读物。

被误解了。甚至他的朋友恩格斯,在马克思的墓前演说中,也认为这一理论意味着个人和集团主要是受经济动机的支配;这种看法在一些重要方面是错误的,在其他方面也浅薄得可怜。

我们还可以顺便为马克思辩护一下,以免遭受另一种误解:经济史观常常被称为唯物史观。马克思自己也这样称呼它。这一术语使它在某些人中间更享有盛名,而在另一些人中间就更不受欢迎。但这完全没有意义。马克思的哲学并不比黑格尔的哲学更为唯物主义,他的历史理论也不比用经验科学所占有的手段来说明历史过程的任何尝试更为唯物主义。应该看清楚,这正像世界上任何物质现象一样,在逻辑上是和任何形而上学的或宗教的信仰不相矛盾的。中世纪神学本身也提供了一些方法,可用以建立这种相容性。①

这一理论所实际说明的问题可以归纳为两个命题:(1)生产方式或生产条件是社会结构的基本决定因素,而各种态度、行动和文明又是社会结构所孕育出来的。马克思用"手推磨"产生封建社会,"蒸汽机"产生资本主义社会这一名言来说明他的用意。这就重视技术因素到了危险程度。但在技术并不就是一切的条件下,这一说法是可以接受的。如果通俗化一些,并承认这样做会失掉许多意义,我们可以说:我们每天的工作形成我们的思想,我们在生产过程中所处的地位决定我们对事物的看法——或我们看到的事物的方面——和我们各自在社会中所支配的活动范围。(2)各

---

① 我遇到过几个天主教激进派,其中有一个是牧师,他们都是虔诚的天主教徒,他们就持有这种看法,而且实际上他们自己宣称,除了关于他们的宗教信仰的问题以外,在各方面都是马克思主义者。

种生产方式本身都有其必然趋势；那就是说，它们是随着其本身的内在需要而变动的，从而只是通过本身的作用来产生后继的生产方式。用同一马克思的例证来说明：以"手推磨"为特征的制度产生一种经济和社会情况，使机械生产方法的采用成为实际需要，个人或集团都没有力量变更这种趋势。蒸汽机的兴起及其运用又产生新的社会机能和社会地位、新的集团和新的意见，它们又是这样地发展和互相影响，直到使它们自己的结构框架不能容纳它们为止。于是我们有了一个推进器，它首先推动经济变迁，并由于经济变迁从而推动一切其他社会变迁。这一推进器的动作并不需要任何外来的动力。

毫无疑问，这两种命题都含有大量真理，也是极宝贵的假定，这一点我们在以后几个地方都可以看到。目前大多数的反对意见——例如，所有那些指出伦理或宗教因素的影响的反对意见，或伯恩施坦早已提出的那种轻松而简单地认为"人有脑子"，因而能够随意行动的反对意见——都完全失败了。看了以上的叙述之后，几乎不需要再细说这样的论证的弱点了。当然人所选择的行动路线并不是直接由周围环境的客观事实所强迫使然的；但他们是根据这样一些立场、观点和倾向来进行选择，这些立场、观点和倾向并不构成另一套独立的事实，而其本身是由客观的形势所造成的。

不过，这里发生了一个问题：经济史观是否只是一个方便的近似法，是否它在某些方面的作用必然会不如它在另一些方面那样令人满意。一开头就有一个明显的限制。社会结构、形式和态度是一些不容易熔化的铸币。它们一旦铸成之后，就可能成世纪地持续着。由于不同的结构和形式表现了不同程度的存在能力,我们看到实际的集团和民族的行为,同我们根据生产过程的主要方式试行推论所预期的结果,总是或多或少地有距离。这是一种很普通的情况。当一种高度耐久的结构整个地从一个国家搬到另一个国家时,就可以看得最为清楚。诺曼征服在西西里所产生的社会情况会说明我的意见。马克思没有忽视这些事实,但是他没有认识到它们的一切含义。

一个有关的情况具有更不吉祥的意义。现在让我们考虑一下六七世纪时在法兰克王国中地主和佃户之间封建关系的出现。这肯定是一件极其重要的事件,它形成了延续很多世纪的社会结构,同时也影响了生产条件,包括欲望和技术在内。但其最简单的解释,要从先前由那些在确定征服了新地区之后成为封建地主的家族或个人所担任的军事领导职能中去寻找(征服以后他们仍然保有这种职能)。这不能完全圆满地适合马克思的主导思想,并且很容易被解释为指向另一方向。毫无疑问,借助于一些辅助的假定也可以把这类性质的事实包括在总的理论之内。但需要插入这样的假定,往往就是一个理论寿终的开始。

在运用马克思方法解释历史的过程中所引起的许多其他困难,由于承认生产领域和社会生活的其他领域之间的某种程度的相互作用,就可以得到解决。① 但是在其周围的基本真理的魔力,正是决定于它所主张的单方面关系的严格性和单纯性。如果此中有疑问的话,经济史观将不得不与其他同类主张并列——成为许

---

① 恩格斯在他的晚年直率地承认这一点,普列汉诺夫在这方面走得更远。

多局部真理中的一种——或让位于另一种能说出更多的基本真理的主张。但无论就它作为一种成就的地位说,或就它作为研究假定的方便性说,都没有因此而受到损伤。

当然,对于忠实的信徒来说,它简直就是一切人类历史秘密的总钥匙。如果我们有时候要嘲笑那些相当幼稚地应用它的人,我们应当记住它所代替的是些什么论点。如果我们记住这一点,就连经济史观的"跛足姐妹"——马克思的社会阶级理论,也会比较容易理解了。

马克思的社会阶级理论也是我们首先必须承认的一个重要贡献。经济学家在认识社会阶级现象方面是异常缓慢的。当然,他们常常把那些其互相作用产生了他们所研究的各种过程的人们分成阶级。可是这些阶级不过是具有某些共同特征的个人的集合体;例如,有些人因为享有土地所有权而被划分为地主,有些人因为出卖其劳动服务而被划分为工人。但是,社会阶级不是观察者分类的结果,而是本来存在的生动实体。它们的存在必然有其影响。如果把社会看成是个人或家族的无定形的聚合,那就完全看不到这些影响。究竟社会阶级现象对于纯粹经济理论的研究具有多大重要性,仍是一个相当有争议的问题。但对于许多实际应用和对于一般社会发展过程中的一切更广泛方面,毫无疑问它是很重要的。

我们可以粗略地说,在《共产党宣言》所包含的社会的历史就是阶级斗争的历史这段名言里,"社会阶级"这一概念首先被采用。当然,这是把它的位置提到最高点了。但即使我们把调子放低到这种主张,即历史事件常常可以用阶级利益和阶级态度来解释,现存的阶级结构总是解释历史时的一项重要因素,那也还剩下很多的东西使我们能够说,这一概念和经济史观本身几乎是同样有价值的。

显然,在阶级斗争理论所开辟的前进道路上能否成功,决定于我们自己所采用的具体阶级理论是否正确。我们对于历史的描述,我们对于文化模式和社会变革机构的解释,将随着我们所选择的阶级理论的不同而不同,例如,选择种族的阶级理论,就像哥宾诺那样把人类历史缩小为种族斗争历史,或是,选择施穆勒或涂尔干类型的分工的阶级理论,就把阶级对抗归结为职业集团利益之间的对抗。而且分析中可能产生的差异的范围也不限于阶级性质这一问题。不管我们对于阶级的性质采取什么看法,只要对阶级利益①的定义不同,只要对于阶级活动是如何表现的这一问题的看法不同,就会产生不同的解释。这一题目一直到今天仍然是偏见的温床,还没有达到它的科学阶段。

十分奇怪,据我们所知,马克思从来没有把显然是他的思想的主要枢纽之一,有系统地写出来。这可能是因为他的思想是这样地根据阶级概念看问题,以致他不觉得有必要写出确切的说明,因而把这一工作拖得太晚,来不及写了。同样可能的是,其中有些问题在他的思想中还没有解决。由于他对于现象坚持纯粹经济的和过分简化的概念,他给自己造成了一些困难,这就阻碍了他走向完

---

① 读者将会看到,人们关于什么是阶级和什么使阶级存在的看法,并不能很好地决定这些阶级的利益是什么以及每个阶级将怎样根据"它"——例如它的领袖或它的群众——所认为或感到的它的利益而行动,无论是长期或短期,错误或正确。集团利益问题本身是很麻烦的,它和所研究的集团的性质完全没有关系。

成一个完备的阶级理论的道路。他自己和他的信徒都把这一发育不全的理论应用到具体的典型事例上去,其中他自己的《法兰西的阶级斗争》是一个突出的例子。① 除此之外,没有取得真正的发展。他的主要伙伴恩格斯的理论是属于分工类型的,它的含义主要是非马克思的。除此之外,我们只有一些间接的和片段的说明——其中有些是有力量和杰出的——散见于这位大师的一切著作,特别是在《资本论》和《共产党宣言》里。

把这些片段意见集合在一起是一件细致的工作,我们在这里不能进行。但基本的观念是很清楚的。划分的原则在于占有或不占有生产手段(如工厂建筑、机器、原料)和工人的消费品。这样,我们基本上只有两个阶级,即生产手段所有者或资本家阶级和不占有生产手段被迫出卖劳动的工人或无产阶级。当然我们不否认存在着中间集团,如由既雇用劳动又自己进行体力劳动的农户和工匠所组成的集团,以及由雇员和自由职业者所组成的集团。但这些集团被看作变态,它们在资本主义发展过程中是趋于消失的。这两个基本阶级本质上是彼此敌对的,这是它们的地位的必然趋势,而与任何个人意志无关。每个阶级都有内讧,各分支集团之间会发生冲突,并且在历史上可能起决定性作用。但是最后分析起来,这些内讧和冲突是偶然的。资本主义社会的基本结构内在的而不是偶然的敌对,是建立于私人控制生产手段的基础之上的:资

---

① 另一个例子是我们以后会提到的社会主义者的帝国主义理论。鲍尔以资本家和工人之间的阶级斗争来解释居住在奥匈帝国的各种族之间的敌对关系(《民族问题》,1905年),这一有趣的尝试也值得提一提,虽然分析者的技巧只有助于表明这一分析工具的缺点。

产阶级和无产阶级之间关系的真正性质是斗争——阶级斗争。

我们马上就会看到,马克思想说明在阶级斗争中,资本家如何彼此互相摧毁,最后也将摧毁资本主义制度。他也想说明资本所有权将如何导致进一步的积累。但这一论证方式以及把所有权问题看作是社会阶级基本特征的这个定义本身,只能有助于提高"原始积累"问题的重要性。那就是说,只能有助于提高资本家一开始时如何成为资本家这一问题,或他们如何取得按马克思学说说来是为开始剥削所必需的物资储备这一问题的重要性。在这一问题上,马克思说得是极不明确的。① 资产阶级的童话说,过去有些人成为,现在每天也有人正在成为资本家,是因为他们在工作和储蓄方面有着过人的智慧和能力。马克思轻蔑地驳斥了这一说法。他嘲弄这一关于能干人的传说是做得对的。因为用哄笑来摆脱不恰当的"真理",毫无疑问是最好的方法,每个政客为了自己的利益都知道这样做。一切不是别具偏见的人,在观察历史上和当代的事实以后,都能看到这一童话虽然远没有说出全部真理,但仍然说出了大部分真理。出类拔萃的智慧和能力是造成产业成功的原因,特别在创立产业地位方面,十分之九是出自卓越的才能。而且,在资本主义的初期阶段和产业界任何个人创业时,储蓄在过去和现在都是发展过程中的重要因素,虽然不完全像古典经济学所解释的那样。诚然,在一般情况下,一个人不会用由节省工资或薪水所积累的资金来建设工厂,从而取得资本家的地位(产业雇主)。大

---

① 参阅《资本论》第一卷第 26 章(中译本第 24 章。——译者注)中《原始积累的秘密》一节。

部分积累来自利润,所以必须先有利润才能有积累——实际上这是把储蓄和积累区分开的正当理由。创办企业所需的资金一般是靠借用别人的储蓄——社会上存在着许许多多小额储蓄,这是容易解释的——或是靠借用银行为供将来可能成为企业家的人使用而创造的存款。虽然如此,后者照例是储蓄的:他的储蓄的功用是使他不必为每日的衣食而不得不从事劳苦工作,使他得到充裕的时间,以便考察环境、扩展计划和寻求合作。因此,作为一个经济理论问题,当马克思否认储蓄具有古典著者所说的作用时,他是有道理的,虽然他说得有些过分。只是他的推论是得不出的。这样,不管古典理论是否正确,他的哄笑不见得是公平的。①

但是,哄笑是起了作用的,它帮助马克思的另一原始积累理论扫清了道路。但是这一理论并不像我们原来希望的那样明确。暴力掠夺——镇压人民大众助长了掠夺,掠夺的结果又助长了镇压——这一观念当然是顺理成章的,并且和一切类型的知识分子所共有的观念是相吻合的——在今天比在马克思时代更是如此。但显然它没有解决问题,因为问题是要说明有些人如何取得镇压和掠夺的权力。通俗的作品是不会为这一问题而烦恼的。我不想向约翰·里德的作品提出这一问题。但是我是在和马克思打

---

① 我不能停下来去强调,但我要提一提,古典理论并不像马克思所说的那样错误。就最严格的字义讲,"储蓄"曾经是"原始积累"的一个重要方法,特别是在资本主义的早期阶段。而且,还有另一种虽然和它不完全一样,但却是和它类似的方法。在17世纪和18世纪时,许多工厂只是用人的双手劳动就能搭起的棚屋,并且只需要最简单的设备就能使它开工。在这种情况下,未来的资本家的体力劳动加上很小的储蓄资金就是所需要的一切——当然也需要脑子。

交道。

马克思的一切主要理论的历史性至少提供了一个类似答案的东西。对他来说,资本主义由封建社会状态成长起来不仅是实际问题,对资本主义的逻辑来说也是必要的。当然,在这一情况下,同样也发生了关于社会阶层形成的原因及其机构的问题。但马克思实质上接受了资产阶级的看法,认为封建主义是一种暴力统治,①在这种统治下,镇压和剥削人民大众已是既成事实。阶级理论最初是为资本主义社会情况而设计的,已被引申到它的前辈封建社会了——就像资本主义经济理论中很多概念一样。② 一些最棘手的问题被隐藏在封建的混合物里,在分析资本主义时,却以已确定的状态作为论据重新出现。资本主义剥削者简单地代替了封建剥削者。在封建主实际转化为实业家的那些情况下,这确会解决这样遗留下来的问题。历史事实对这一看法给予了一定程度的支持,许多封建主实际上建立和管理了工厂,并常常是由他们的封建地租提供资金,由农业人口(不一定是他们的农奴,但有些却是)提供劳力,③特别在德国更是如此。在一切其他情况下,可以用来

---

① 除了马克思之外,许多社会主义作家,对于暴力因素和用以行使暴力的物质手段的控制在说明问题方面的价值,表现出了毫无批判的信任。例如,拉萨尔在说明政府权力时,除了枪炮以外没有提出其他东西。我真觉得奇怪,为什么这么多的人会看不到这种社会学的弱点,看不到说有权力才能控制枪炮(和愿意使用枪炮的人)比说控制了枪炮就能产生权力切合实际得多。

② 这是马克思学说和罗贝尔图学说的相似点之一。

③ 桑巴特在他的《现代资本主义》第一版中想尽量运用这种例证,但正如桑巴特自己最终所承认的那样,把原始积累完全建立在地租积累之上这一企图,是毫无希望的。

弥补漏洞的资料就显然较差了。表明这种情况的唯一坦率说法是，根据马克思观点不可能有满意的说明，也就是说，不求助于导向非马克思结论的非马克思因素，就无法说明问题。①

但是，这就在这一理论的历史和逻辑根源上损害了这一理论。由于大多数原始积累的方法也是后来积累的原因——原始积累好像在整个资本主义时代都一直继续着——所以我们不可能说马克思的社会阶级理论除了在解释遥远过去的发展过程方面有些困难以外都是正确的。但是，对于一个即使在最有利的情况下都不能在任何一点接近它所要解释的现象的中心，因而根本不必重视的理论，如果我们抓住它的缺点不放，也许是多余的。这种最有利的情况主要在以中等类型的、所有者直接经营的企业占优势为其特征的资本主义发展阶段里可以找到。超过这一类型的范围以外，阶级地位虽然在大多数情况下也或多或少地反映于相应的经济地位，但它常常是经济地位的原因而不是经济地位的结果。营业上的成就显然并非在任何地方都是通向社会显要地位的唯一道路，只有在生产手段的所有权偶然能够决定一个集团在社会结构中的地位的地方，才是这样的。但是，就是在那种情况下，如果我们把所有权看作是划分界限的因素，其合理程度就像把一个偶然有一支枪的人界说为士兵一样。把一些人（包括他们的后代）永远

---

① 在不侵犯知识分子的民间传说的范围内，即使我们最大程度地承认掠夺能够做到这一点，这种说法也是属实的。在许多时代和许多地方，掠夺实际上参与了商业资本的建成。腓尼基和英国人的财富都是大家熟悉的例子。但即使在那种情况下，马克思的说明仍然是不恰当的，因为最后说来，成功的掠夺必然基因于掠夺者的个人优越才能。可是一承认这一点，就有了另一个极不同的社会阶层形成理论。

看作是资本家,把另一些人(包括他们的后代)永远看作是无产者,并加以严格的划分,这不仅是完全不切实际的,而且忽视了社会阶级的特点——个别家族不断地升入或退出上等阶层。我所提到的事实都是明显的和无可争议的。如果它们不能表现在马克思的画面上,那只是因为它们的含义是非马克思主义的。

但是,考虑一下这一理论在马克思体系中所担负的使命,我们自问一下究竟他要它在分析中起什么作用——不同于它作为鼓动者的一种工具的用途——不能算是多余的。

一方面,我们必须记住,马克思和我们的看法不一样,他不把社会阶级理论和经济史观看作是两个独立的学说。马克思认为前者以一种特殊方式补充后者,从而限定了——更确定了——生产方式或生产条件的运用方式。这一切决定着社会结构,并通过社会结构决定一切文化的表现形式以及整个文化的政治的和历史的动向。但是,在一切非社会主义时代,社会结构是由阶级——两个阶级——来规定的;社会阶级是真正的登场人物,同时又是通过阶级来影响一切其他事物的资本主义生产制度的逻辑的直接产物。这说明了为什么马克思不得不把他的阶级说成纯粹的经济现象,甚至是狭义的经济现象。因此他就使自己不能对于阶级具有深入的了解,但在他的分析图式里,由于他给阶级以这样一个地位,他就无可选择而只好如此了。

另一方面,马克思想用给阶级划分下定义的同样笔调给资本主义下定义。稍微思考一下,读者就会相信,这不是一件必需的或自然要做的事情。事实上,这是分析战略上一个大胆的做法,它把阶级现象的命运和资本主义的命运这样地联系在一起,使得实质上与社会阶级的存在或不存在没有关系的社会主义,根据定义,成为除了原始集团以外唯一可能的一种没有阶级的社会。这种巧妙的同语反复的说法,除了马克思所选择的阶级和资本主义的定义——根据生产手段私人所有制做出的定义——以外,任何其他定义都不能给予同等圆满的保证。这样,就只能有两个阶级,所有者和非所有者;从而对一切其他划分原则,即便是更为说得通的,也不得不加以忽视或低估,或把它化成为这个定义。

对上述意义的资本家阶级和无产阶级之间敌对关系的夸大,又超过了对两个阶级之间分界线的肯定性和重要性的夸大。对于任何没有因惯于摸弄马克思念珠而有偏见的人来说,在普通情况下,两个阶级的关系显然主要是互相合作的关系,任何相反的理论多半只能依靠一些病态的事例作为证明。在社会生活里,除了极少的情况以外,敌对与和谐当然都是普遍存在的,二者实际上是不可分离的。但我几乎倾向于说,老的协调说法,虽然它也满是胡说八道;但它的胡说八道程度,比马克思所创造的工具所有者和工具使用者之间有着不可逾越的鸿沟的说法要小些。但是,马克思在这里也是别无办法,这不是因为他要得到革命的结论——他可以从几十种其他可能的方式同样圆满地得到这些结论——而是因为他自己的分析的要求。如果阶级斗争是历史的主题,也是带来社会主义黎明的手段,如果只能有那两个阶级的话,那么它们的关系原则上就不得不是敌对的,不然他的社会动力论就将没有力量。

虽然马克思从社会学方面,即根据私人控制生产手段的制度来给资本主义下定义。但他的资本主义社会的机械学却是由他的经济理论提供的。这一经济理论要说明,包括在阶级、阶级利益、阶级行为、阶级之间的交换等概念里的社会学数据,是如何通过经济学上的价值、利润、工资、投资等来得出的,以及它们恰好产生出最后要破坏自己的组织结构,同时为另一种社会的出现创造条件的经济过程。这种特殊的社会阶级理论是一种分析工具,它把经济史观和利润经济各概念联系在一起,借以整理一切社会事实,使所有现象具有共同的特点。因此,它不仅是只解释一种现象而不解释其他现象的关于一种个别现象的理论。它具有一种有机体的功能,这种功能对于马克思体系比用以解决眼前问题的成功措施要重要得多。如果要理解像马克思这样有能力的分析家如何能够容忍这种理论的缺点,我们必须看到这一功能。

从来总有一些热心家欣赏马克思的这种社会阶级理论。但更容易理解得多的是所有那些人的心情:他们欣赏马克思的这一整个理论的威力和伟大到如此程度,以致几乎不论它的组成部分有多少缺点都概加宽恕。我们也将尝试对它加以评价(第四节)。但首先我们必须看看马克思的经济机械学如何执行他的总计划所给予它的任务。

三、经济学家马克思

马克思作为一位经济理论家,首先是一位学识渊博的人。对于一位我称为天才和先知的著者,我认为有必要对这一特点给予如此显要的位置，这似乎是很奇怪的。可是赞扬这一特点是重要的。天才和先知一般在专业学识方面并不出类拔萃。如果他们具有任何创造性的话，那往往恰是由于他们的专业知识不出众的事实。但在马克思的经济学中，并无任何东西可以说明他在理论分析技术上缺乏锻炼或学识。他是一位求知若渴的读者和不知疲倦的工作者。他极少遗漏重要的文献。他消化了他所阅读的一切。他热情地钻研每一事实或论证的细节，这在习于瞻顾整个文明和长期发展趋势的人当中是极少见的。不管是批评和拒绝还是接受和同意，他总是把一件事情研究得十分彻底。关于这种情况的最突出的证明就是他的《剩余价值学说史》一书，它是热情的理论作品。不断地努力锻炼自己和设法精通一切可以精通的事物，在某种程度上使他放弃偏见和非科学的目的，虽然他肯定是为证明某种特定的见解而工作。对于他的伟大智慧来说，就问题论问题的兴趣是首要的，而不管他自己的利益。不论他多么醉心于他的最后结论的意义，当他工作的时候，他主要关注的事情是如何把当代科学所提供的分析工具磨得更锐利，如何解决逻辑上的困难，并在这样的基础上建立一个不管它的缺点可能是什么，但在性质和宗旨上却是真正科学的理论。

　　为什么朋友和敌人对他在纯粹经济领域里的成就的性质都有误解，这是容易理解的。在朋友看来，他远远不仅是一位专业理论家；如果对于他在这方面的著作给予过分颂扬，对他们来说，那将似乎等于不敬。敌人则厌恶他的态度和他的理论背景，认为几乎不可能承认在他的著作的某些部分里，他确切地做了一些如果出自别人之手，他们将给予极高评价的事情。此外，经济理论这块冷金属，由于浸没在马克思著述的火热的词海里，因而取得了它本身所没有的温度。凡是对马克思可以称为一个科学的分析家的权利表示异议的人，当然都只是想到这些词句，想到热情的语言，想到他对于"剥削"和"贫困化"〔这可能是对德语"verelendung"一词的最好译法，"verelendung"不是好德文，正像"immiseration"（贫困化）这个怪词不是好英文一样。这个词在意大利语中是"immiserimento"〕的强烈控诉，而不是想到他的思想。当然，这一切以及其他许多方面，例如他对于奥克内夫人①的恶意讽刺和粗俗批评，都是演出的主要部分，对马克思自己是重要的，对于他的信徒和非信徒也都是如此。它们可以部分地说明，为什么许多人坚持认为，从马克思的理论中可以看到某些比他的老师的类似主张更多的东西，有些甚至是基本上不相同的东西。但它们不影响他的分析的性质。

那么马克思有一位老师吗？有的。真正理解他的经济学要从认识这一点开始，即作为一位理论家他是李嘉图的学生。不仅在他的论证显然是从李嘉图的命题出发这个意义上说，他是李嘉图的学生；而且更重要得多的是他从李嘉图那里学会了推理技术。他总是使用李嘉图的工具。并且每一个理论问题，都是以在他深入研究李嘉图时所碰到的困难，和他从那里得到的作为进一步工作的启发的形式摆在他面前的。马克思本人很承认这一点。诚然，他不会承认他对于李嘉图的态度是学生对于

---

① 威廉三世——这位皇帝在世时是很不得人心的，而到了这个时候他已成为英国资产阶级的偶像了——的女友。

教授的典型态度——到教授那里，听教授三番两次地说人口的过剩、过剩的人口再加机器使人口过剩，然后回到家里试着把功课做出来。为马克思主义而争论的双方却都不喜欢承认这一点也许是可以理解的。

李嘉图的影响不是作用于马克思经济学的唯一影响。但在这样一个概论里，除了魁奈的影响以外就不需要提别的了，马克思关于整个经济发展过程的基本概念是来自魁奈的。在1800—1840年间企图发展劳动价值理论的一些英国作家可能提供许多暗示和细节，但为了我们的目的，提到李嘉图思潮也就可以把他们概括在内了。有些著者，其中离马克思越近的，马克思就对他们越不客气，这些人的作品在许多论点上的倾向是和马克思相似的（西斯蒙第、罗贝尔图、约翰·斯图尔特·穆勒）。对于这些著者我们应该丢开不提，凡和主要论证没有直接关系的问题也应该不提，例如，马克思在货币领域里的成就显然较差，在这方面他没有达到李嘉图的水准。

为了给马克思理论写一个极其简短的提纲，不可避免地对于《资本论》的结构在许多方面会是不公正的。可是，《资本论》虽然部分地没完成，部分地受到有效的攻击，它仍然雄伟地屹立在我们面前！

一、马克思和当时以及稍晚一些时候的理论家的一般趋势一致，以价值理论作为理论结构的基石。他的价值理论是李嘉图式的。我相信像陶西格教授这样一位杰出的权威是不同意这一点的，他总是强调他们之间的差别。我认为他们之间在用语、演绎方法和社会学含义方面有很多差别，但在为今天的理论家所唯一关心的纯粹理论方面,却没有任何差别。① 李嘉图和马克思都说,每件商品的价值(在完全均衡和完全竞争的情况下)都和那件商品里所包括的劳动量成比例,假定这种劳动是和现存的生产效率标准("社会必要劳动量")相一致的话。两位都用工作时数来测量这一数量,并用相同的方法把不同质量的工作换算为单一的标准。两位也用同样的办法来对待这种研究方法所带来的开头困难(那就是说,马克思对待这些困难就像跟李嘉图学着做的一样)。关于垄断或我们今天所谓的不完全竞争,他们谁也没说出任何有用的东西。两位都用相同的论证来回答批评。只是马克思的论证欠文雅些,更冗长些和更带有"哲学"气味——就这个词的最坏的意义来说。

每个人都知道这一价值理论是不能令人满意的。在关于这一理论所进行的大量讨论里,正确诚然并不总在一方,反对者曾经使用许多错误的论证。主要之处并不在于劳动是否是经济价值的真正"来源"或"原因"。这一问题可能是社会哲学家最感兴趣的,他们要从这里推论出对于产品的道义上的要求权。马克思本人当然

---

① 但是,究竟这是不是马克思本人所关心的一切,可能还有疑问。他和亚里士多德有同样的误解,即价值虽然是决定相对价格的因素,但仍然和相对价格或交换关系有所不同,并且是独立于它们而存在的。商品的价值就是它所包括的劳动量这一命题不能做任何其他解释。如果是这样的话,那么在李嘉图和马克思之间就存在差别了,因为李嘉图的价值就是交换价值或相对价格。这是值得提出的,因为如果我们能够接受对价值的这一看法,马克思的大部分理论原来我们认为似乎是站不住的甚或无意义的,就将不复如此了。当然我们不能接受这种看法。如果我们追随一些马克思主义者采取如下的看法:不管是不是一种明确的"实体",马克思的劳动量价值只是用以表明社会总所得划分为劳动所得和资本所得的一种工具(这样,个别相对价格理论就是次要的东西了),情况也不会有所改善。正如我们马上就会看到的,马克思的价值理论在这一使命上也失败了(假定我们可以把那一使命和个别价格问题分开的话)。

对问题的这一方面也不是漠不关心的。但是，对于作为一门实证科学的经济学来说，由于它必须描述或解释实际的过程，更重要得多的问题是劳动价值理论作为分析工具的效果如何，而真正的困难就是它在这方面做得很不好。

首先，在完全竞争的情况以外它根本不适用。其次，即使在完全竞争的情况下，除非劳动是唯一的生产要素并且都属于同一类型，①它也从来不能顺利地起作用。如果这两个条件之一不能实现，就必须引用另外一些假定，而分析上的困难很快就会增加到无法处理的程度。这样，根据劳动价值理论来论证，是在没有实际重要意义的极特殊的情况下来论证的；虽然说若是把这一理论的意义解释为和相对价值的历史趋势大致近似，它仍然可能有一些内容。代替劳动价值理论的那个理论——在其最早的和目前已过时的形式下，是众所周知的边际效用理论——可以说在许多方面都比它优越，但真正的论点是，这个代替理论的应用范围普遍得多并在各方面同样圆满适用。一方面，它能适用于垄断和不完全竞争

---

① 第二个假定的必要性特别具有危害性。劳动价值理论可能处理由于锻炼（后天所得的熟练程度）不同所产生的劳动质量的差别：对于每小时的熟练工作，必须加算在锻炼过程中所进行的适当数量的工作。这样我们就可以不离开这一理论的原则，使熟练工人每一小时所做的工作等于一小时的非熟练工作的一定倍数。但这一方法不能适用于由于天资、意志力、体力或灵敏性的差别所产生的工作质量的"天生"差别。这样我们就不得不求助于天资较差的工人和天资较优的工人每小时的工作价值的差异——这一价值本身是不能用劳动量价值理论解释的。李嘉图实际上正是这样做的：他只是说市场机构的作用总会把这些不同的质量放到它们的适当关系上，所以人们仍然可以说工人甲一小时的工作等于工人乙一小时工作的一定倍数。但他完全忽略了他这种论证方式是求救于另一估价原理，实际上是放弃了劳动量原理，于是劳动量原理在其本身范围内一开始就失败了，而且，由于有劳动以外的各种生产要素，它在有机会失败之前就失败了。

的情况；另一方面，它能适用于有其他生产要素以及许多不同种类和不同质量的劳动的情况。而且，如果我们把上述的限制性假定应用到这一理论，我们就可以从这一理论直接得到价值和使用的劳动量之间的比例。① 因此，问题应当是很清楚的，不仅马克思主义者当初企图质疑边际效用理论的确实性（这是他们所面临的问题）是完全不合理的，而且说劳动价值理论"错误"也是不正确的。在任何情况下，它已死亡和被埋葬了。

二、虽然李嘉图和马克思都没有完全注意到由于采取这一出发点所引起的一切弱点，但他们却清楚地看到其中一些弱点。特别是他们都尽力解决由于排除自然因素的作用而引起的问题，因为自然因素被只是建立在劳动量基础上的价值理论剥夺了它们在生产和分配过程中所应有的地位。人们所熟悉的李嘉图地租理论，基本上就是完成这种排除的一个企图，马克思的理论是另一个。一旦我们占有了一个能像解决工资问题那样自然而然地解决地租问题的分析工具，全部困难就烟消云散了。所以，关于马克思的和级差地租不同的绝对地租学说的实质优点或缺点，或这一学说和罗贝尔图学说的关系，就没有什么需要说的了。

但是，即使我们姑且不管自然因素的作用问题，我们仍然面对着由于资本（即其本身是被生产出来的生产手段）的出现所引起的

---

① 实际上，根据边际效用理论，为了维持均衡，每一要素必须这样地分配于它的各种生产用途上，即分配于任何用途上最后一个单位所生产的价值，和分配于每一其他用途上最后一个单位所生产的价值相同。在完全竞争和有完全流动性的情况下，如果除了某一种类和质量的劳动以外就没有其他要素，这就意味着一切商品的相对价值或价格必然是和它们所包含的工时成比例的。

困难。在李嘉图看来,这一问题是极其简单的:在他的《政治经济学及赋税原理》第一章中著名的第四节里,他引用了资本,并作为一个事实来接受它,而没有讨论这一问题:在商品生产中如使用设备、机器和原料之类的资本货物时,商品将按能为这些资本货物的所有者提供纯收益的价格出售。他认识到这一事实是与从投下资本到可售产品出现之间的时间长短有一定关系的,他也认识到当这种时间在各种产业中不一致时,这将使可售产品的实际价值离开这些产品所"包括"的工时——包括生产这些资本货物本身所用的工时。他平淡地指出这一问题,就好像那是和他的基本价值理论相协调的,而不是相抵触的。除此之外,他实质上就没有前进一步,而把自己局限于与此连带产生的次要问题,并显然相信他的理论仍然能说明价值的基本决定因素。

马克思也提出并接受和讨论了同一事实,同时对于它作为一个事实从来没有怀疑过。他也认识到这一事实似乎和劳动价值理论相矛盾。但是他承认李嘉图对这一问题处理得不恰当,并且在以李嘉图所提出的形式接受了这一问题的同时,他就开始极其热心地钻研这一问题。关于这一问题,李嘉图用了几百句话,而他则用了好几百页的篇幅。

三、在进行这一工作时,他不仅对于牵涉到的问题的性质有了更加锐利的理解,也改进了他所接受下来的观念工具。例如,他成功地以不变资本和可变资本(工资)这一分类代替了李嘉图的固定资本和流动资本那一分类,以更为有力得多的决定于不变资本和可变资本之间关系的"资本有机构成"概念代替了李嘉图关于生产过程的期间那一粗略概念。他对于资本理论也做出了许多其他贡献。但是,我们目前将只讨论他关于资本纯收益的说明,也就是他的剥削理论。

群众并不总觉得自己是受损害或被剥削的。但替他们表达他们的看法的知识分子却总是告诉他们说,他们是被损害和被剥削了,而这里面并不一定有什么确切的意义。如果没有这类成语,即使马克思想这样做也是办不到的。他的优点和成就是,他看出了各种各样论点的弱点,这些论点是在他以前的群众心理导师想用以说明剥削如何产生的,即使在今天这些论点仍然是一般激进派惯用的武器。关于讨价还价能力和欺骗的老一套口号都不能使他满意。他所要证明的是,剥削不产生于偶然的和意外的个别情况,而正是资本主义制度必然的结果,它是不可避免的,是完全不以任何个人意志为转移的。

他就是这样主张的。一个劳动者的脑子、肌肉和神经就好像是一笔潜在劳动〔Arbeitskraft,往往不太满意地被译为劳动力(labor power)〕的资源或储备。马克思把这一资源或储备看作是以一定数量存在着的一种实体,它在资本主义社会里像任何其他商品一样是一种商品。想一想奴隶制度的情况,可以使我们自己澄清这一思想。马克思的看法是:在工资合同与奴隶购买之间虽然存在许多次要的差别,但并无基本的差别——"自由"劳动的雇主所购买的,诚然和在奴隶制度下不一样,不是劳动者本身,而只是他们的潜在劳动总额中的一定的份额。

因为这种意义的劳动(不是劳动服务或实际的工时)是一种商品,所以价值法则必然适用于它。这就是说,在均衡和完全竞争的情况下,它所取得的工资必然和"生产"它时所需要的劳动时数成比例。但"生产"一个工人皮肉之内所储存的潜在劳动究竟需要多少劳动时数呢？那就是一个劳动者过去的和现在的衣、食、住和教养所需要的劳动时数。① 这构成了这份潜在劳动的价值。如果他出售其中某些部分——用天数、周数或年数来表示，那么他收到的工资将和这些部分的劳动价值相适应，就像一个奴隶贩子在均衡的情况下出售奴隶时，他收到的价格将会和这种劳动总时数成比例一样。我们应当又一次看到，这样马克思就小心地避开了这样一些通俗口号，这些通俗口号以这样或那样的形式认为，在资本主义的劳动市场里，工人是被掠夺或被欺骗的，或由于他软弱可欺，于是被迫接受任何强加于他的条件。事情不是如此简单：劳动者取得他的潜在劳动的全部价值。

但是，"资本家"一旦取得这份潜在劳务，他们就能使劳动者工作的时数比生产这份潜在劳务所需要的时数更多——提供更多的实际劳务。就这一意义说，他们能够勒索到比他们所支付的更多的实际劳动时数。由于生产出来的产品所能得到的售价也是和生产它们所需要的工时成比例的，因此两个价值之间就发生了差数（完全是由于马克思的价值法则的作用而产生的），这一差数，因资本主义市场结构的作用，必然归于资本家。这就是剩余价值。② 虽然资本家支付给劳动者的不少于他们的潜在劳动的全部价值，他从消费者那里收入的也不多于他所出售的产品的全部价值，但

---

① 除了"劳动力"和劳动之间的区别以外，贝利（《关于价值的性质、尺度和原因的评论》，1825年）早就预见到这一说法的不合理，马克思自己也看到这一点。〔《资本论》，第一卷，第19章（中译本第17章。——译者注）〕

② 剩余价值率（剥削的程度）的定义是：剩余价值和可变资本（工资）之间的比率。

由于攫取了剩余价值,他就"剥削"了劳动。我们又一次应当看到,马克思并没有求助于市场上产品的价格不公平、限制生产或欺骗之类的说法。当然马克思并不否认这些做法的存在。但他正确地认识了它们,因而从来不把任何基本结论建立在它们之上。

让我们顺便欣赏一下剥削理论的教授法:不论"剥削"一词现在所取得的意义怎样特殊和离开它的普通意义,不论它从自然法则、烦琐学派哲学和启蒙思潮作家那里所得到的支持是怎样可疑,它终究被纳入科学理论的范围以内,从而帮助其信徒进行战斗了。

就这一科学理论的优缺点说,我们必须仔细区分开它的两个方面,其中一方面经常被批评的人所忽视。在静态经济过程理论的一般水平上很容易证明,在马克思自己的假定下,剩余价值学说是站不住的。劳动价值理论,即使我们可以承认它对任何其他商品都是正确的,也永远不能适用于劳动这一商品,因为这将意味着工人像机器一样,是根据合理的成本计算生产出来的。由于他们不是这样生产出来的,人们毫无根据来假定劳动力的价值将和"生产"它时所使用的工时成比例。从逻辑上说,如果马克思接受拉萨尔的工资铁律,或者像李嘉图那样简单地按照马尔萨斯路线进行论证,他也许会改善他的处境。但是,由于他极其明智地拒绝这样做,因而他的剥削理论从一开头就失去了一个主要支柱。①

此外,可以证明,在一切资产阶级雇主都能获得剥削利得的情况下,完全的竞争均衡是不可能存在的。因为在这种情况下,他们每个人会设法扩大生产,大家这样做的结果将不可避免地倾向于增

---

① 我们以后会看到马克思如何设法代替这一支柱。

加工资率并使这种利得减少以至于零。毫无疑问,借助于不完全竞争理论,引入竞争过程中的摩擦和制度上的限制,强调货币和信用领域中的各种可能的障碍等等,是可以把这种情况加以修正的。但这样就只能产生一种中庸之道,而这是马克思从心里看不起的。

但这一问题还有另一方面。为了了解马克思不必在容易被击败的地方应战,我们只要看看他的分析目的就行了。只要我们把剩余价值理论看作仅仅是一个关于完全均衡情况下的静态经济过程的命题,他的剩余价值理论就很容易被击破。由于他所要分析的不是一种均衡状态(据他看来,资本主义社会从来不可能达到均衡状态),而相反是经济结构中不断变化的经济过程,因此,循着上述路线做出的批评就不完全是决定性的。在完全均衡情况下,剩余价值也许是不可能实现的,但由于这一均衡从来不可能确立,因而剩余价值从来就能够实现。它们可能总是趋向于消逝,可是总是存在着,因为它们是不断地又被创造出来。这一辩护说法并不能挽救劳动价值理论,特别是在应用于劳动这一商品本身或现行的剥削理论的时候。但它将使我们有可能对于结论提出一个较好的解释,虽然一个满意的有关这些剩余的理论将会剥去这些剩余的特殊的马克思主义的含义。这一方面是十分重要的。它使马克思的经济分析工具的其他部分更加明确,并大大地解释了为什么针对这一分析工具基础的那些有效批评没能给它更多的致命打击。

四、但是,如果我们在一般研讨马克思学说的水平上继续前进,我们遭遇的困难就会越来越大,或者更确切地说,我们将看到,当信徒想追随导师的道路前进时,他们遭遇的困难将会越来越大。首先,剩余价值学说不能使上面提到的劳动价值理论和现实经济的确切事实之间的矛盾所造成的问题更易解决。正相反,它加重了解决这些问题的困难,因为按照这一学说,不变资本——即非工资资本——转入产品的价值并不多于它在生产时所损失的价值。只有工资资本能以较多的价值转入产品。这样,各企业所赚的利润就会随着它们的资本的有机构成而不同。马克思相信资本家之间为实现"整个"剩余价值的再分配而进行的竞争,会使每个企业所赚的利润和它的总资本成比例,即个别的利润率会趋于均等。我们马上可以看到,困难属于杜撰的问题之列,杜撰总是企图做出不健全的理论的结果;①而解答则属于对绝望的人的劝告之列。但是马克思不仅相信后者能有益于证实均一的利润率的出现,并能解释商品的相对价格将如何脱离它们的按照劳动计算的价值,②并且

---

① 但是,其中有一个因素是正确的。这一因素的发现,不论怎样模糊,应归功于马克思。人们生产出来的生产手段,在完全的静态经济之下将会提供纯报偿这一问题,并不像几乎所有的经济学家即使是今天也相信的那样,是一个没有问题的事实。如果它们在正常情况下实际上似乎提供纯报偿,那很可能是因为经济从来就不是静态的这一事实。马克思关于资本纯报偿的论点,可以解释为承认这一问题的一种迂回方式。

② 他解决这一问题的办法包括在他的手稿里,他的朋友恩格斯把这些手稿编辑成《资本论》第三卷,在马克思逝世后出版。所以在我们面前并没有马克思自己最终愿意提出的主张。因此,大多数评者毫不迟疑地宣称第三卷断然和第一卷的理论相矛盾。从表面上看,这一意见是不公正的。如果我们把自己放在马克思的立场上,正如在这种问题上我们有责任这样做的那样,把剩余价值看作是社会生产过程所生产出来的一个"量",并把其余的问题看作是这一个"量"的分配问题,这不是不合理的。如果这不是不合理的话,人们仍然可以说,第三卷中所推论的商品相对价格是第一卷中的劳动量学说必然的结论。因此,说马克思的价值理论完全和他的价格理论脱节,前者对后者根本没有帮助——就像从累克西斯到柯尔那些作家所主张的那样——那是不正确的。但即使是不矛盾,马克思也无所收获。其他的控诉还是极其强有力的。关于马克思体系中价值和价格如何互相关联这一整个问题方面最好的著作是鲍尔特凯维兹的"马克思体系中的价值计算和价格计算",载于《社会科学和社会政策文汇》,1907年。这一著作也参考了在这个并非真正吸引人的争论中一些更好的著作。

相信他的理论能对于在古典学说中占重要地位的另一"法则"提供解释,这一法则是:利润率有内在的下降趋势。从工人消费品工业的资本总额中不变部分的相对重要性的增长看来,这种解释看起来确实相当有理:如果像资本主义发展过程中那样,厂房和设备在那些工业里的相对重要性增长了,如果剩余价值率或剥削程度保持不变,那么资本总额的报酬率一般将会减少。这一论证曾博得许多赞赏,大概马克思自己也认为满意,就像我们每个人在我们的某一理论解释了从前不能解释的经验时也常常感到满足那样。就这一论证本身的优缺点加以讨论而不管马克思根据它进行推论时所犯的错误,那会是有兴趣的。我们不必停留下来进行这种讨论,因为它的前提就足以宣布它是不正确的。但我们要讨论一下与此虽不尽相同但却相似的一种命题,它一方面给马克思主义动态学提供一种最重要的"力量",又把剥削理论和马克思分析结构中的下一个内容联系起来,这一命题往往被称为积累理论。

　　从被剥削的劳动所勒索来的掠夺物的大部分(根据一些信徒的看法,实际上是它的全部),被资本家变成资本——生产手段。除了马克思用语所提出的含义以外,就这一事物本身来说,它当然不过是通常用储蓄和投资字样所说明的一种极其熟悉的事实。但对马克思来说,仅仅这一事实是不够的;如果用冷酷的逻辑来说明资本主义过程,这一事物必然是这一逻辑的一部分,因为这一逻辑意味着这一事实是必然的。如果认为这一必然性是资产阶级社会心理所产生的,就像马克斯·韦伯那样把清教徒的态度——对于自己的利润不进行享乐主义的享受显然极其适合他们的方式——看作资本主义行为的决定因素,那也不会是令人满意的。当然,马克思对于他认为能从这一方法取得的任何支持并不忽视。① 但对于他所制定的那种体系,必须具有比这更实际的东西迫使资本家积累而不管他们对于积累的感觉是什么;这种实际的东西还必须强大到足以说明心理状态本身。幸运得很,实际上是有这种东西的。

在说明这种强迫储蓄的性质时,为方便起见我将接受马克思的一个论点:那就是,我将像他一样假设,当资产阶级进行储蓄时,事实上意味着实际资本的相应增长。② 这一运动总是首先发生在总资本中的可变部分,即工资资本中,即使人们的意图是增加不变部分,特别是李嘉图称为固定资本(主要是机器)的那部分。

在讨论马克思的剩余价值理论时我已经指出,在完全竞争的经济里,剥削利得会诱使资本家扩大生产或企图扩大生产,因为从他们每个人的立场来说,这就意味着更多的利润。为了扩大或企图扩大生产,他们就必须积累。这种行动的总影响,将会通过随之俱来的工资率的上涨,有时也通过随之俱来的产品价格的下降,有减少剩余价值的趋势——这是马克思所十分珍爱的一个关于资本主义内在矛盾的极好例证。对于个别资本家来说,这一趋势本身

---

① 例如,在《资本论》第一卷,第654页,人人丛书版(中译本第745—746页),他关于这一问题表现出了异常生动的雄辩——我想他超出了一个经济史观著者所应做的范围之外。积累可能是也可能不是资产阶级的"摩西及预言者"(1),这样的遁词可能使也可能不使我们感到可笑——对马克思来说,采取这样的论证和方式总是暗示有一些缺点必须加以掩饰。

② 对马克思来说,储蓄或积累,和转变"剩余价值为资本"是完全相同的。关于这一点我不打算提出争议,虽然个别的储蓄行为不能必然地或自动地增加实际资本。我觉得马克思的意见比我的同辈人所提出的许多相反意见,似乎更接近真理,因此我认为不值得在这里提出争论。

也会构成他所以感到不得不积累的另一个理由,①虽然这会在结局使整个资产阶级的情况越来越糟。这样,即使在其他方面都静止的一个过程中,仍然会有某种强迫性积累。正如我以前所提到的,在积累把剩余价值减到零并从而摧毁资本主义本身以前,这一过程是不可能达到稳定的均衡的。②

但是,更重要得多和更迫切得多的是另外一些事情。实际上,资本主义经济不是也不可能是静态的。它也不仅是以稳定的方式扩大。它不断从内部为新企业所革新,也就是说,任何时刻都会有新商品、新生产方法中的新商业机会挤入现存的实业结构中。任何现存结构以及一切营业条件总是在变化的过程中,每一种情况在它还没有来得及充分完成本身的作用以前就被打乱了。在资本主义社会里,经济发展意味着混乱。正如我们在下一部分里将会看到的,在这一混乱中,不论如何完全的竞争,它的进行方式和在静态过程中所应有的方式是完全不同的。由于生产新产品或更便宜地生产原有产品而获取盈利的可能性不断在实现和引起新的投

---

① 在普通情况下,从较小额的所得中比从较大额的所得中所能储蓄的数额当然要小。但是,如果某种所得预计不能持久或预计将减少,而另一种所得确知至少可在其现行数字上稳定下来,则从任何数额的前一种所得中比从任何同数额的后一种所得中所能储蓄的数额都要大。

② 在某种程度上说马克思承认这一点。但他认为,如果工资上涨并从而妨碍积累,积累率将"因利得的刺激减弱"而下降,所以"资本主义生产过程的机构,就把它暂时造成的障碍除去了"〔《资本论》第一卷第25章(中译本第23章)第1节〕。资本主义机构能使本身均衡这种趋势肯定并不是没有问题的,对它做任何断言,至少需要仔细斟酌。但有趣之处是,如果我们在另一位经济学家的作品中偶然碰到这种主张,我们应当说它是非马克思主义的,并且如果它站得住的话,它将大大地削弱马克思的主导思想。在这一点像在许多其他点上一样,马克思表现出他那个时代的资产阶级经济学的枷锁到了惊人的程度,而他自己却认为已冲破了这种枷锁。

资。这些新产品和新方法不是在同等条件下与原有产品和原有方法竞争,而是在可能意味着后者的死亡的绝对有利的条件下竞争。资本主义社会的发展就是这样进行的。为了避免被别家的廉价抛售抢去生意,每一企业最终都被迫和别家一样,自己也得去投资。为了能做到这一点,它就要再投下它的利润的一部分,那就是积累。① 这样,每一企业都会积累。

马克思比他同时代的任何其他经济学家都更清楚地看到这一产业变化过程,他也更全面地理解到它的关键重要性。这不意味着他正确地理解到它的性质或正确地分析了它的机构。对他来说,这一机构本身变成了纯粹由许多资本所构成的机体。他没有正确的企业理论,又忽视了企业家和资本家的区别,再加上错误的理论技术,就造成了许多不合理的推论,并造成了许多错误。但仅是关于这一过程的看法,对于马克思心目中的许多目的就足够用了。如果从马克思的论证中推不出的东西可以从另外一种论证中推论出来的话,那么上述不合理的推论就不再是致命的缺点了。即使是明显的错误和错误的说明,也常常可以由论证过程中的一般要点的基本正确性加以弥补。特别是对于进一步分析——忽视这一似非而是情况的那些批评家,似乎谴责这种分析是不可救药的——来说,它们可以被看作是没有害处的。

---

① 这当然不是为技术革新提供资金的唯一方法。但实际上这是马克思所考虑的唯一方法。虽然其他方法,特别是从银行借款即创造存款的方法,会产生它们自己的后果;虽然为了给资本主义过程描绘一幅正确的图景,把这些方法加进来诚然是必要的;但因为这一积累方法是一个很重要的方法,我们此处在这一问题上可以听从他的说法。

我们在前面有过这样一个例子。照本来的内容说,马克思的剩余价值理论是站不住脚的。但是,由于资本主义过程反复地产生着超过成本的暂时的剩余利得,虽然这一现象可以圆满地由其他学说按照极其非马克思主义的方式加以说明,马克思在后一阶段里论证积累的观点,并不因前一阶段的错误而完全失效。同样,马克思自己并没有令人满意地建立起来强迫积累观点,而那对于他的理论是极主要的。但他的说明的缺点并未产生巨大的危害性,因为按照前边所提出的方式,我们自己可以提供一个更满意的说明,在这一说明中,利润的下降自己就能找到恰当的地位。长期看来,总产业资本的总利润率不一定因为马克思所说的不变资本对可变资本相对增长①这一理由或其他理由而下降。但正如我们已经看到的,有以下这些情况就足够了:各个工厂的利润都不断受到新产品或新生产方法所形成的实际或潜在竞争的威胁,这些竞争迟早会使它亏本。从这里我们找到了所需要的推动力量,而且甚至得到和马克思的不变资本不生产剩余价值相类似的主张——因为任何资本货物的集合体都不可能永远是剩余利得的来源——

---

　　① 根据马克思的看法,当然利润也能因为另一理由而下降,那就是剩余价值率的下降。而后者的下降可能是由于工资率的上涨,也可能是由于每天工作时间的减少(例如通过立法关系)。即使根据马克思的观点,人们也可以说这将诱使"资本家"以节约劳动的资本货物代替劳动,从而暂时增加投资,而不管有没有新产品或技术发展的冲击。可是我们不能在这里讨论这些问题。但我们可以注意一件奇怪的事情。1837年西尼尔发表了名为《工厂法案书简》的一本小册子。在这本小册子里他想说明,减少工作日的工作时间这一建议,将导致棉纺织工业利润的全部消灭。在《资本论》第一卷第 7 章第 7 节里,马克思异常猛烈地攻击这一说法。西尼尔的主张事实上是完全愚蠢的。但马克思应当是最不该说这种话的人,因为西尼尔的说法和马克思的剥削理论是完全吻合的。

而不必依靠他的理论中正确性可疑的那些部分。

马克思链条中的下一环,即他的集中理论,提供了另一个例子。这一理论是他关于资本主义发展过程中扩大工厂设备规模和扩大控制单位规模的趋势的论述。如果去掉他的描画,他不得不解释的一切,① 可简括为这样的平淡说明:"竞争战是通过商品的廉价来进行的",而后者"决定于劳动的生产率";劳动的生产率又决定于生产规模;这样,"较大的资本将击败较小的资本"。② 这和现行的教科书关于这一问题所说的极其相像,它本身并不深入也不值得赞赏。特别不确当的是,马克思只强调各个"资本"的规模;而他在描述其影响时,又由于他的分析技术对于垄断或寡头垄断都不能做有效的处理而大受妨害。

可是,许多不属于马克思学派的经济学家宣称对于这一理论感到钦佩,并不是没有理由的。考虑到马克思的时代情况,预言大企业的来临这一事实本身就是一个成就。但他所做的还不止于此。他巧妙地把集中和积累过程联系在一起,或者确切地说他把前者看作后者的一部分,而且不仅看作它的实际形态的一部分,也看作它的逻辑的一部分。他正确地看出了一部分后果——例如"各个资本规模的增长成为生产方式本身不断革命的物质基础"——也至少是片面地或以曲解的方式认识到一些别的东西。他运用一切阶级斗争的和政治的发电机来给围绕这一现象的气氛

---

① 参阅《资本论》第一卷,第25章(中译本第23章),第2节。

② 这一结论常常被称为掠夺理论。在马克思看来,它是资本家互相摧毁的斗争的唯一的纯粹的经济基础。

通了电——仅仅这一做法就足以把他对于这种现象的解释抬高到有关的干巴巴的经济理论之上,对于自己没有任何想法的那些人来说尤其如此。而且最重要的一点是,他几乎完全不受他的图案中个别笔触的力量不够以及他的理论在内行人看来似乎不够严谨的阻碍,而能继续进行他的分析;因为归根到底,工业巨头实际上已出现在地平线上,而他们必然会造成的社会情况,也已出现在地平线上了。

五、再有两项就可以完成这一提纲:马克思的贫困化理论和他的(也是恩格斯的)商业循环理论。在前一理论中,分析和看法都失败到不可挽救的地步;在后一理论中,两者却都处于有利地位。

毫无疑问,马克思认为在资本主义的发展过程中,人民大众的实际工资率和生活水准在待遇较好阶层将会下降,在待遇最差阶层也不可能改善;而且这不是由于任何偶然的环境原因,而是资本主义过程的必然趋势。[①] 作为一个断言,这当然是非常不确切的。所有类型的马克思主义者都努力设法要把他们所面临的显然相反的例证解释得有利于自己。即使在今天的一些例子里,他们也表现了惊人的顽固,总想拯救这个"法则",把它看作是由工资统计证实的表明实际趋势的法则。其后企图把它解释为别的意义,那就

---

① 这里是第一道防线,马克思主义者像大多数卫道者一样,对于任何如此清楚的主张的背后所埋伏的批评意图,惯于建立这样一道防线以资对抗。马克思并不是完全没有看到问题的另一方面,他常常"承认"工资上涨等情况——诚然这是每个人都能做到的——其含义是马克思完全预见到批评家可能提出的问题。把理论和历史分析中丰富的事实掺杂在一起的这样一位啰唆的作家,自然比教会的任何神父都能提供范围更为广阔的这样的防卫工事。但如果"承认"顽强的事实,而不让它影响结论,那又有什么好处呢?

是说,使它所指的不是实际工资率或归于工人阶级的绝对份额,而是劳动所得在总国民所得中的相对份额。虽然马克思著作中的一些段落实际上可以做这种解释,可是这显然违反了绝大部分的意义。而且,接受这种解释也无所收获,因为马克思的主要论断预先假定每个工人的绝对份额将会下降,或至少不会增长。如果他真正曾经考虑过相对份额,那只能增加马克思主义的困难。最后,这一命题本身仍然是错误的。因为工资和薪俸在总所得中的相对份额逐年相较是极少变动的,而长期看起来则尤其稳定——它确实没有表现出任何下降趋势。

但是,似乎还有另一种摆脱困难的说法:我们的统计动态数列可能表现不出来这一趋势——甚至可能表现出相反趋势,就像在这一例证上所表现的那样——但这一趋势仍然可能是我们所研究的制度所固有的,因为它可能被例外的条件所胜过了。这事实上是大多数现代马克思主义者所采取的说法。他们认为殖民地扩张,或者更一般地说,19世纪的开辟新领地,就是这种例外的条件,认为这为剥削的受害者带来了一个"禁猎期"。① 在下一部分我们将有机会接触这一问题。同时,我们应当注意到,许多事实对于这一论证给予了一些表面上的支持,这个论证在逻辑上也是无可指摘的,因此,它能够解决这种困难,如果本来确有这一趋势的话。

但真正的困难在于,马克思的理论结构在这一部分是不能令人相信的:分析的基础和见解在这方面都有错误。贫困化理论的

---

① 虽然这一意见被新马克思主义者发展了,但它是马克思本人提出的。

基础是"产业后备军"理论,那就是生产过程机械化造成了失业的理论,[1]而后备军理论又建立在李嘉图关于机器那一章所提出的理论之上。在任何其他地方(当然价值理论是例外),马克思的理论都没有这样完全依靠李嘉图理论而不补充任何主要内容。[2] 我所说的当然只是关于这一现象的纯粹理论。马克思和往常一样,确实补充了许多细枝末节,例如,通过巧妙的概括,把非熟练工人代替熟练工人这一事实列入失业的概念。他也添加了无数例证和用语。而最重要的是,他补充了十分动人的背景,也就是他的社会发展过程的广泛背景。

李嘉图最初也倾向于采取在任何时候都是极其普通的意见,即机器应用到生产过程不可能不对人民大众有利。当他终于怀疑这一意见,或怀疑它的普遍正确性时,他以他特有的坦率作风修正了他的主张。当修正他的主张时,也以他特有的作风追溯到过去;他使用了他惯用的"想象最突出的例证"的方法,提出了一切经济学家都熟悉的数字例证,说明事物也可能发生相反的情况。一方面,他并不否认他所证明的只是一个可能性——虽然是很可能有的可能性;另一方面,他也不否认机械化能通过它对于总产量、物

---

[1] 当然,这种失业必须同其他各种失业区别开。特别是,马克思注意到了由于商业行为的周期性变化而产生的失业。由于两者不是彼此没有关系的,由于在他的理论中他往往依靠后一类型而不是前一类型,因此,由此而产生的解释上的困难,似乎并不是所有的批评家都完全能理解的。

[2] 任何理论家,凡是不仅研究了《资本论》第一卷第 15 章第 3、4、5 节,特别是第 6 节(在那里马克思讨论了上面提到的补偿理论)的大量材料,而且也研究了第 24 章和第 25 章(中译本第 22 章和第 23 章。——译者注)的大量材料的,对于这一点一定十分清楚;在后两章里,同样的事物穿着部分不同的外衣重复出现并且是更加经过推敲了。

价等的影响而最后给劳动带来纯利益。

　　按照这个例证所涉及的范围来说，它是正确的。① 今天，更精细的一些方法支持它的结论到这样一种程度，它们既承认这个例证所要确立的可能性，同时也承认相反的可能性。这些方法超过了李嘉图例证的范围，它们陈述了决定究竟是这种还是那种结果将会发生的各种表面条件。纯粹理论所能做到的一切当然不外乎此。为了预测实际的结果就必须有进一步的资料。但就我们的目的而论，李嘉图的例证表现出另一个有趣的特征。他考虑拥有一定数量资本和雇用一定数目工人的一个企业，它决定采取机械化步骤。于是它给予一部分工人以建造机器的任务。当机器建成之后，它就可能将修建机器的那些工人的一部分解雇。利润可能最终仍然不变（在通过竞争的调整消除了任何暂时的利得之后），而总收入将要减少的数量恰好等于从前支付给那些现在被"释放"了的工人的工资数量。马克思关于不变资本代替可变（工资）资本的观念几乎是这种说明问题方式的精密的复制品。李嘉图之强调由此而来的人口过剩，也酷肖马克思之强调剩余人口。马克思常常用"人口剩余"这一名词作为"产业后备军"的替换物。李嘉图的学说被他囫囵吞枣地接受了。

　　但是，在李嘉图所想象的有限的目的范围内可以通得过的东西，一旦我们考虑到马克思在这一薄弱基础上所建立的上层建筑

---

　　① 或者可以把它搞正确了而不致损害它的重要意义。关于这个理论有几个可疑之处，这可能是由于它的可怜的方法——可是有许多经济学家愿意把这种方法永远继续下去。

时，就变成十分不确当了——实际上是，另一个不合理的推论的来源，这时没有由于关于最后结果的正确见解而得到补救。他自己似乎也有一些这样的感觉。因为他拼命地抓牢了他的老师的有条件的悲观结论，就好像后者的突出的例证是唯一可能的情况，同时，他甚至更拼命地攻击那些发展了李嘉图在补偿方面的暗示的含义的作家们。这种暗示是：即使采用机器的直接影响会带来损害，可是机器时代对于劳动总会有好处。（补偿理论对于所有马克思主义者是挺讨厌的东西。）

  他有各种理由采取这种办法。因为他迫切需要给他的后备军理论找一个坚固的基础；除了一些次要的目的之外，这种理论是为两种基本的重要目的服务的。第一，我们看到，由于他挺讨厌利用马尔萨斯的人口理论——这事情本身是完全可以理解的——他放弃了我所说的他的剥削理论的一个主要支柱。这一支柱被一个由于经常重新产生[①]而经常存在的后备军所代替。第二，在某种意义上说，《资本论》第一卷第 32 章（原文如此，中译本是第 24 章。——译者注）里的著名的词句，不仅是这一卷的最高结论，也是马克思全部作品的最高结论。为了引申这些词句，他所采用的关于机械化过程的特别狭义的看法是至关主要的。为了让我的读者看一下能很好地说明马克思对某些方面热衷而对另一些方面轻蔑的态度，我将把它们全部摘引出来——比眼前讨论的问题所要

[①] 当然需要强调指出不断的产生。如果像某些批评家，认为他假定由于机器的采用而丢掉工作的人，从此以后就个人来说将永远失业，那对于马克思的用词及其含义都是很不公正的。他并不否认吸收。因此，凡是以证明每次所产生的任何失业都将被吸收为根据的批评，是完全无的放矢的。

求的更全面。不管它们究竟是一些并非如此的事物的合成品还是预言的真理的中心,原文是这样:

"和这种集中或多数资本家为少数资本家剥夺的现象联系在一起,……一切民族在世界市场网中形成了密切联系,从而,资本主义制度的国际性质跟着发展起来。把这个转化过程所有的利益横加掠夺,并实行垄断的资本大王的人数在不断减少,穷乏、压迫、奴役、退步、剥夺的总量则跟着增加;但是,人数不断增长,为资本主义生产过程的机构自身所训练、所联合、所组织起来的工人阶级的愤激反抗也跟着增长。资本垄断,成了这种和它在一起,并且在它下面繁花盛开起来的生产方式的桎梏。生产资料的集中和劳动的社会化,达到了同它们的资本主义外壳不能相容的地步。这个外壳会被炸开。资本主义私有制的丧钟响起来了。剥夺者被剥夺了。"(《资本论》第一卷。人民出版社1963年版,第841—842页。——译者注)

六、马克思在商业循环领域里的成就是最难以估价的。这方面真正有价值的部分是由几十个短论和注释组成的,其中大多数是属于偶然性的,几乎散见于他所有的作品中,他的许多书札也包括在内。要把这些资料建立一种从未实际出现过,甚至除了胚胎形式以外在马克思的心中也许没存在过的体系,那在不同的人手中就容易得出不同的结果。而且这种努力也会由于推崇者的可以理解的倾向而受到损害,这些拜崇者通过适当的解释,实际上是把他们所赞成的以后的一切研究成果都归功于马克思。

由于马克思对于这一题目的贡献的千变万化的性质,一般的朋友和敌人从来不理解,现在也不理解摆在注释者面前的这种任务。由于马克思在这方面常常提出一些断言,而且这显然是和他的基本论点极为有关联的,他们就假定一定有某种简单的、清楚的马克思的循环理论,这种理论可以从他的资本主义培育过程的逻辑的其他部分产生出来,就像剥削理论产生于劳动理论那样。从而,他们就开始寻找这样一种理论;而他们会碰到些什么是不难猜想的。

一方面,马克思毫无疑问颂扬了——虽然他没有很恰当地推动——资本主义培育社会的生产能力的巨大力量。另一方面,他又不断强调指出人民大众越来越贫困。那么,如果总结说,恐慌或萧条是由于被剥削的人民大众不能购买越来越扩大的生产机器所生产出来的或准备生产出来的产品,并且为了这一理由和其他我们不必重复的理由,利润率将降落到破产的水平,那不是最自然的事情吗?这样,我们真是似乎可以根据我们强调哪一个因素而得出最无聊的消费不足理论,或最无聊的生产不足理论。

马克思的解说实际上是被归类为消费不足的危机理论。[①] 可以提出两种情况来支持这一分类。第一,在剩余价值理论中和在其他问题上,马克思的主张和西斯蒙第与罗贝尔图显然是相类似的。这些人确实采用了消费不足的看法。如果人们推论马克思可能采用同样的观念,那是很自然的。第二,在马克思作品的一些章节里,特别是《共产党宣言》所包括的关于危机的简短

---

① 虽然这一解释已成为时尚,我将只提到两位著者,其中一人要为这一解释的修正主张负责,而另一个人可以证实它的继续存在:杜干-巴拉诺夫斯基著《马克思主义的理论基础》,1905年版,他指责马克思建立在这一基础上的危机理论;道布著《政治经济学和资本主义》,1937年版,他对于这一解释比较同情。

说明，毫无疑问是适合于这一解释的，虽然恩格斯的主张更是如此。① 但这是不重要的，因为马克思表现了突出的理智，明确地不承认它。②

事实是他没有一个简单的商业循环理论。从他的资本主义过程的"法则"也不能顺理成章地搞出这个理论来。即使我们接受他的关于剩余价值出现的解释，并同意积累、机械化（不变资本的相对增长）和剩余人口（后者冷酷地加深人民大众的贫困）等能联系成为逻辑的锁链，而以资本主义制度的大难临头而告终，我们也找不到必然会使资本主义过程发生周期性变动，并足以说明繁荣与萧条必然交替发生的因素。③ 毫无疑问，我们总可以随手凭借大量的偶然事件来弥补基本说明的不足。这些偶然事件是：错误的

---

① 恩格斯关于这一问题的有点平凡的看法，最好地表现在他的名为《欧根·杜林先生在科学中实行的变革》（1878年）那本论战的书里，也就是在已经成为社会主义文献中最常被引用的章句里。他在那里提出了毫无疑问对于通俗宣传者完全够用的关于危机形态的概括描述，但他也提出了这样的意见："市场的扩大跟不上生产的扩大"，这正处在人们要寻找解释的地方。同时，他也赞许地引用了傅立叶的由"过剩的危机"这个意义自明的短语所表达的意见。但不能否认，第十章的一部分是马克思写的，因此他也对于全书共同负责。

我认为包括在这一概论中的对于恩格斯的几个评论具有贬抑他的性质。这是不幸的，但不是出于任何想要缩小这一杰出人物的功绩的意图。不过我认为应当坦率地承认，恩格斯的智慧，特别是作为一位理论家，远在马克思之下。我们甚至还不能肯定他是否总是明了后者的意图。因此在应用他的解释时必须注意。

② 《资本论》，1907年英译本，第二卷，第476页（中译本，人民出版社1957年版，第507—508页。——译者注）。同时参阅《剩余价值学说史》第二卷，第3章。

③ 对外行来说，事实似乎显然是相反的，因而即使我们说得五湖四海那么多，也难以确立这种主张。读者要确信它的真理，最好的方法是研究李嘉图关于机器的论证。那里所描述的过程可能产生任何数量的失业，但仍可以无限地进行下去而不造成除了这个制度本身的最后崩溃以外的一种崩溃。马克思会同意这种看法的。

计算，错误的预期和其他各种错误，乐观主义和悲观主义的起伏不定，过度的投机和对过度投机的反作用，以及各种各样"外在因素"。虽然如此，马克思的积累的机械过程是按照均一速度进行的——没有任何理由说明它不应当如此——他所描述的过程也可以按照均一速度进行；就它的逻辑来说，它基本上是既没有繁荣也没有萧条。

当然这不一定是一个不幸。许多其他理论家曾经并且现在也简单地认为，当足够重要的某种事物发生错误时，危机就会发生。这也不完全是一个不利，因为它曾经把马克思从他的体系的束缚中解放出来，使他自由地观察事物而不对它进行曲解。这样，他考虑了各种各样或多或少有关联的因素。例如，他为了证实萨伊关于普遍过剩的不可能性这一命题的无效，曾有点肤浅地使用货币介入商品交易的现象——并没有另外的事物。他为了解释以耐久性资本货物的大量投资为特点的行业的不平衡发展，曾利用低利货币市场。他为了说明"积累"方面的突然冲刺，曾利用诸如市场的开拓或新的社会需要的出现等特殊刺激。他企图使人口的增长成为造成波动的一个因素，[①]但是不很成功。他看到生产规模的扩张是"突然的痉挛式的"，而这是"它的同等突然收缩的前奏曲"，虽然他没能真正地进行解释。他恰当地说，政治经济学的肤浅性表现在这一事实上，即把只是产业循环周期性变动的症候的信用

[①] 具有这种看法的也不仅是他一个人。但是，希望他最终会看到这种研究方法的缺点，那对他不是不公正的。并且我们应当看到，他关于这一问题的意见发表在第三卷，因而不能据以相信这反映了他最终的意见。

扩张与收缩看成是它们的原因。① 他当然很重视不断发生的偶然和临时事件的影响。

这一切都是常识,并且基本上是正确的。我们实际上看到了历来涉及任何严肃的商业循环分析的一切因素,而且总的说来错误极小。此外,必须记住,仅仅看到循环性运动的存在,在当时已是巨大的成就。在他以前的许多经济学家对于它只有淡薄的印象。但是,他们把注意力主要集中在后来被叫作"危机"的惊人的崩溃。他们没能从正确角度来看待这些危机,那就是说,没能从它们只是循环过程的附带事件的角度来看问题。他们没有上下左右看一看,却认为它们是由于错误、过度、管理上有毛病和信用结构有缺点而发生的孤立的不幸。我相信马克思是超出这个传统说法的第一位经济学家,走在克雷蒙·朱格拉的前面——除了统计的补充之外。正如我们看到的,他虽然对于商业循环没有提供一个恰当的解释,对于这种现象却看得很清楚,并理解它的大部分结构。也像朱格拉一样,他毫不迟疑地提出了"穿插着小的波动的"十年的循环。② 他对于循环的原因可能是什么这一问题发生兴

---

① 《资本论》第一卷,第25章,第3节(参阅中译本,人民出版社1963年版第23章,第3节,第696页。——译者注)。紧接着这一段落之后,他朝着现代商业循环理论研究者也极为熟悉的方向前进了一步,他说:"结果会反转过来变为原因。不断再产生它本身的各种条件的(着重号是我加的)整个过程中各种各样的偶然事件采取着周期性的形式。"

② 恩格斯比这更进一步。他在关于马克思《资本论》第三卷的一些注解中表现出来,他也觉得有一个较长期的摆动的存在。虽然他倾向于把70年代和80年代的繁荣的较弱性和萧条的较强性解释为结构的变化,而不认为是较长幅度波动的萧条阶段的影响(正如许多现代经济学家对于战后的发展,特别是最近10年的发展所做的解释那样),在这里仍然可以看出来康德拉季耶夫关于长期循环的作品中的一些预见。

趣，并认为它可能与纺织工业机器的寿命有某种关系。此外还有许多迹象，说明他对于与危机问题有别的商业循环问题做过专心的研究。这就足以确保他在现代循环研究创始人中的崇高地位。

另一方面必须提到，在多数情况下马克思按普通意义使用"危机"一词，如说到1825年危机或1847年危机时，他和别人的提法一样。但他在不同意义上使用它。由于相信资本主义的发展早晚会瓦解资本主义社会的组织结构，他认为，在实际崩溃发生之前，资本主义的运行就开始出现越来越多的矛盾并表现出绝症的症候。对于这一被视为当然是一个比较漫长的历史时期的阶段，他也使用同一名词。他表现了把那些重复发生的危机和资本主义制度这一独特的危机联系起来的倾向。他甚至认为，前者在某种意义上可以看作是最后崩溃的预演。因为在许多读者看起来，这可能像是马克思的在一般意义上的危机理论的线索，所以我们必须指出：根据马克思的看法将为最后崩溃的原因的各种因素，如果没有一些很好的补充假定，就不能成为重复发生的萧条的原因；[①]而且这一线索不能使我们超过这一无足轻重的主张，即"剥夺剥夺者"在萧条时期比在繁荣时期可能更容易。

七、最后，资本主义发展将胀破资本主义社会制度这一观念（总崩溃理论）提供了把一个不合理的推论和有助于拯救最后结论的深刻见解混合在一起的最后一个例子。

---

① 读者要使自己信服这一点，只要再浏览一下第55页的引文就行了。实际上，虽然马克思常常进行这一概念游戏，他并没有陷到里面；这是重要的，因为失去一种概括的机会，并不是他所要采取的办法。

由于马克思的"辩证演绎法"是建立在迫使人民大众反抗的贫困和压迫的增长上,因此它就被这一不合理的推论所破坏,因为这一不合理的推论使得那个要证实贫困必然增长的论证归于无效。此外,在其他方面属于正统的马克思主义者,很早以前就开始怀疑产业控制的集中化必然和"资本主义外壳"不相容这一命题的正确性。其中第一位运用组织完善的理论提出这一怀疑的是希法亭。① 他是新马克思主义者这一重要派别的领袖之一。他实际上倾向于相反的结论,即资本主义通过集中化可能取得稳定。② 我关于这一问题要说的意见留在下一部分。可是在这里我要指出:虽然像我们将要看到的,在本国目前的趋势下,相信大企业会"成为生产方式的桎梏"是没有根据的;虽然马克思的结论事实上和他的前提是不相符的;但我认为希法亭似乎走得过远些。

但是,即使马克思的论据和推论在那时候比在现在更为错误,然而他的结论,就只断言资本主义的发展将摧毁资本主义社会的基础这一点而论,仍然可能是正确的。我相信是这样的。如果我称颂那在 1847 年就毫无疑问地揭示出这一真理的见解为深刻的

---

① 《财政资本论》,1910 年版。作者根据许多次要的情况,怀疑马克思过分地重视他所自认为已经确定的趋势,并认为社会发展过程比马克思所得出的是更复杂得多和更不一致得多的过程。提一提伯恩施坦就够了;参阅第 26 章。但希法亭的分析并没有解释可以减轻这种趋势的情况,而是在原则上根据马克思自己的理由来反驳这一结论。

② 这一命题常常(甚至被它的著者)和随着时间的推移经济波动趋于和缓那一命题混淆起来。这可能是如此,也可能不是如此(1929—1932 年不会反驳它)。但资本主义制度的较大稳定性,即我们的价格和数量的时间数列的比较规则的行动,并不一定意味着资本主义秩序具有经得起打击的能力的那种较大的稳定,后者也不一定意味着前者。当然,这两者是互相关联的,但它们是不相同的。

见解,我不认为我是在夸张。现在这是一个常识了。首先形成这种看法的是施穆勒。施穆勒教授是普鲁士枢密院顾问和普鲁士上议院议员,不是什么革命的人物,也不很热衷于宣传鼓动。但他平易地说出了同一真理。他同样没有说到它的为何和如何的问题。

不需要仔细地来总结了。不论怎样不完全,我们的概论应当足够证实:第一,没有一个完全注意纯粹经济分析的人能说是无条件成功的;第二,没有一个完全注意大胆创造的人能说是无条件失败的。

在审理理论技术的法庭上,判决必然是不利于马克思的。固执于从来是不确当的并且在马克思自己的时代已经迅速地成为陈腐的分析工具;一连串不合理的推论或显然是错误的结论;修正后就会变更基本论断,有时还会变成相反论断——这一切都可以正确地用来指责马克思这位理论技师。

但是,即使在这个法庭上,由于两种理由还必须修改这一判决。

第一,虽然马克思常常是错误的,但他的批评者也远不总是正确的。由于其中有些人是杰出的经济学家,特别因为他本人不可能会见其中大多数人,因此事情就要记在他的账上了。

第二,马克思对于许多个别问题的贡献,批评性的或建设性的,也是如此。在这样一个概论里,不可能列举它们,只有听凭公论了。但我们在讨论他对于商业循环问题的意见时,已经谈到其中一些主张。我也已经提到他改进了我们关于物质资本结构理论的一些主张。他在这一领域里所设计的图式,虽然不是没有缺点的,但在许多地方看来很像是马克思主义的最近作品中也证明是有用的。

但是一个上诉法院——即使仍然是局限于理论问题——可能倾向于把这一判决完全推翻。因为有一个真正伟大的成就可以抵消马克思在理论方面的轻微罪行。在他的分析中，通过一切错误的甚至是不科学的事物，贯穿着一个既不是错误的也不是非科学的基本概念——这个理论概念，不仅是关于无数不相联系的个别模式或一般经济数量的逻辑的理论概念，也是这些模式的实际因果联系或正在进行中的经济发展过程的理论概念。这种过程依靠本身的力量在历史行程中向前进行，每一时刻都产生着其本身就决定下一情况的那种情况。这样，具有这样多错误观念的著者，也是看到即使在今天仍然属于未来经济理论的第一人。今天我们仍然为这种理论慢慢地、尽心竭力地积累石头和灰泥、统计资料和函数方程式。

他不仅想到这一概念，还试图完成这一概念。对于损害他的作品的一切缺点，因为他的理论想要服务于伟大目的，我们必须另做判断，即使这些缺点像在某些情况下所显示的那样并未因此全部得到补救。但是，他实际完成了一件对于经济学的方法论是基本重要的事情。经济学家总是要么自己在经济史方面进行工作，要么使用别人的历史著作。但经济史的事实已被归入一个单独的领域。如果它们进入理论领域的话，那只是起例证的作用，或者可能是为了证实结论。它们只是和理论机械地混合在一起。马克思的混合却是化学的混合；也就是说，他把它们应用在产生结论的论证里。他是第一位卓越的经济学家，看到并且有系统地教导人们认识经济理论如何可以转变为历史分析和历史叙述如何可以转变为历史的论证。① 关于统计学的类似的问题他并没有企图解决。但在某种意义上说，它是包括在另一个问题里面。这也回答了以下的一个问题，即按照前一章末尾所说明的方式，马克思的经济学能够成功地补足他的社会学结构到什么程度。它没有成功；但在失败的过程中，它把目标和方法都确定下来了。

四、导师马克思

马克思主义结构的主要组成部分现在都摆在我们面前了。那么总的看起来这一堂皇的综合体又怎样呢？这个问题不是多余的。如果它是正确的，那么，在这种情况下，整体就比各部分的总和更正确。并且，由于综合体很可能把好的变坏或把坏的变好（这两者几乎在每一点上都是存在的），从而整体比其中任何一部分单独来说，可能更正确或更错误。最后，还有只能来自整体的启示。但关于后者将不再多说了。我们每个人必须自己确定它对于他意味着什么。

我们的时代厌恶不合情理的专门化，因此呼吁综合，呼声之高，在以非专业成分占主要地位的社会科学领域中为最甚。② 但

---

① 如果忠实的信徒因此宣称马克思为经济学的历史学派确立了目标，这是不能轻易反驳的，虽然施穆勒学派的著作是肯定不受马克思的意见的影响的。但如果他们进一步宣称只有马克思才知道如何据理解释历史，而历史学派的人只知道如何叙述事实，却不了解它们的意义，那他们就将败诉。因为那些人实际上是知道如何分析的。如果历史学派的概括未能包括一切，他们的叙述不够精练，那都是他们的优点。

② 有些马克思推崇者超过了典型的马克思主义经济学家的态度，仍然按照表面价值接受他所写的任何东西。这样的推崇者中，非专业成分特别多。这是很重要的问题。在每个国家的马克思主义者集团当中，外行对有训练的经济学家的比例至少是3∶1，而这种经济学家照例也只是本篇引言里所规定的意义上的马克思主义者：他在庙堂上做礼拜，但当他进行研究时就违背了它。

马克思的体系很好地证明了,虽然综合可能意味着新的光明,它也可能意味着新的桎梏。

我们已经看到在马克思的理论中社会学和经济学是如何彼此渗透的。在宗旨上,并且在某种程度上也在实践上,它们是统一的。从而一切主要的概念和命题既是经济学的也是社会学的,并且在两方面表现同样的意义——如果根据我们的观点,我们仍然可称之为论证的两个方面的话。例如,经济范畴的"劳动"和社会阶级中的"无产阶级"至少在原则上是一致的,实际上是完全相同的。又如,经济学家的职能分配——也就是说,关于所得怎样作为生产性服务的报酬而发生的说明,不管这种报酬的获得者属于什么阶级——只以各社会阶级之间分配的形式进入马克思主义体系,从而取得了不同的含义。又如,资本在马克思主义体系中,只有在特殊的资产阶级手中才是资本;同样的东西,如果在工人的手里,就不是资本。

这种手法毫无疑问给分析方面带来了生气勃勃的现象。经济理论中幽灵一样的观念产生了。没有血肉的定理活动、奔驰、呐喊起来了;它并没有失去它的逻辑性,但它已经不只是关于抽象体系的逻辑性质的一种命题,它是描绘五花八门社会生活的笔触。这种分析不仅比一切经济分析的描述表达了更丰富的意义,还包括着更为广阔的领域——它把各种阶级行为都拉进它的画面,而不管这种阶级行为是否符合经济程序的常规。战争、革命、一切形式的立法、政府结构的变动,总之,在非马克思主义经济学看来只是外来干扰的一切东西,都和(比方说)对机器的投资或与劳动者的谈判并列地找到它们的位置——一切东西都包括在一个简单的说明图式里。

　　同时,这种做法也有它的缺点。受到这类束缚的观念排置法,虽然能取得一定程度的生动性,但很容易同等程度地失去其效能。工人——无产阶级这一对,即使是个有点平凡的例子,也是可以说明问题的。在非马克思主义经济学中,对人们服务的一切报酬都带有工资的性质,而不管这些人是第一流律师、电影明星、公司总经理或环卫工人。因为从所牵涉的经济现象的观点看,这一切报酬有许多共同之处,所以这种归纳不是无用的或没有思想的。与此相反,它是有启发作用的,即使对于事物的社会学方面也是如此。但由于把劳动和无产阶级等同起来,我们把它弄模糊了。实际上,我们把它从我们的画面上完全排挤出去了。同样地,一个有价值的经济理论可以被它的社会学变形弄得错误百出而不是更有丰富的意义;反过来说也是这样。这样,在更坏的经济学和更坏的社会学中,很容易发生一般的综合特别是根据马克思主义的路线做出的综合。

　　一般的综合,即把各种研究的方法和结论协调起来,是极少人能够胜任处理的困难事情。结果是一般人根本不去动它。于是从那些只见树木不见森林的研究者那里,我们听到对于森林不满意的叫嚣。但是他们不能理解到,这种困难部分在于材料多得令人为难,而且综合的森林可能看着极像知识的集中营。

　　按马克思主义路线做出的综合,即抱着使各种事物都服从于一个目的的看法把经济学的和社会学的分析协调起来,当然特别容易像是知识的集中营。目的——资本主义社会的历史论证——是十分广阔的,但分析结构却不如此。虽然有了政治事实和经济理论的密切结合,但它们是被强力撮合在一起的,其中没有一个能够呼吸。马克思主义者宣称,他们的体系解决了非马克思主义经济学所不能解决的一切重大问题。解决倒是解决了,但只是由于把问题阉割了。这一点需要我们仔细地研究一下。

我刚刚说过,马克思的综合包括一切诸如战争、革命、立法变迁之类的历史事实,以及一切诸如财产、契约关系、政府形式之类的社会制度;这些东西是非马克思主义经济学家习惯于视为干扰因素或视为论据的,也就是说,他们不打算解释它们,而只是分析它们的运行方式和结果。为了规定任何科研方案的对象和范围,这些因素和论据当然是必需的。如果它们不总是被明白地表明出来,那只是因为预计到每个人都知道它们是什么。马克思主义体系的特点是,把这些历史事实和社会制度本身归入经济分析的解释过程之中,或者用术语说,它把它们不当作已知的数据而当作变数。

这样,拿破仑战争、克里米亚战争、美国国内战争、1914年的世界大战、法国的福隆德党人、法国大革命、1830年和1848年的革命、英国的自由贸易、整个劳工运动及其任何个别活动、殖民扩张、制度变革、每个时期和每个国家里的政党政策和国家政策——这一切都进入马克思主义经济学的领域里,而这一经济学是要依据阶级斗争、企图剥削或反对剥削、积累和资本结构的质的变化、剩余价值率和利润率的变动来寻找理论说明的。经济学家不能再满意于对技术问题提供技术答案,而是要教给人类以人类斗争的隐秘意义。"政治"不再是研究基本问题时可以和必须抽出去的独立因素,并且当它加入时,也不再是可以根据人们的好恶,或者扮演一个当工程师转过身时就恶作剧地瞎摆弄机器的顽皮孩子的角色,或者由于被尊敬地称为"政治家"的一种可疑哺乳动物的神奇智慧而扮演意外救星的角色。不——政治本身是由经济过程的结构和情况所决定的,它和任何买进或卖出一样,在经济理论的范围之内,完全变成各种影响的一种导体。

再说一次,没有任何东西,比正是为我们做了这件事情的一个综合体所发挥的魅力,更容易理解的了。对于青年人和上帝似乎使他们青春常在的新闻界里的那些知识公民来说,它是特别易于理解的。他们迫不及待地渴望得到好机会,希望这样或那样地把世界拯救出来,厌恶单调得无法形容的教科书,在感情上和知识上都得不到满足,又不能通过自己的努力完成一个综合,于是就在马克思那里找到了他们所渴望的东西。那里有打开一切极端奥秘的钥匙,有大事小事都能指挥的魔棒。他们正在瞧着一个同时是——如果我可以暂时陷入黑格尔主义的话——最一般又最具体的图解。他们在人生的大事方面不必再感觉毫无办法——他们一下子看穿了那些对于一切什么都不懂的政治上和商业上傲慢的傀儡。考虑一些其他可取之道,谁能责备他们呢?

是的,诚然如此——但除此之外,马克思主义综合的这一贡献是什么呢?我感到怀疑。描述英国过渡到自由贸易或英国工厂立法的早期成就的那些平凡的经济学家,过去不会,现在也不会忘记提到产生这些政策的英国经济的结构情况。如果他在关于纯粹理论的著作里不提到这些情况,那只会使分析更简洁、更有效。马克思主义者需要补充的东西只是坚持原则,和用以补充原则的一个特殊狭隘和牵强附会的理论。这一理论毫无疑问提供了一些结论,而且是一些十分简单和确定的结论。但只要我们把它有系统地应用在各种情况上,我们对于所有者与非所有者之间的阶级斗争的那种无尽无休的絮叨,就会产生非常厌倦之感,并且会痛切地意识到它是不恰当的,或者更坏些,感到它是陈腐平凡的——如果我们相信这一基本图式,就感到前者;否则,就感到后者。

马克思主义者习惯于得意地指出,关于被看作是资本主义发展过程所固有的经济和社会趋势,马克思主义的论断是成功的。正如我们所看到的,这是有些道理的:马克思比他那时代任何其他著者都更清楚地看到了朝向大企业的趋势,而且不只如此,他还看到了随之而来的情况的一些特点。我们也看见,在这一情况下见解有助于分析,从而补救了后者的一些缺点,并使综合的意义比分析中各种组成因素本身更为正确。但也只此而已。而且这种成就必然由于贫困不断增长这一预言的失败而被抵消。这一失败是错误见解和错误分析的联合结果,而很多马克思主义者关于社会事物的将来发展过程方面的想法是建立在这一错误预言之上的。信赖马克思主义这一整个综合体来理解现在情况和问题的人,易于陷入严重的错误。[①] 实际上,许多马克思主义者现在似乎已经感觉到这一点。

在马克思主义的综合说明最近10年经验的问题上,特别没有

[①] 有些马克思主义者会回答说,非马克思主义经济学家对于我们时代的了解简直没有任何贡献,因此马克思的弟子们无论怎样说在这方面也是比较好的。究竟是根本不说什么好还是说一些错误的话好,这一问题姑且不谈,我们应当记住这种说法不是实际情况,因为非马克思主义的经济学家和社会学家实际上是贡献很大的,虽然大多数是在个别问题上。马克思主义者的这一说法特别不能以马克思学说和奥地利学派、瓦尔拉学派或马歇尔学派学说的比较为根据。这些学派的成员在大多数情况下完全是,在一切情况下主要是对经济理论方面有兴趣。从而这些成就和马克思的综合是无法比较的。这只能和马克思的理论工具比较,而在这一领域里的比较,完全是对他们有利的。

理由感到骄傲。任何长时的萧条或不能令人满意的复苏,都将证实任何悲观的预测,正如证实马克思主义的预测一样。在这种情况下,意志沮丧的资产阶级和趾高气扬的知识分子的谈论就会产生一个相反的印象;这种印象由于那两种人的恐惧和希望而自然地取得了马克思主义色彩。但没有任何事实能够证实任何特定的马克思主义的论断,更不足以证实这样的推论,即我们所看到的不是一个单纯的萧条,而是马克思预期会发生的资本主义过程结构变革的征兆。因为,正如在下一部分里将看到的,一切观察到的现象,如超过正常的失业、缺乏投资机会、货币价值下降以及企业亏损等,都未超过像 70 年代或 80 年代那种众所周知的严重萧条时期的范围。关于这种萧条时期恩格斯曾经克制地加以评述,这给今天的热心追随者树立了榜样。

有两个突出的例子可以说明被视为解决问题的机器的马克思主义综合的优点和缺点。

首先我们要研究马克思主义的帝国主义理论。它的根源全部可以在马克思的主要作品中找到,但被新马克思主义学派所发展。新马克思主义学派在 20 世纪最初的 20 年颇为兴盛,他们和这一信条的旧保护者如卡尔·考茨基没有断绝关系,但在仔细研究这一理论方面做了很多工作。维也纳是它的中心;奥托·鲍尔、鲁道尔夫·希法亭、马克斯·阿德勒是它的领袖。在帝国主义问题的领域里,许多人继续他们的工作,其中杰出的人物是罗莎·卢森堡和弗利兹·施特恩贝格。马克思主义的帝国主义理论如下。

一方面,因为没有利润,资本主义社会就不能存在,它的经济制度也就不能运转;另一方面,又因为这一制度本身的作用会使利润不断被消灭,所以不断努力来保持利润的存在便成为资产阶级的中心目的。正如我们已经看到的,有资本构成的质的变化伴随着的积累,虽然是暂时改善个别资本家情况的补救办法,但终将使事情更糟。因此资本,由于利润率下降的压力(我们记得,利润率的下降一方面是因为不变资本对可变资本的相对增长,另一方面是因为当工资趋向上涨而工时被缩短时,剩余价值率会下降),不得不在仍然存在着可以任意剥削的劳动和机械化过程还不够的国家里寻求出路。这样就有了对不发达国家的资本输出。这种输出主要是资本设备的输出,或用以购买劳动或换取可以购买劳动的东西的消费品的输出。[①] 但它也是在这个词的普通意义上的资本输出,因为输出的商品将不能由输入国家的货物、劳务或货币来偿付,至少不会直接用这些东西来偿付。如果为了保卫这种投资,使其不遭受当地的敌对活动的侵害——或者如果你愿意的话,也可以说是对付当地对剥削的反抗——并防止其他资本主义国家的竞争,而对不发达国家进行政治征服,那资本输出就变成殖民活动了。这通常或者是由殖民的资本家自己所提供的,或者是由他们的本国政府提供的军事力量来完成。后者在提供这种军事力量时就符合《共产党宣言》里所提出的定义:"现代的国家政权是管理整

[①] 想一想用来和部落酋长交换奴隶的奢侈品,或用来换取为雇用当地劳工所需的工资货物的奢侈品。为简略起见,我将不考虑这一事实,则我们所说的这种意义的资本输出,一般将作为两个国家的总贸易的一部分而发生,而这种总贸易中也包括和我们所想的特殊过程不相关联的商品交易在内。这些交易当然会大大促进资本输出,但不影响它的原则。我也不谈其他类型的资本输出。我们所讨论的理论不是,同时也不想让它是国际贸易和国际金融的通论。

个资产阶级共同事务的委员会。"当然,这种军事力量不仅是用于防卫的目的。还要有征服,有资本主义国家之间的摩擦和敌对的资产阶级之间互相摧毁的战争。

再有一个因素就可以使这一帝国主义理论成为它现在所表现的样子。只要殖民扩张是为资本主义国家里下降的利润率所推动的,那么它应当发生于资本主义发展过程中较晚的阶段里——马克思主义者实际上说帝国主义是资本主义的一个阶段,并且是最后一个阶段。因此,它将和资本主义对工业控制的高度集中同时发生,也和作为中、小型企业时代特征的那种竞争的衰退同时发生。马克思本人,对于由此引起的产量方面垄断性限制的趋势,以及随之而来的为了防止来自其他资本主义国家的入侵者而在国内采取保护措施的趋势,并未特别加以强调。也许他是太有能力的一位经济学家,不能过于依赖这种论证方法。但新马克思主义者却都乐于利用它。这样我们不仅找到了推动帝国主义政策的另一刺激力和帝国主义纷扰的另一根源,而且作为一种副产品,也得到了关于一种其本身不一定是帝国主义性质的现象——现代保护主义——的理论。

必须看到,在这一过程中还有一点,它将对马克思主义者在解释更困难问题的任务中很有帮助。当不发达的国家已经发达时,我们所说的这种资本输出将会减少。从而就可能有这么一个时期,母国和殖民地将以制造品交换原料。但由于殖民地和母国的竞争,制造品的输出结局也必然下降。延缓这类事情来临的企图,将成为每个老的资本主义国家和它的殖民地之间发生摩擦和独立战争的新的根源。但无论如何,殖民地终将对母国的资本关门,母国的资本将不再可能流向获利丰富的国外市场而逃避国内正在消灭中的利润。缺乏出路、生产能力过剩、全部停滞，最后是经常发生的国民经济破产和其他灾难——也许是由于资本主义的绝望情况而发生的世界大战——是可以有把握地预料得到的。历史就是这么简单。

这一理论是马克思主义的综合企图解决问题并从而取得权威的方式的一个很好的——也许是最好的——例子。全部事物似乎都和深深嵌在这一体系基础之中的两个基本前提——阶级理论和剥削理论——和谐一致。现时代一系列重要的事实似乎完全可用它们来说明。国际政治的整个难题似乎用一种简单的强有力的分析手法就能得到澄清。我们看到，在这一过程中，实质上总是一样的阶级活动，为何和如何根据只能决定策略方法和用语的各种条件，或者采取政治的形式，或者采取经济的形式。假定资本家集团所控制的手段和机会不变，如果贷款更为有利，那么就会进行贷款。假定所控制的手段和机会不变，如果进行战争更为有利，那么就会进行战争。后者和前者同样有资格进入经济理论。即使单纯的保护主义现在也从资本主义发展的逻辑中产生出来了。

此外，这一理论充分地表现了它和普通被称为实用经济学领域中大多数的马克思主义概念具有共同的优点。那就是它和历史上和当代的事实密切相联系。凡是读过我的概述的人，大概没有一个人不对于支持这个论证的每一步骤的历史例证多得如此俯拾即是，感到惊奇。他没有听到过世界上许多地方欧洲人压迫当地劳动者，拉美的印第安人在西班牙人手下遭受苦难，以及猎取奴隶、买卖奴隶和苦力主义吗？在资本主义国家里，资本输出不是实际上一直不断吗？资本输出不是几乎千篇一律地伴随着用以征服土人和对其他欧洲强国作战的军事手段吗？殖民事业即使由企业公司如东印度公司或英属南非公司来进行，不总是具有很明显的军事的一面吗？赛西尔·罗得斯①和波尔战争不是马克思所希望的最好例证吗？无论如何，大约从1700年以来，殖民野心至少是欧洲纠纷的一个重要因素，这不是很显然的吗？至于现在，谁没有一方面听到"原料的战略"，另一方面又听到在热带地方当地资本主义的成长对欧洲的反击？还有其他等等。至于保护主义，它是最清楚不过的事情了。

但我们最好还是要当心。由未经具体分析过的外表上似乎证据确凿的情况所提供的表面证明，可能是极靠不住的。而且，每一个律师和每一个政客都知道，尽力应用熟悉的事实将会大大有利于诱使法官或议会也接受他所希望使他们相信的一种解释。马克思主义者充分地运用了这一技术，在这一问题上特别成功，因为有关的事实任何人都肤浅地知道些，而彻底理解的人却极少。实际上，虽然我们在这里不能进行仔细的讨论，可是即使简单地想一想也足以引起这样的怀疑："它不是这样"。

在下一部分里，我们将讨论一下资产阶级和帝国主义之间的关系。我们现在将研究这一问题：如果马克思主义者关于资本输出、殖民化和保护主义的解释是正确的，它作为我们使用帝国主义这一不精确和被误用的名词时所想到的一切事实的理论是否也恰当。当然，我们可以恰好像马克思主义解释所包含的意义那样，来

---

① 赛西尔·罗得斯(1853—1902)是英国侵略南非的首领，通过开采钻石获致巨富，曾任开普敦的立法委员，并两度任开普敦的总理。当他任英国南非公司首领时，曾大量兼并土地，因此这些占领土地被人叫作罗得西亚。波尔战争时被拘留于金波丽，战争未结束就死了。——译者注

给帝国主义下定义；我们也可以自己宣称相信一切这些现象必然是可以用马克思主义的方式解释的。但这样，帝国主义问题——假定这一理论本身是正确的——就只能以循环论证来"解决"。①究竟马克思主义方法或研究这一问题的任何纯粹经济学的方法，能否提供不是循环论证的"解决办法"，还必须加以研究。但是，我们在这里可以不去管它，因为不等我们进行那么远，它的基础就垮了。

乍一看来，这一理论似乎很适合于某些事例。英国和荷兰对于热带地方的征服提供了最重要的例证。但它对于另一些事例，例如对新英格兰的殖民，就完全不适用。甚至对于前一类型的事例，马克思主义的帝国主义理论也不能给予令人满意的描述。只是认识到利得的诱惑在推动殖民扩张方面所起的作用，那显然是不够的。②新马克思主义者并没有打算要确信这样一种令人讨厌

---

① 这类强使我们接受的空洞的循环论证的危险性，从一些个别例证中可以得到最好的说明。法国用武力征服阿尔及利亚、突尼斯和摩洛哥，以及意大利用武力征服阿比西尼亚（即埃塞俄比亚。——译者注）时，并无任何重大的资本主义利益迫使它们采取这种行动。实际上，存在这种利益的说法是极难确立的托词。这种利益的后来发展过程也很缓慢，很不令人满意，而且是在政府压力下进行的。如果这看来很不马克思主义，人们可以回答说，这种行动是在潜在的或预见到的资本主义利益压力下采取的，或归根到底在老根上"一定"有某种资本主义利益或客观必然性。因此我们可以寻找到绝不会根本没有的确凿证据。这是因为资本主义利益像任何其他利益一样，实际上会受到任何情况的影响，也会利用任何情况；也是因为资本主义组织的特殊条件将永远会表现出一些特色，这些特色可以合理地和那些国家扩张政策联系起来。显然，是一种先入为主的信念而不是任何其他东西，使我们进行这样一种不可救药的工作。没有这种信念，我们永远也不会想到要进行这种工作。我们确实不必找这种麻烦；我们很可以说，"它一定是这样"，并且就那样算了。我所说的循环论证的解释就是如此。

② 只是强调每个国家实际上"剥削"了它的殖民地这一事实也是不够的。因为那是一个国家的整体对另一个国家的整体的（一切阶级对一切阶级的）剥削，与马克思主义所说的那类剥削没有关系。

的滥调。如果他们也要借助于这些事例的话,那么,殖民扩张也必须是按照前已说明的方式,因积累对于利润率的压力而发生的,从而是衰退中的或至少也是完全成熟了的资本主义的一种特征。但殖民冒险的英雄时代恰恰是早期的和不成熟的资本主义时代,那时积累刚刚开始,任何这种压力——特别是对于剥削本国劳动的障碍——显然是不存在的。而垄断因素并不是不存在的。相反,它比今天还远为清楚。但这只增加了把垄断和征服作为后期资本主义特点的那种解释的不合理性。

此外,这一理论的另一条腿——阶级斗争——的情况也不比这更好。一个人一定要戴上了眼罩,才能特别注意从来只起次要作用的殖民扩张的阶级斗争方面,才能用阶级斗争来解释曾经提供了一些最显著的阶级合作例证的那种现象。这既是可以提高工资的一种活动,也是可以提高利润的一种活动。长期看来,对于无产阶级比对于资产阶级肯定更有好处(部分是因为对于土著劳动的剥削)。但我不愿意强调它的结果。主要原因是它和阶级斗争没有很大因果关系,并且和阶级结构的关系,至多也不过是和属于资产阶级的,或由于殖民事业而升入资产阶级的个人或集团的领导地位的关系。但是,如果我们把眼罩摘掉,不再把殖民和帝国主义看作仅仅是阶级斗争的附带品,那么,关于这个问题,马克思主义的东西就所余无几了。亚当·斯密在这个问题上所要说的同样解决问题——实际上更好些。

还有关于现代保护主义的新马克思主义理论这一副产品。古典文献充满了对于那些因吵着要保护而对公众福利犯下不可饶恕的罪恶的"有害的集团"——在那时主要是,但绝不全部是农业的集团——的咒骂。因此古典作家有一个很不错的表明原因的保护理论——不仅是关于它的影响的理论。如果现在我们把现代大企业的保护主义派补充进去,我们就充分做到了合理范围内所应当做的一切。同情于马克思主义的现代经济学家实际上不会认为,即使现在他们的资产阶级同事也看不出来保护主义趋势和大单位控制趋势之间的关系,尽管这些同事可能不总是认为有必要强调这样明显的事实。并不是古典作家及其现在的继承者关于保护的看法是正确的:他们关于保护的解释,过去与现在都和马克思主义的解释同样片面,何况他们对后果和对所牵涉到的利害关系的评价常常是错误的。但马克思主义者所知道的一切关于保护主义中的垄断成分的东西,古典作家至少已经知道五十年左右了。考虑到这一发现的平凡性,可见知道这一垄断成分并不是困难的。

古典作家在一个极重要方面是优于马克思主义理论的。不管他们的经济学的价值是大是小——大概是不大的——他们大多数①都忠于他们的经济学。在这一情况下,这是个优点。有一种主张,认为许多保护关税之所以存在是由于大企业的压力,这些企业希望利用保护关税来把它们的产品的国内价格维持在比没有保护关税时为高的水平上,以便在国外能以更便宜的价格出售。这是老生常谈,但却是正确的,虽然从来没有任何关税是全部地或即使是主要地来自这一特殊原因。是马克思主义的综合使得这一主

---

① 他们不总是把自己局限于他们的经济学。当他们不这样的时候,其结果是不能令人鼓舞的。例如,詹姆士·穆勒的纯粹经济学著作,当然不是特别有价值的,但不能简单地驳斥为毫无希望的次等品。真正的无聊作品——并且是冗长的无聊作品——是他讨论政府和有关问题的论文。

张成为不恰当或错误的了。如果我们的目的仅仅是要理解现代保护主义的一切政治的、社会的或经济的原因和含义，那么这一主张是不恰当的。例如，当美国人有机会表白他们的心情时，他们会说，他们所以对保护主义政策一贯给予支持，不是因为有爱于大企业或被大企业所控制，而是因为要建立和维持他们自己的世界，并摆脱世界上其他地方的一切动荡。一个综合如果忽视了这类因素，那肯定是缺点而不是优点。但是，如果我们的目的是要把现代保护主义的一切原因和含义都归于现代产业中的垄断因素，把它看作是保护主义唯一的基本原因，并据此阐述这种主张，那么这种主张就是错误的。大企业是能够利用群众的感情的，它也培养了群众的感情。但是若说大企业创造了群众的感情，那是不合理的。产生——我们毋宁说，作为当然之理而假定——这种结论的综合，还不如根本没有综合。

如果我们公然不承认事实和常识，把这种资本输出和殖民的理论说成是国际政治的基本解释，从而国际政治一方面归结为垄断资本集团彼此之间的斗争，另一方面归结为各个垄断资本集团和它的无产阶级之间的斗争，那么，事情就会更坏。这类东西可能成为政党的有用文献，否则它只不过表明童话不是资产阶级经济学所专有的。实际上，对外政策极少受到大企业——或从福格尔到摩根的金融资本——的影响；并且在这类大企业家或大银行家能够出风头的大多数情况下，它们的外行办法总是带来灾难。资本家集团对于本国政策的态度主要是适应性的，而不是原因性的，今天比往常更是如此。而且，他们的态度取决于短期利益的考虑达到了惊人的程度，这种短期考虑距离任何深远计划或任何确定的"客观"阶级利益同等遥远。在这一点上,马克思主义成为这一迷信的阐述。①

在马克思结构的一切部分里还有情况相仿的其他例证。举个例子说,我们在不久以前从《共产党宣言》中引用的关于政府性质的定义,其中肯定有一定成分的真理。在许多情况下,这一真理可以说明政府对于比较明显的阶级对立的态度。但说真的,这一定义所体现的理论是微不足道的。值得去讨论的是,这一理论为何和如何在大多数情况下或是和事实不相符,或是即使相符,却不能正确地描述那些"管理资产阶级共同事务的委员会"的实际行动。而且,实际上在所有情况下都可以用循环论证使这一理论说得通。因为除了消灭资产阶级的政策以外,没有一个政策不可以认为是为资产阶级一些经济的或经济以外的、短期的或长期的利益服务的,至少在它能避免更坏的事情这一意义上说是这样。但是,这并不能使这一理论更有价值。让我们转到关于马克思综合解决问题能力方面的第二个例子。

根据马克思的说法,科学社会主义不同于空想社会主义之处,在于它证明了不管人类的意志或愿望如何,社会主义是不可避免

---

① 这一迷信和许多可敬的、心地单纯的人所抱有的另一迷信是半斤八两。他们在给自己解释现代历史时以这样一种假设为根据,即在什么地方总有一群特别聪明但特别奸险的犹太人所组成的委员会,在幕后控制国际的或者也许是一切的政治。马克思主义者不是这一迷信的俘虏,但是他们也并不比这高明多少。说起来很有意思,当遇到其中任何一个理论时,我总觉得极难按照我自己认为满意的一种方法来加以答辩。这不仅由于对于一些事实的论断总是难于给出否定的答案。主要的困难来自这种事实:人们不仅缺乏关于国际事务及其人物的第一手知识,同时也缺乏识破荒唐事情的脑子。

的。前面已经说过,这一说法的全部意义是,资本主义发展的本身逻辑趋向于毁灭资本主义并产生社会主义的事物状态。在证实这种趋势方面马克思成功到什么程度呢?

关于自我毁灭的趋势,这一问题已经解答过了。马克思还没有建立起来资本主义经济将因纯粹经济理由而不可避免地崩溃的理论,希法亭的批评意见已充分表明了这一点。一方面,马克思与正统理论有主要关系的关于将来事实的一些主张,特别是关于贫困和压迫不可避免地增长这一主张,是站不住脚的;另一方面,即使这些主张是正确的,也不一定从这些主张就能得出资本主义秩序崩溃的结论。但在这一情况中资本主义过程趋于发展的其他因素,以及最后结局本身(因此我希望加以说明),是被马克思正确地看出的。关于后者,可能需要以别的说法来代替马克思的表现方法。这样,"崩溃"这一名词就可能变为错误的名词,特别是如果把它理解为由于资本主义生产机器的失败所造成的崩溃的话。但这并不影响这一理论的基本内容,不管这可能影响它的表达方式以及它的一些含义到什么程度。

关于朝向社会主义的趋势,我们首先必须认识到这是另一个问题。资本主义的或任何其他的事物秩序显然可能崩溃,或经济的和社会的发展可能胀破它,可是社会主义这个不死鸟未必能从灰烬中长出来。无秩序是可能有的;而且除非我们把任何非无秩序的资本主义代替者都界说为社会主义,其他的可能性也是有的。一般正统的马克思主义者——至少是在布尔什维克诞生之前——所预见的特殊形式的社会组织,肯定只是许多可能情况中的一种。

马克思本人虽然极其明智地避免详细描述社会主义社会,却强调了它的产生条件：一方面，巨大的产业控制单位的出现——当然它会大大地促进社会化；另一方面，被压迫、被奴役、被剥削，但同时也是数目极多的、训练有素的、统一的和有组织的无产阶级的出现。这在很大程度上暗示着一次决战，这是这两个阶级之间长期斗争中最尖锐的阶段，也将是这两个阶级之间彼此对决的最后一次。它也暗示了随之而来的将是什么；它暗示着这样的看法，这样的无产阶级将进行"接管"，并通过它的专政来消灭"人对人的剥削"和建成没有阶级的社会。如果我们的目的是证明马克思主义是一千年至福教义①的一种，这当然就足够了。因为我们所关心的不是这一方面，而是一种科学的预测，这显然是不够的。施穆勒是站在更稳固得多的基础上。因为他虽然也拒绝接触具体问题，但他显然把这一过程摹想为逐渐官僚主义化、国有化等的过程，而以国家社会主义为结局。不管我们是否喜欢它，至少它具有确定的意义。

但是，在任何情况下——不管我们接受马克思的理论还是接受任何其他理论——社会主义秩序都不会自动实现；即使资本主义发展按照可以想象得到的最马克思主义的方式为它提供了一切条件，要使它实现，特殊的行动仍然是必需的。这当然是和马克思的主张相符的。他的革命只是他的想象力愿意给这种行动穿戴的一种特殊外衣。对于一个在其成长年代中经历过1848年的一切骚动，虽然很能轻视革命的空论，可是从来不可能摆脱它的束缚的人说来，强调暴力是可以理解的。而且，他的

---

① 一千年至福教义即世界末日后一千年耶稣当再来统治世界之说。——译者注

大部分听众,对于缺乏大声疾呼号召的启示是不会愿意听取的。最后,虽然他看到了和平过渡的可能性(至少是在英国),但他可能没有看到真有这种可能性。在他那时候,这不是很容易看出来的,而他所珍爱的那两个阶级对垒斗争的意见使他更不容易看到这一点。他的朋友恩格斯实际上特意研究策略问题。但是,虽然革命可归入不重要的事物之列,但采取特殊行动的需要仍然是存在的。

这能不能也解决把他的信徒区分为革命派和进化派的那个问题? 如果我理解了马克思的意思的话,那么答案是不难提出的。对他来说,进化是社会主义之母。他受到社会事物内在逻辑这一观念的影响过分强烈了,以致不相信革命能代替进化工作的任何部分。虽然如此,革命是要到来的。但它之所以出现,只是为了在一整套前提下写出结论。因此,马克思主义的革命,在性质上和功用上,是和资产阶级激进派和社会主义密谋者的革命完全不同的。它基本上是瓜熟蒂落的革命。诚然,不喜欢这一结论,特别是不喜欢把它应用到俄国事例上的信徒们,[①]在经典著作里可以指出和这一结论相矛盾的许多章节。但在这些章节里,马克思自己和他最深刻、最成熟的思想相矛盾;这种思想是根据《资本论》的分析结构毫无错误地表达出来的,并且它和被关于事物的内在逻辑的概念所启发的任何思想一样,必然在可疑的宝石的古怪闪光之下,带

[①] 卡尔·考茨基在他给《剩余价值学说史》所写的序言里,甚至宣称1905年革命是为了马克思主义的社会主义,虽然很清楚,少数知识分子的马克思主义的说法是,所有这一切都是社会主义的。

有显然保守的含义。而且,为什么不是这样呢?从来没有任何严肃的理论毫无条件地支持任何"主义"①。说马克思如果去掉了一些废话,可以有带保守意义的解释,只是说人们可以严肃地对待他。

---

① 这一论证还可以大为引申。特别在劳动价值理论里并没有什么特殊是社会主义的东西。每个熟悉这种理论历史发展的人,当然都会承认这一点。但是剥削理论的情况也是一样(当然用语除外)。我们只需要认识到,马克思所说的剩余的存在是(或者至少过去是)我们包括在"文明"这一名词里的一切东西能够出现的必要条件(这实际上是难以否认的)。现在我们看到了这一点。要成为一个社会主义者,当然不一定要是一个马克思主义者,做一个马克思主义者也不足以就成为社会主义者。社会主义的或革命的结论可印在任何科学理论上,但没有任何科学理论必然包含着它们。并且其中任何一个都不能使我们处于萧伯纳在某处所描述的社会学愤怒中,除非它的著者故意把我们激怒。

马力·爱斯普利·里昂·瓦尔拉[*]

(1834—1910)

当我们今天回顾这位学者的生平时,我们对于他无条件地献身于一项任务所表现的淳朴伟大精神感到惊奇。这一任务的内在逻辑、不可避免性和力量就像自然事物那样给我们留下了印象。专门考虑纯粹经济学问题构成了它的内容。此外再无其他。没有任何东西干扰整个画面的一致性。在它里面没有任何其他重要因素,只有它影响我们。这位学者生平工作的成就,就像具有重量一样,慢慢地但是稳步地给我们留下了印象。

我想简单地谈谈他的生平事迹。我从瓦尔拉的自传[①]中吸取了围绕这一科学史上具有重要意义的画面的朴实框架的资料。瓦尔拉于1834年12月16日在埃夫勒的厄尔诞生。他的学习过程表明了这位思想家不适宜于研究实际问题:就像一个人为准备技术学校考试而学习笛卡儿和牛顿那样,我们可以预料到他的失败;就像任何有钻研思想的人所经历过的那样,他对于人们已经走熟

---

[*] 这篇论文原先发表于德文《国民经济、社会政策和行政管理杂志》第十九卷(1910年),第397—402页。它是由沃尔夫根·斯托尔培尔博士译成英文的,斯托尔培尔在波恩和哈佛都跟熊彼特学习过,现在是密歇根大学的经济学副教授。

[①] 《经济学家杂志》(意大利文版)1908年12月。

的道路缺乏热诚。他曾在矿业学校学习过,成绩不能令人满意,然后他就尝试从事新闻学,并为各种企业工作过,可是都很不成功。但是,对我们来说很重要的是,他在 1859 年发表的第一篇著作里——这篇著作企图驳斥蒲鲁东的基本概念——已经认为可以利用数学来研究经济理论。从这个时刻起,他知道他需要什么东西;从这个时刻起,他的全部精力都贡献于一个目的。这——在方法上而不是在任何特定问题上——就是他的工作的起始。他感到需要朝着这个方向走,虽然他并没有立刻知道他能够走多远。而且那时候缺乏必要的环境与空余时间——在他的自传里,他苛刻地讽刺了法国科学界的气氛。一般说来,他当时没有成功地打下根基。

在这个关键的时刻,机会给科学帮了很大的忙。1860 年瓦尔拉在洛桑参加了一次"赋税会议"——会议上的讨论鼓舞他发表了第二部伟大作品。他在那里建立的联系导致了 10 年以后他被聘充任新设置的经济学教授席位。这对科学和对瓦尔拉都极为重要。凡是对瓦尔拉的作品评价很高的人,没有不被他的《自传》中这一部分所深深感动的,在这一部分里,他严肃地描述了他如何到县长那里去申请出国许可(由于动员的威胁而必须这样做),以及他如何"在 1870 年 12 月 7 日从卡恩,经过翁热、普瓦提埃、木兰和里昂"到洛桑去。他到达之后马上就工作,并且鞠躬尽瘁地继续工作到他毕生的任务完成的时候。

他在 1892 年退休了,但作为名誉教授和大学保持联系。他在克拉仑附近一所小小公寓房间里继续工作。1910 年 1 月 4 日他在那里逝世。

我必须再说一件事情,即由于人们对于他的著作的忽视而在他的一生最后30年所笼罩的阴影。在这个世界上，真理和红颜都是薄命的。而且，当一种新奇的事物主要表现在考察问题的方式上，而不表现在迎合广大人民的心意和理解力的发现和发明上的时候，尤其是当这种"看法"离开同行人目前兴趣很远的时候（就像瓦尔拉的情况那样），我们很容易理解到，它的成功是不会轻易得到也不会很快得到的。如果把这一切都考虑在内，我们对于瓦尔拉实际上取得的成就是不必感到不满意的；也许使我们感到惊奇的是他取得这么大的成就，而不是取得这么小的成就。瓦尔拉创立了一个学派，而且他的影响还及于这个学派之外，这主要是通过马歇尔。当政治和伦理学会拒绝他的作品时，究竟谁应当是被审判者，早就是很清楚的事情。无须虚张声势，他的著作的影响越来越广泛而深刻。虽然很长一段时间瓦尔拉并没有任何辩护者，但在生前已经可以看到，他的理论并不需要任何辩护，它们已超出科学时尚的范围以外了。但他不是这样想的，他从来没有克服斗争与失败的回忆。他的自传以辛酸的字句结束，他似乎沉溺于辛酸的思想之中——于是，他的生活外表上沉默地笼罩着一种悲剧因素。

1909年春天，他的第一部著作发表50周年的庆祝会就像阴雨后的一线阳光，使他深深受到感动。他从前没感觉到的同情和推崇都在这次庆祝会上表现出来了。他取得了他从来不敢希望的承认。这是他一生中伟大的时刻。

经济均衡理论是瓦尔拉的不朽贡献。这个伟大理论水晶般明澈的思路以一种基本原理的光明照耀着纯粹经济关系的结构。在洛桑大学为尊敬他而竖立的纪念碑上只是刻着这几个字：经济均衡。诚然,他的基本概念使他得出许多具有实际重要意义的结论。没有一个人能够比他更令人信服地主张土地国有化。货币政策方面的贡献极少有人能和他相比拟。但和他为我们提供的知识相比,这一切就微不足道了。综合他生平著作的那三大部书,①都属于我们科学中最好的著作,但比黄铜还耐久的那部分是第一部第二节到第六节中所包括的思想。

瓦尔拉从古尔诺的主张出发。可是他告诉我们,他很快就发现了古尔诺的那种把需求数量看作是价格函数的需求曲线,只能严格地应用于两种货物的交换,对于两种以上货物的交换则只能提供一个近似值。他自己一开始也局限于前一情况,并以完全相同的方式从一种货物的需求曲线推出来另一种货物的供给曲线。然后他就在两条曲线的交叉点上求得这两种货物的均衡价格。这些曲线指示着被考察的市场上各种货物的各自总额。从这些曲线他为各个经济单位的数额推出各自的需求和效用曲线。他就这样奠定了他的理论结构的基石——边际效用概念。在这一阶段中,这个理论发表于1873年,在随后的若干年中,它又继续得到发展。他的结论和门格尔与杰文斯的结论的一致,和他们之间在出发点与方法上的差别,是同样显著的。这些简单理论中所包括的成就是具有基本重要意义的。

通过一连串的论证,更多的问题随着这第一个问题相继地提出来了。首先是两种以上货物的交换问题,这对于科学表述所发

---

① 《纯粹政治经济学要义》,第四版,1900年(第一版出版于1874年);《社会经济学研究》,1896年;《实用政治经济学研究》,1898年。

生的困难比外行所想象的更多。其次是瓦尔拉进入了生产问题，从前他只是孤立地考虑一定数量的消费品的市场，现在他并列出来同样构成的生产要素的市场。这些市场一方面是通过既不赚也不赔的企业家联系起来的，另一方面是通过这种事实联系起来的，即在纯粹竞争和均衡的情况下，出售一切生产手段的总收入和出售一切消费品的总收入必然相等。当我们一方面考虑到对交换双方的每个人来说效用必须是最大的这种条件，另一方面考虑到以特定方式变动的所谓生产系数的时候，"成本"和"效用"相互作用的理论，以及随之俱来的关于整个经济发展进程的基本原理，都辉煌而简单地解决了。

瓦尔拉通过下述假定提出了资本化问题：有些生产性劳务的出售者进行储蓄并把这些储蓄投资在"新的资本货物"上，后者由于这种需求以确定的数量进入市场。"新的资本货物"的价格是在它们的劳务的基础上形成的。这种价格又构成"旧的资本货物"的资本价值的基础。这就解决了资本化问题或一切货物的基本价值的由来问题。这种看法有它的错误。我们所以注意到它，只是为了在今天把它和庞巴维克的成就做比较。如果它也像许多其他早期利息理论那样，在某些方面有过错，可是它在许多其他方面是比它们好的。瓦尔拉的利息理论也许最能和李嘉图的相比，但它们之间的关系和大厦与地基的关系是一样的。

在他的体系的一切部分里，他的货币理论，在成为这一领域里最成熟的果实之一以前的期间里变动最大。在1876—1899年期间，瓦尔拉的大部分作品是贡献于货币理论的。在《要义》的第一版里，他仍然从"必要的流通量"出发，可是后来他就把他的货币理论建立在个人对支付手段的需要上。这种差别是很重要的。人们不可能像说出某人对面包的需要那样说出整个经济对于交换手段的需要。但一个人对支付手段的愿望却完全和他对面包的需求相类似。它是可以包括在边际效用递减法则之内的。这一原理随后就得到了很好的运用,并从"流通方程式"发展出来一个很好的货币价格形成理论。但是,现在我不能进行具体研究,也许再说一点就够了,即特别是瓦尔拉关于复本位问题的论述完全是经典性的,在未来的长时期内将是决定性的。

在瓦尔拉看来,整个纯粹经济学建立在两个条件上:每个经济单位要使效用达到最大限度;每种货物的需求与供给相等。他的一切理论都来自这两个假定。埃季沃斯、巴罗诺等人可能已经补充了他的作品,帕累托等人可能在个别点上超过他的主张,但这无损于他的作品的重要意义。凡是知道精确的自然科学的起源及其进行方式的人,都会知道他们的成就,在方法上和本质上,是和瓦尔拉的成就同类的。经验告诉我们许多现象之间有着相互依存关系。探索这些现象的精确形式,把这一形式变成那一形式或从这一形式推出那一形式,是物理学家所做的事情,也是瓦尔拉所做的事情。而且瓦尔拉是在一个新的领域里这样做的,他不能利用数以百年计的前人的准备工作。他着手就做而且效果很好。虽然有外部的和内部的困难,但他进行了。他是在没有帮助和没有合作者的情况下进行的,直到他自己创造出这些条件——他除了在自身以内找到的鼓舞之外就再没有其他鼓舞了。虽然他知道,虽然他必然已经知道,在他自己的时代里,他既不可能从经济学家那里,也不可能从数学家那里希望得到好评或褒奖,但是他做了。他孤独地走着一条路，没有一般实际工作者和科学家所常常得到的那种精神上的支持。这样，他的形象表现出把真正具有创造思想的人和那些接受别人思想的人区分开的一切特征。关于这位人物我们就说到这里。他的作品迟早会得到承认的。

卡尔·门格尔[*]

（1840—1921）

　　一个理论就其本身来说是否可以被看作具有决定意义，或它是否需要许多用来支持它的附带论证，乃是检验它是否有力量的严格标准。同样，一个人的生平事业中能否有着一种其本身就标志着伟大意义的成就，或它是否仅仅能被描绘为由许许多多零星片段凑成的混成画，也是检验一个人生平事业是否有重要意义的严格标准。门格尔可以说是在科学史上做出一种具有决定意义的成就的思想家之一。他的名字将永远和革新整个经济理论领域的一个新的解释原则联系在一起。尽管人们可能说他有什么重要的或可爱的性格，尽管人们可能举出更多的科学成就，尽管人们可能说他有教学的热心和杰出的学者风度，但和这一崇高的成就相比，这一切就都处于次要地位了。当然，给门格尔写传记的人，将把这一切资料集合起来，描绘出一位坚强而吸引人的人物形象。但这一画面是从他的一个伟大成就取得重要意义的。门格尔不必借助

---

[*] 这篇论文原先发表于德文《国民经济和社会政策杂志》，新编号第一卷（1921年），第197—206页。汉斯·辛格把它译成英文。辛格从前是熊彼特在波恩大学时的学生，现在是联合国经济组的代理组长。

于这些细枝末节来取得声誉。

门格尔在完全退休之后20年才离开了我们。在此期间,他在自己感兴趣的领域里悠闲地享受和探索着。这样,我们就有充分的时间,能够讨论作为经济科学史的一部分的他的生平的作品。他的作品确是令人赞叹的。产生门格尔的科学性格的背景可以概述如下。16世纪以来,由于对现实的怀疑,由于实际政策的需要,关于经济问题的一些知识发展起来了。从那时起——也就是说,从现代交换经济开始超过村落或庄园的范围以来——货币和商业政策问题引起了把显著经济事件的原因和结果以朴素的形式联系在一起的讨论。随着个体经济和自由贸易徐徐发展的趋势而来的,是越来越多的小册子和书的出现。这些小册子和书的著者往往更倾向于解决当时的实际经济问题,而不大考虑更基本的问题。18世纪时,一个统一的科学出现了,这一科学具有自己的学派、结论、论战、教科书和专家。这是我们的科学的第一阶段。我们可以认为在这一阶段中亚当·斯密是登峰造极的。随之而来的是一个分析和专门化时期,英国古典学派在这一领域里占统治地位。这一领域是与我们有关的,因为门格尔的成就是在这一领域之内。李嘉图在这一时期里留下了芳名。在这一过程里,一个可以说是在广泛范围内具有科学性或一般正确性的严密理论体系发展出来了;纯经济理论问世了。

人们将永远不会十分清楚,为什么如此迅速的成功会随之以如此彻底的失败。这一新的学科里几位杰出思想家仍然在工作,他们还没有超出讨论基本问题的阶段,但我们已经看出经济学界存在着瘫痪的停滞状态,经济学界之外则存在着普遍的不信任、敌对和忽视。这种毛病一部分在于所达成的成就的内在缺点,即所使用的一些方法的幼稚性、一些思想的肤浅性,以及一些结论的可以清楚看出来的不正确性。但是,这一切并不是不可挽救的,因为这是可以改进的。但没有人着手这种改进工作,没有人对这一新理论建筑的内部结构感兴趣,因为——这里存在着失败的另一原因——公众意见和专家为了另外的理由而转移了方向:新的理论太急于要解决实际问题,并太急于与政治的和社会的党派进行争论,要求承认其科学正确性。这样,自由主义的失败也成为新理论的失败。其结果,特别是因为在一些国家里——尤其是在德国——普遍地存在着对于社会理论的敌视和墨守哲学与历史传统的知识遗产的趋势,古典理论除了经济和社会政策方面以外极少传播到下一代,通向它的内部结构的道路实际上是阻塞了。青年一代几乎完全不知道其中有多少科学知识以及有更多的获得知识的可能性。这样,理论就好像不过是观念史的插曲,企图为个别短期经济政策打一个基础而已。当然,各地方的专家还保存着小的理论蓄水池,这是必然的。在一些孤立的事例里,确也完成了具有重要意义的成就,但基本说来,这个领域是荒芜了。屠能和赫尔曼在德国的名声并不能改变这一结论。只有社会主义理论建立在古典学派方法论基础上而没有僵化。

由于科学的伟大的自由意志,卡尔·门格尔的生平事业很鲜明地在这一背景中出现了。他攻研了经济理论的半倾塌的大厦,没有外部的鼓舞,肯定也没有外部的帮助。推动他前进的力量不是对于经济政策或观念史的兴趣,也不是补充已经积累起来的资料库的愿望,而主要是天才理论家对于新的知识原理的探索,对于统驭资料的工具的探索。研究工作者一般最多不过取得局部成就，即解决一门科学中许多问题中的一个问题。门格尔却属于另一类的研究工作者，他们摧毁一门科学现有的结构而把它放在一种崭新的基础之上。旧的理论被驳倒了，但不是因为历史学家和社会学家把它束之高阁，也不是因为经济和社会政策制定者拒绝它的实际结论，而是因为认识它的内部固有缺陷的人，在它的基础之上进行钻研，把它变成某种新的东西。

为较多的人阐述一个理论的基本原理总是困难的，因为一个基本原理的最终阐述总似乎有点显而易见。一个分析家的学术成就不在于表明基本原理的说明的内容，而在于知道如何使这一说明更为丰富，如何从这一说明推论出来和这门科学有关的一切问题。如果你告诉人们说机械学的基本原理表现在这样一种说明里，即假定一个物体不向任何方向移动，则这个物体是处于均衡状态中，那么，外行人就很难理解这个理论的用处或这一阐述的知识成就。因此，如果我们说门格尔理论的基本概念是：人们重视货物是因为他们需要它们，那我们必然意识到这不会给外行人留下什么印象——甚至大多数专业经济学家在理论问题上也是外行。门格尔理论的批评家总是说，从来没有人根本不知道主观估价这种事实，再没有比提出这样微不足道的说法来反对古典经济学家更不公道的事情了。但回答是极其简单的：人们可以证明几乎每位古典经济学家都从这一认识试着出发，然后由于不能带着它前进而把它丢在一边，因为他相信，在资本主义经济的结构中，主观估价已经失去它作为汽车发动机的作用。从而，建立在主观估价之上的需求现象，也像主观估价本身一样，和成本的客观事实比较起来，被认为是无用的。甚至今天，批评门格尔学派的人还常常会声称，主观价值理论充其量只能解释一定数量的消费品的价值，但不能解释其他任何东西。

因此，重要的事情不是这一发现，即人们只是因为他们根据满足需要的观点重视货物才购买、出卖或生产货物，而是极不同类的另一发现，即这一简单事实和它在人类需要法则之中的根源，完全足以说明有关现代交换经济中一切复杂现象的基本事实；而且，尽管表面现象显然相反，人类需要却是鲁滨逊经济或无交换经济以外的经济结构的推动因素。导致这一结论的思想线索，是从承认价格形成是经济的特定经济特征——不同于一切其他社会的、历史的和技术的特征——这一点出发的，并且一切特定的经济事件都可以在价格形成的结构内来理解。从纯经济观点看来，经济制度只是一个互相关联的价格的制度；一切特殊问题，不管它们可能叫作什么问题，只不过是这个经常重复的同一过程的特殊事例而已，而且一切特殊的经济的规则性都是从价格形成法则演绎出来的。我们在门格尔的作品序言里，已经看到这一认识是一种自明的假定。他的主要目的是发现价格形成的法则。一旦他成功地把价格决定问题（在这一问题的"需求"和"供给"两方面）的解决办法建立于对人类需要的分析上和维塞尔所谓的"边际效用"原理之上，经济生活的整个复杂结构立刻就显得意想不到地透彻简单。一切其余需要做的事情只是仔细推敲，并沿着越来越复杂的具体问题的道路前进。

他的主要作品题为《国民经济学原理，第一部，通论》，发表于1871年。它包括上述基本问题的解决办法，并清楚地启示了一切将来的发展。它与杰文斯的以及瓦尔拉的大致同时但分别进行的著作一起,必须被认为是现代经济理论的基础。他沉着地、坚定地、清楚地相信他的事业,仔细地推敲每个句子,向我们提出了价值理论的伟大改革。门格尔的赞赏者常常把他的成就和哥白尼的成就相比拟;批评他的人却常常取笑这一比拟。今天关于这种争论可能已经形成这一观点:门格尔所改革的科学比哥白尼放在新基础之上的科学,在真正正确的思想方面是为时晚得多而且内容也不完全得多。就这一程度说,后者的技术成就是大得多而且是更困难的,更不必说这样的事实:他的成就是在外行人不能检验其结果,因而笼罩着神秘之感的领域里。但在本质上和性质上,门格尔的工作是属于同类的。就像一位部队司令员,在人们所忽视的战场上成功地领导了小规模的部队,他所取得的个人成就可能与拿破仑和亚历山大并驾齐驱,虽然这种分类会使不熟悉情况的人感到惊奇。比拟通常是容易被误解的,并且很可能引起无用的讨论。但是因为比拟是给在最狭意义上不是专家的那些人确定一个人的地位的方法,所以我们将冒险把门格尔和其他经济学家做个比拟。例如,如果我们把他和亚当·斯密比拟,我们马上会清楚地看出他的成就比这位苏格兰教授的成就要狭窄得多。亚当·斯密对于当时的实际需要发表了意见,他的名字和那一时代的经济政策是分不开的。门格尔的成就是纯科学的,并且作为科学的成就,又是纯分析的。他的作品只能与斯密作品的一部分相比。斯密是完全没有创造性的,特别在基本科学问题上,他是十分肤浅的。门格尔钻研深入,他完全靠自己发现真理,这是斯密完全办不到的。

李嘉图更是与他可以匹敌的人。他们两位都是天才的理论家,虽然在理论领域里,他们的天才基本不同。李嘉图丰富的知识和尖锐的见地,在于根据极其初步的基础,设法提出关于实际问题的结论和见解。门格尔的伟大则完全在于对这些基础做出贡献。从纯科学的观点看来,他的位置应当比李嘉图还高些。李嘉图是门格尔的必要条件——这一必要条件是门格尔自己肯定无法创造的。但门格尔是李嘉图理论的战胜者。

因为门格尔和他的学派很快就被认为是马克思主义理论的唯一的重要竞争者,我们可以把他和马克思比较一下。在这里人们又必须不去考虑作为社会学家和先知的马克思,而把自己完全局限于他的作品的纯粹理论结构方面。门格尔只能和马克思作品的一部分竞争,但是,在这一部分里,他在创造能力上和在成功上,都超过马克思很多。在纯粹理论领域里,马克思是李嘉图的学生,甚至是李嘉图的一些追随者的学生,特别是19世纪20年代在英国从事写作的社会主义和半社会主义的价值理论家的学生。门格尔不是任何人的学生,而且他所创造的理论是站得住脚的。为了避免误解,人们不能从门格尔的作品里推论出经济的社会学或经济发展的社会学。他的作品对于经济史的画面和社会阶级的斗争只做了很小的贡献,但门格尔的价值、价格和分配理论,一直到现在还是我们所有的最好的理论。

我曾经说过,门格尔不是任何人的学生。实际上,他只有一个前驱者,这个人已经完全认识到门格尔的基本概念的重要意义——那就是戈森。门格尔的成功,把这位孤立的思想家所写的、已经被遗忘的那本书从睡眠状态中唤醒过来。当然,除此之外,从经院学派以来,还有许多关于主观价值论的启示,甚至是建筑在它之上的关于价格理论的启示,特别是季诺维什和伊斯纳德的著述,然后就是19世纪最初几十年一些德国理论家的著述。但这一切只不过等于我们在前面已经提到的明显的事实问题。为了从这些启示里了解得更多些,人们必然已经通过自己的劳动找出这些启示的重要意义。另一方面,任何科学成就总是老树所开的花。否则人类就不知怎样处理它,花将落地而没人去管。但只要在科学生活里,或在一般人类生活里,可能有任何创造性的话,门格尔的理论是完全属于他自己的——属于他,也属于杰文斯与瓦尔拉。

这也说明了他的贡献被接受的方式和它的早期命运。他的贡献是他在30—40岁这段时期思想和奋斗的果实。每一位思想家在这个神圣的丰产期都产生出随后加以完成的创作。他生于1840年2月23日。他的著作问世时他只有31岁。这一著述原来是对维也纳大学的演讲,他希望通过它取得教学的资格。他的个人成就的大小,只有在我们记住他是在什么样的荒野上栽植树木时,才能被理解到。在我们的理论领域里,长期没有生命的迹象。即使要找寻一般的好著作,人们也要回溯到1848年那么远,也就是要回溯到桑嫩菲尔斯,他的书是第一本官定教科书。一切拿得出手的东西都是由德国进口的。他在大学任教伊始所接触的人物,几乎完全不理解他的概念或他能使之开花结果的整个领域。他后来告诉我们,他们对他的接待是冷淡的。但是,最后他站住脚了,当上了教授,时间给他带来科学家所通常享受的荣誉。但他从来没有忘记最初的奋斗。而且,在德国他仍然是被忽视的,只是因为这一领域一方面被社会政策所统治,另一方面为关于经济史具体问题的研究所统治。他是极其孤立的,没有可以把他的声音传播于世界的讲坛,没有任何势力范围,没有传统上一位有地位的教授可以随手使用的工具。他知道人们对他完全缺乏理解,而缺乏理解又会引起敌意。

任何知道科学发展史内幕的人,都会懂得为了使新观念被接受而在小圈子里使用的策略。门格尔却不知道那都是如何做的;而且即使他知道,他也缺乏进行这种战役的手段。但他的强大力量穿过了一切丛林,战胜了一切敌对的军队。首先,这完全是他自己的成绩。在人类灵魂的内部,在能把本身从传统的意见解放出来并能独立地深入钻研事物的智力和创造学派的能力(即能吸引并说服未来思想家的那种特殊魅力)之间存在着细微的和密切的联系,虽然这种联系不总是明显的并且常常似乎是不存在的。在门格尔这个例子上,专心于治学工作直接地导致他专心于宣传他的结论。虽然他从来没有再对价值理论这个题目发表自己的意见,可是他把他的理论教给了整个一代的学生。除此之外,他正确地观察到,在德国与其说是他自己的理论,不如说是一切理论,都被拒绝了。他承担起给理论分析在社会事物中确立正确地位这一战斗任务。全靠这一战斗——大家所熟悉的方法论战——我们才有了他的关于社会科学方法论的著作。这部作品非常有系统,它的陈述就是到现在也不常被改进。他企图通过它扫清正确研究领域里各种各样的方法论上的混乱。这一贡献也具有永久价值,即使以后的知识理论的发展可能在许多方面使我们超过它。如果把这后一作品和他的主要作品放在同等重要地位,那对于他的主要作品会是不公正的,但这后一作品对于他同时代人的教育影响是难以计算的。它在德国以外没有影响,也不需要有这样的影响。

因为在德国以外，它所企图建立的观念，在大部分地方已经普遍被接受了。对于德国科学的发展它是一个里程碑。

此外，在他的观念传播上，他的运气很好，任何其他学派创始人极少碰到这样好的机会；他和庞巴维克与维塞尔这两位知识界同辈组成联盟，这两位能在同样创造力水平上直接继续他的工作。这两个人的作品和努力——那是与门格尔的作品和努力直接相联系的；虽然他们自己也要求知识界领袖的地位，但没有阻止他们不断地回溯到门格尔——创造了"奥地利学派"，这一学派的基本观念慢慢地征服了这一特殊领域的科学界。成功来得很慢。它常常表现为心理上可以理解但仍然不是很愉快的形式。并且，如果某一派缺乏人们所只能称为的科学广告手段，我们在科学史上总会看到这种形式。那就是，基本的东西是被接受了，但伴随这种接受的不是感谢的承认，而是建立在附属问题上的形式上的拒绝。这就是在意大利发生的事情。主要的英国理论家也不能完全免于这种缺点。美国的接待和法国的接待——当最后这种接待发生的时候——是有礼貌和大方得多了；在斯堪的纳维亚国家和荷兰特别是如此。只是在取得这种程度的成就之后，这一新的趋势才在德国作为既成的事实被接受下来。所以门格尔最后能活着看到，任何经济学发达的地方，科学界都讨论他的理论；并且看到，他的基本观念慢慢地和不知不觉地越出流行讨论的范围，成为毫无争论的科学知识宝库的一部分。他本人敏锐地察觉到这一点。即使——像一位真正的学者那样——他有时因为一位同事所发动的这样或那样小的攻击而发火，但他仍然意识到他写下了科学史的一页，也意识到他的名字永远不会从科学史上消逝这一事实。

我们全都知道,今天任何科学成就,在不会被科研的进展所修改这一意义上说,都不会是永恒不变的。门格尔自己的继承者,并且在另一方面,我们这个学科中追随瓦尔拉的所有那些研究者,已经改动了他所设想的结构,而且毫无疑问将来还会继续这样做。但是,在另一意义上说,他的成就是永远不会过时的。我们说他的成就永不过时是因为,在今天已毫无疑问,他成功地在知识的道路上向前迈了一大步,并且他的作品将完全不同于大量的短命出版物;那些出版物的大部分注定要湮没无闻,而他的作品则在若干世代中是可以得到承认的。

　　如果前述的成就还不够伟大的话,还有其他的东西可以提出:最重要的是,他给德国《政治学辞典》所写的货币理论,以及他对于资本理论和对于实际货币问题的贡献。我们也要提到他作为教师的工作,这种工作已深深地印在我们——远远超过专家这个小圈子——当中年岁比较大的人的记忆中,永远不会忘记。我们也要提到他的惊人广泛的兴趣。但这一切和他的价值和价格理论相比就不算什么了。这种理论表现了他的真正人格,若是我可以这样说的话。

　　我们不仅悼念这位思想家,也悼念这位可爱的人。对于我们来说十分宝贵的记忆,也长久地徘徊在所有认识他的人的心里。

艾尔弗雷德·马歇尔

(1842—1924)

艾尔弗雷德·马歇尔《经济学原理》
发表 50 周年评价[*]

一

大约在 15 年以前,我在伦敦政治经济学院做了一系列的演讲。在这些演讲里,我对马歇尔的伟大影响偶然地表示了敬意。听众中有人写信给我,以提问题的方式表示了这样一种意见,大意是说:马歇尔的学说和穆勒的学说是同样的过时了,或者和亚当·斯密的学说同样的过时了。我将以回答这一问题的方式来表明我必须提出的意见。

---

[*] 原载《美国经济评论》,第三十一卷第 2 期,1941 年 6 月。版权 1941 年属美国经济学会所有。

这篇论文是根据 1940 年 12 月 29 日我在美国经济学会于新奥尔良召开的会议上宣读的一篇"论文"的记录改写成的。在若干地方,根据我早年所写但未发表的一篇论文,补充了一些意见。这篇未发表的论文已经根据凯恩斯先生的《马歇尔回忆录》所提供的报道加以修改了。凯恩斯所写的《回忆录》首先发表于《经济学杂志》,其后重印于《纪念艾尔弗雷德·马歇尔》(编者 A. C. 庇古,1925 年)一书中,1933 年又重印于凯恩斯《传记论文集》中。我要感谢这一《回忆录》,我认为它是传记中最杰出的作品之一。这篇论文里的引证是根据 1933 年的版权。

在某种意义上说，马歇尔的经济学已经过时了。他对于经济发展过程的看法、他的方法、他的结论，已经不再是我们的了。我们可以喜欢和欣赏他的伟大的结构，这一结构虽然由于各种批评和新的观念的冲击被打乱了，可是它的庄严的轮廓仍然散布在我们自己的作品的背景中。我们可以喜欢和欣赏它，就像我们喜欢和欣赏皮鲁吉诺①所画的圣母像一样，认识到她完美地体现了她的时代的思想和感情，可是同时也要认识到我们已经离开她多远了。

当然，这只是 50 年来所做的工作的必然结果。如果马歇尔的《经济学原理》对我们来说不是"经典著作"这一双关名词所表达的东西，而是任何其他东西，则 50 年来的工作就将完全是贫乏的。这是所有领域里一切经典著作的共同命运。如果可以把小事情和大事情做比较，那么，现代经济理论和《经济学原理》的理论之间的关系，同现代物理学和 19 世纪 90 年代的物理学之间的关系，具有十分类似之处。如果我没记错的话，亨得利克·安东·洛伦兹②在 1894 年说，他觉得理论物理已经达到完善的地步，因此不再是很能激发兴趣的东西了。现在这种肯定的感觉已经不存在了。美妙的单纯而清楚的轮廓线已经一去不复返了。取而代之的，我们看到了战场上的无秩序——一堆一堆的不相关联的事实和一件一件的不相关联的技术，根本没有把这一大堆东西安排成为建筑结

---

① 皮鲁吉诺(1446—1523)，一位伟大的意大利画家，擅长宗教人物，并描绘了许多优美的壁画。罗马的西斯廷礼拜堂的一些壁画就是他画的。拉斐尔是他的学生。——译者注

② 洛伦兹(1853—1928)，荷兰籍物理学家，曾于 1902 年获得诺贝尔奖。——译者注

构的展望。在经济学方面也发生了极其相仿的一些事情。我现在所指的不是资本主义制度的变迁，不是人们关于资本主义制度在道德和政治态度方面所发生的变化。并不是马歇尔关于实际问题、社会问题以及类似的问题的意见很过时了。马歇尔关于这些方面的意见可能是过时了，但它们究竟是否过时，对于这篇论文的目的来说，没有什么关系。有关系的事情是他的分析工具已经陈旧了，即使没有发生什么事情使我们的政治态度有所改变，他的分析工具也会是陈旧的了。如果历史停滞不前，除了分析以外，任何事物都不前进，判决也必然是相同的。

但是，在另一种意义上说，马歇尔的学说永远不会过时。它的影响将永远继续下去。这不仅因为这种范围广阔和具有力量的学说将成为以后若干世代的遗产，也因为它具有能够有效地抵抗衰退的特征。在充满了关于进化发展的口号的气氛的熏陶下，马歇尔是最早认识到经济学是进化的科学的经济学家之一（虽然批评他的人不仅忽视了他思想中的这一因素，而且在一些情况下实际上正是由于认为他的经济学忽视了进化方面而指责它）。特别是，他说他所研究的人性是有可塑性的和变化的，是不断变化的环境的函数。但这对于我们现在也没有什么关系。有关系的事情是，他把他的"进化思想"运用到他的理论工作中。这里并没有大局已定的样子。和穆勒不一样，马歇尔从来没有说这个或那个问题已经得到永远的解决，也从来没有说关于这些问题没有什么东西需要由他自己或其他作家再做进一步说明的。正相反，他充分地理解到，他所建立的基本上是临时的结构。他所指出的方向永远超过他自己的范围之外，永远指向他自己没有机会进入的天地。这样,对于其他人的著作来说是敌人的新问题、新观念和新方法,对于他的著作就成为同盟军了。在他所修筑的广阔的要塞营地里,具有容纳这一切的空地,实际上是具有事先准备好的招待设备。过去和现在反抗他的统治的人都很多,但这些反抗大多数是局部的。并且有时反抗者发现——或者别人替他们发现——他已经预见到他们的目标,因而实际上并没有什么需要反抗的地方。

二

马歇尔的《经济学原理》是二十多年辛勤工作的成果。① 当它最终在1890年问世时,立刻获得了圆满的成功。这一成功是不难解释的。因为这本书是一部伟大的作品,而且它披着最吸引人的外衣出现,这种外衣完全适应于当时的嗜好和经济学领域中的现行条件——实际上它在观点上和著者的天才方面都赢得了荣誉。

但是,这部作品的确切性质是比较不容易明确的。如果直接指向《经济学原理》所提出的分析工具的核心,对于它不可能是完全公正的。在这个核心之后,在它的范围之外,但又是围绕着它,存在着19世纪英国资本主义的经济社会学。后者建立在极其明

---

① 在这二十多年当中,马歇尔发表了几篇论文,并且与他的妻子合作,在1879年发表了他的《工业经济学》。同一年里,在亨利·西季威克的敦促下,自印了两本著名的专论"对外贸易的纯粹理论"和"国内价值的纯粹理论",在英国和国外流通。这两篇专论的大部分内容后来都包括在《经济学原理》中,也包括在著者的另一作品《货币、信用和商业》的附录里。

显的广阔而坚固的历史基础之上。实际上,马歇尔是一位第一流的经济史学家,虽然他可能并不是一位了不起的历史专家。他对于历史事实的精通和他的思想上的分析习惯并没有割裂开,而是形成紧密的结合,活的事实运用于理论,理论又贯串着纯粹的历史观察。当然,这在《工业和贸易》里比在《经济学原理》里表现得更为显著得多。在《经济学原理》里,即使在历史概论部分,历史事实也被大刀阔斧地削减了,以致他的追随者和批评者几乎找不到什么历史事实。可是这里却有着历史事实,而且他所不倦地和系统地观察当代商业生活的结果也是如此。从来极少有任何学院的经济学家像他这样理解商业生活。由于它的性质,后一成就是受到一定的限制的。毫无疑问,他那个时代的中等规模的英国企业的实践不适当地吸引了这位分析家大部分的注意力,因为他的主张是声称可以大为普遍应用的。但在这种限度内,他所取得的现实主义大大地超过了亚当·斯密——这是唯一可以比拟的例证。这可能是为什么他在英国没引起制度学派的反对的理由之一。

　　肯定地说,在我们的国家里曾经引起了这样的反对,并且这是不难理解的。一个不管历史背景的简单化了的马歇尔主义,盛行于大学的日常教学工作中,以致许多比较有朝气的知识分子对它感到非常厌恶。很自然的事情是:当人们背弃传统化了的马歇尔时,他们会认为是背弃了真正的马歇尔;当人们破除障碍走向经济现实时,他们会忽视有一个马歇尔主义的路标指向如何实现他们的方案这一事实。

　　当然,马歇尔《经济学原理》的分析核心在于经济静态理论。它的创造性并没有显得像它应有的那样显著,因为对我们来说,它只是当时已经成长或正在成长起来的一个派系的一个成员。而且，这一派系的其他成员毫无疑问是和马歇尔无关的，而他的工作习惯和发表方法，又使经济思想史家对于他的意见不可能给予公正的肯定。我不愿意被误解。凯恩斯先生给他的老师写的传记，为马歇尔的主观的创造性做了证人并提出了证据，这些证据在我看来是极其令人信服的。① 关于这一问题马歇尔本人保持了庄严的沉默；只是通过对古典作品特别是对李嘉图和穆勒的作品持谨慎公正的态度来表示他的感情，并且对于门格尔、杰文斯和一切理论家中最伟大的瓦尔拉，采取了武装中立的立场。但是，下面的论述是不会和事实相去很远的。

从凯恩斯先生的文章里我们知道，原来不是求知的好奇心把马歇尔引向经济学家的阵营。他是被一个仁慈的动机所引起的伦理思想驱使来的。他看到了英国贫民的困苦与屈辱，想对于减轻他们的灾难这一伟大任务有所帮助。当谈到他要献身于这一科学时，他经常遭到埋头于当时英国经济思想的一位朋友的阻碍，这是他为什么转向穆勒的《政治经济学原理》寻求启发的原因。在马歇尔的作品中也有其他迹象，可以看出他首先是从这个来源学习他的经济学的。在1867年，他又学习了李嘉图的作品。即使我们不曾知道，我们也可以很容易地推论出来，当一个彻底受过数学锻炼的人抱着一定的意志去学习这两位著者时，将会发生什么事情：首先，这样一个人对于这两位著者，特别是对于穆勒在证明的中肯性和结论的确定性方面所表现的模糊和粗疏，必然会感到惊异；其次，他马上会动手

---

① 凯恩斯：《传记论文集》，第180页及以后。

清除各种限制并使命题概括化。要把穆勒的结构转化为马歇尔的结构，除了上述两点以外，实际上不需要很多的东西了。

当然这是极其重要的成就。许多理论物理学家由于较少的成就而永垂不朽。马歇尔本人承认古尔诺和屠能对他的帮助。当然，这两位的深刻影响是很明显的。局部或特殊均衡分析的需求和供给曲线是古尔诺的曲线（虽然不应当忘记弗雷明·詹金斯）。而边际分析，在任何情况下，一个学数学的人会自然地察觉到它是属于屠能的。至于边际效用，杰文斯于1862年在英国经济学会剑桥会议上，提出了《政治经济学的一般数理理论简述》，这篇论文把这一概念包括在"效用系数"的名目之下。瓦尔拉的《纯粹经济学要义》的两部分分别发表于1874年和1877年。这两部分所包括的有关的静态模型的理论结构，比马歇尔的《经济学原理》所包括的要更全面得多。但是，由于马歇尔的阅读习惯，当时这位经济学家可能不知道这些著作的上述内容。至于其他在技术上占先的一切著者，他们对于马歇尔的贡献只能是零碎的。

这似乎是说明，马歇尔的倾向实际上是把一切经济理论改革者所要说的话都归之于穆勒和李嘉图。虽然瓦尔拉的热烈推崇者可能有理由由于《经济学原理》中很少提到瓦尔拉而感到不高兴，虽然马歇尔的热烈推崇者可能有理由因为马歇尔没有表现出更为宽宏大量而感到遗憾，不过在马歇尔承认别人对他的帮助方面，不能提出任何严重的反对意见。但是，关于他在书面上和口头上对于他应深深感谢的、他的伟大的不具人格的友军即数学所给予的评论，是可以提出严重的反对意见的。

如果上述的判断是正确的话，那么重要的一点在于，不仅他的特殊的数学才能对于他在经济理论领域中的成就是有利的，而且是由于数学分析方法的实际运用才产生了这一成就；此外把斯密—李嘉图—穆勒的资料转变为现代研究机器，如果没有数学分析方法，也是很难完成的。当然人们可以争论说，任何个别结论甚或关于互相依存的经济数量的体系的一般看法，都可能通过与数学无关的方法来得出；就像人们同样可以争论说，凡是我们走路达不到的任何地方，火车也无法把我们运送到那里去。但是，即使我们愿意忽视这样的事实，即除了本质上是数学的方法——虽然在一些简单的情况下它们不一定采取数学的形式——之外，不可能提供任何严格的证明，可是还存在这样的事实，即这种马歇尔的作品实际上是以数学图解为必需条件的。马歇尔总是拒绝承认这一点。他对于他的忠实的友军从来没有给予充分的荣誉。他隐藏了他用以工作的工具。

当然，他所以采取这种态度，是有最好的理由的。他不愿意把外行人吓跑了，他要求——奇异的野心！——能被"商人所看懂"。他担心树立一个榜样，可能诱使受过数学训练的人认为数学是经济学家所需要的一切。这种顾虑当然是正当的。可是人们可能希望，对于部分地由于他的作品的鼓励而正在开始拥护精确的经济学的人们，他能够给予更多的鼓励。他似乎没有认识到，"数学会把我们赶跑了"这种危险并不限于经济学领域，但是并没有在其他任何方面证明为极其可怕。任何一种科学，如果在它的热心的信徒中没有掉队的人，是从来不可能得到进展的。经济学，在人类知识的一切部门中，不能永远单独地被束缚在外行人能够马上理解的这种低水平上。实际上，如果读者完全不掌握微积分的原理，是无法完全理解马歇尔本人的作品的。企图使他们按照他所能思维的去思维，是没有什么好处的。如果马歇尔能够坚决地支持这一前进的路线——在开辟这一前进路线方面，马歇尔所做的工作比其他任何人都多——可能会收到更多的好处。

三

但是，一个流派的每一个成员都有他自己特殊的特征。马歇尔个人的特点，没能通过指出他所属的流派，而得到充分的描述。

第一，让理论家刮目而视的特点是他的结构的简洁性。如果我们把马歇尔的表现方法和瓦尔拉的表现方法进行比较，这个和成功极有关系的优点就特别突出。后者令人有厌倦之感，而前者却流畅自然。一切努力的迹象都由于高度琢磨的外表而消逝了。理论表达得很雅致。证明是简单和精练的——至少在概括的附录里是如此。马歇尔的数学修养甚至训练了他的文字叙述。同时它也使他的图解简单得令人喜欢。

几何图解以前曾经使用于经济理论，特别是被古尔诺所使用。现在我们当中许多人都没有兴趣使用它们了，因为使用比较容易的平面几何图解不可避免地意味着过分地简化。但它们仍然是处理基本的、即使是初步的命题的不可估价的方法。它们成功地澄清了许多论点。它们在不可计数的课堂中成为极可感谢的东西。而实际上关于一切最有用的图解，我们应当感谢马歇尔。

第二，《经济学原理》的正文可以证明，它的附录更足以证明马歇尔完全掌握了一般均衡观念。他发现了"一个完整的哥白尼体系,通过这一体系,经济宇宙的一切因素,由于互相抗衡和相互作用而维持在它们的适当地位上"①。但为了表现这一体系的运用,他铸造并且广泛地使用了一个不同的模型。这一模型更容易掌握,虽然它的应用领域也更有限。在大多数情形下,特别是在第五篇里,他主要考虑"工业"中从事生产经营的中等规模的厂商;这些"工业"的重要性是不够高的,不能对于经济中其他事物的发展给予重大的影响。同样地,他主要考虑个别的商品,这些商品只吸收它们的购买者的开支总额中的小部分。这种"局部的"或"特殊的"分析有它的缺点。他没有充分说出——也许他本人没有充分认识——它使人们看不到多么多的现象,以及当它被掌握在粗心人的手里时是何等地危险:庇古教授极其必要地强调指出所讨论的工业的"小规模",我敢说,这会使马歇尔的一些信徒感到惊奇;还有别的人把马歇尔的需求—供给曲线马马虎虎地应用在劳动这类商品上。但是,如果我们坦白地承认这一方法基本上是一个近似法——并且如果我们进一步放弃我们今天关于一个工业概念的反对意见——那么我们就可以自由地享受它所提供的丰硕的果实。正是为了这种果实,马歇尔离开了严格的正确性,实际上比他的表现方法所指向的,做了更勇敢和更新的发展。

第三,为了收获这一收成,他设计了每个人都知道的那些随手使用的工具,例如代替、弹性系数、消费者剩余、准地租、内部和外部经济、代表厂商、主要和补充成本、长期看法和短期看法。这些都是我们的老朋友,并且已经成为我们的分析武器库中极为熟悉

---

① 凯恩斯:《传记论文集》,第 223 页。

的外来用语,以致我们几乎不再认识到我们应当感谢它们了。当然,它们或它们所代表的事物,对于我们来说并不都是全新的。但即使这些不是全新的东西,从前也没有拥有它们的适当地位,实际上是从马歇尔开始才第一次变得有用。但是,和老朋友一样,它们有时也证明是不可靠的。其中有些,例如代表厂商和外部经济,当我们一方面从静态范围挣脱出来,另一方面从个别工业范围挣脱出来时,不但不能解决反而会增加我们所必然遭遇的逻辑困难。下降坡度的成本和供给曲线不可能通过这些方法得到完全的解救。曾经一度进行的这种尝试,消耗了本来可以更好地运用于彻底改造方面的精力。

第四,当我们再回忆一下马歇尔关于局部均衡方面可能有的理由,和当我们分析这些随手使用的工具时,我们不能不对于他的理论思想的现实主义感到惊奇。局部均衡分析揭示出来个别工业和个别厂商的实际问题。当然它远不止于此,它也是企业经济学的科学基础。有些工具是直接取之于企业实践,例如主要和补充成本;而另一些工具,例如准地租及内部和外部经济,非常适用于摸清商业情况和有系统地阐述商业问题。像以上这些工作,马歇尔的任何同辈都没有做这么多;而其他每一件事,他们不仅尝试过,而且也做得很成功,在某些方面比马歇尔做得更完善。这样,全面地阐述全面均衡理论只能重复瓦尔拉的工作;仅是阐述关于局部均衡方法的概念又会流于庸俗。但局部均衡分析方法受到全面均衡理论的启示,全面均衡理论又得到局部均衡方法的补充——这完全是马歇尔自己的成就。

第五,也是最后,虽然他所完成的基本上是一个静态理论,但他总是超出这个静态理论的范围来看问题。只要有可能,他就加入动态的因素,实际上比他所仍然保持的静态逻辑所能容纳的次数更多。他的路线的某些部分——特别是在它接触到和他处理"时间因素"有关的一些现象的地方——之所以模糊不清,主要是由于这一原因而产生的。后来的分析很快就发现他的一些曲线具有混合的性质。然而,他虽然没有攻下这个堡垒,可是他把他的军队有效地引到这个堡垒。这还不是一切。如果我们从静态和动态的区别转到停滞和进化的区别,我们就可以看到一个更为重要之处。马歇尔似乎有些遗憾地容忍着他的分析工具的静态性质,但他很不喜欢停滞的假定,以致忽视这种假定对于一些目的的用处。他的思想是按照进化的变迁前进的——按照有机的、不能倒转的过程前进。他对于他的理论和概念给予某种变迁的气味,对于表述理论和概念的事实观察所给予的这种气氛就更多了。我不认为这些理论和概念背后的进化理论是令人满意的。不超越市场的自动扩张——一种只是由于人口增加和储蓄所推进的扩张——的图解,即市场自动扩张导致内部和外部经济,而内部和外部经济又造成进一步扩张的图解,是不可能有的。但它仍然是一个进化的理论,是亚当·斯密观点的一个重要发展,比李嘉图和穆勒在这一问题上的贡献大为重要。

四

马歇尔的成就是显著的,但是,如果他不披着适合时代精神的外衣大步前进,他就不会取得如此巨大的成功。马歇尔基本上建成了一个"分析机器……在发现某些真理时普遍应用的机器……不是一项具体的真理,而是发现具体真理时所用的机器"①。发现有某种作为经济分析的一般方法的东西,或者换一个不同的方式说,发现就经济学家分析方法的逻辑而论,不管他们是研究国际贸易、失业、利润、货币或任何其他问题,他们总是基本上使用同样的图解,这种图解不随着他们手里的特定的主题而变化——这一发现是不属于马歇尔的,并且也不是他在其中是一位极其杰出的成员的那一派经济学家的发现。为了使我们确信至少从重农学派以来这一真理就已为一切了解他们本身业务的经济学家所熟悉,我们只要看看李嘉图的著作就够了。李嘉图著作的第一章,再补充以第二章,显然是这一"发现具体真理的机器"的蓝图,而其余各章只是应用这一蓝图的一系列试验。但是在马歇尔以前,从来没有一位经济学家这样充分地掌握这一蓝图的意义,这样大力地去宣传它,并且这样前后一致地按照它去办事。

  对于一个对经济理论的性质和功用抱着这种见解的人,我们可以期望他会写出一本和《经济学原理》极不相同的论著,即写出一本绝不会受到广大群众喜好的论著。我们已经看到为什么《经济学原理》比较幸运的一些理由:马歇尔的历史—哲学的造诣几乎表现在每一页上——他的分析图解是镶嵌在使外行人感到舒适的豪华框架里的。这种分析并非枯骨向人们狞笑。它是有皮有肉的。由于马歇尔对于实际商业事务的观察,这种皮肉是不难结合在一起的。这一切不仅指的是平易近人的例证。这也意味着这一

---

① 引自凯恩斯先生论著里的"拼凑引用语",见《传记论文集》第208页。

理论可以为一般公众所接受,在经济理论方面任何其他可以比拟的论著从来都办不到这一点。

但是还有另外一些理由。在比较幸运的人类知识的领域里,分析家不必经常地考虑并指出他所研究的知识的功利主义的性质,就可以进行工作;他甚至可以大胆地离开实际应用的任何可能性——这是他为什么能够极其圆满地前进的理由之一。经济学家不仅要和很少有成功希望的问题做斗争,他也不断由于迫切要求直接"有用的"结果、要求为当时的困难服务和要求对人类的改善表示同情而感到苦恼。和物理学家不一样,他不可以这样地回答问题:一切最成功的生产都是迂回生产;即使是功利主义的结果也最好是通过并非直接指向它的方法来取得。但马歇尔对于激励这些要求的信条并不感到讨厌。实际上,他完全赞成这一信条。"为艺术而艺术"在他的高尚的盎格鲁—萨克逊精神中是没有地位的。为他的国家和他的时代服务,以及传授马上就会对人们有帮助的事物,正是他本人愿意比任何其他事情都多做些的事情。他对于人生价值之类的老生常谈没有反对的意见,他喜欢宣讲高尚生活的福音。

而且,他的关于高尚生活的观念,关于社会问题的看法以及关于公共领域和私人领域的见解,碰巧与他的国家和时代的观念、看法和见解相吻合。更确切地说,他的理想和信念当然不是1890年时一般英国人的理想和信念,而是1890年时一般英国知识分子的理想和信念。他接受了他周围的制度,特别是私有企业和家庭制度;他毫不怀疑它们的生命力或围绕着它们成长起来的文明的生命力。他接受了当时盛行的功利主义化的和非神学化的基督教信仰。他心安理得地举着正义的旗帜,而不怀疑通过白种人的负担在功利主义的正义这一信条和蒙古大帝的遗传之间所进行的调和的正确性。他由于热心肠而愉快地同情社会主义理想,又由于有冷静的头脑而悠然自得地驳倒社会主义者。这样,他给予读者的东西就正是他们所渴望的东西——一种思想高尚而令人快慰的启示,同时也不违背他自己的良知。

我们可以怀疑一部科学论著中是否应该表白信仰——虽然在这方面马歇尔和牛顿的情况是相同的。[①] 我就是怀有这种疑问的一个人。而且不止于此,我们可以不去欣赏这种特殊的说教。我承认很少有什么东西能像宣讲添加了边沁主义味道的维多利亚中期的道德那样惹我生气,这种宣讲是根据中等阶级的道德标准进行的,它既没有魔力,也没有热情。但这不能改变这样的事实,即马歇尔的绝大多数读者的感觉却不相同,他们欢迎充满着在他们看来是唯一正确而高尚的精神的一种分析。

五

但是在马歇尔的著作中,具有比他实际完成的重要得多的东西,即可以永垂不朽的某种东西,或者我们可以说,远远超过任何

[①] 在这两位伟人之间我觉得存在着一种奇异的相似之处,这使我感到惊奇。我常常弄不清这种奇异的相似之处有多少是来自他们的大致相同的环境,有多少只是由于偶然。这种相似之处不仅在于他们两人都占有学术泰斗的地位,都有坚持基本信仰的性癖,以及对于批评都有不合理的敏感,还有更多的方面。他们两位对于自己所发展的方法都极其不愿意照样发表出来。他们愿意自己保持他们的蓝图。他们努力得出了结论,但在提出这些结论时并不是按照他们发现这些结论时的方法,而且是在长期的耽搁之后才提出的。特别是在晚年,他们两个人都假装轻视那些他们做得非常成功的事情。

具体成就的寿命的生命力。除了他的天才提供我们使用的,并不可避免地要在我们的手里磨损掉的那些产品之外,在《经济学原理》中还有关于继续前进的微妙的建议或指导,以及我在开始时曾经努力加以说明的那种领导品质的表现。列举一些前者很容易,但说出后者的意义是困难的。

第一,这样重要的一部著作会指导它所教导的一代人的工作,那是极其自然的。因此,1890年以后30年间的经济文献,充满着马歇尔主义的各种主张和技术的发展与重述,并且也是这些主张和技术的必然结果。马歇尔的学生和继承人庇古教授的著作,罗伯逊、拉文顿、休夫以及其他许多人的著作,提供了我们大家都熟悉的不可计数的例证。甚至埃季沃斯的一部分贡献也属于这一类。关于理论方面举一个例子就够了,关于技术方面另外举一个例子也就够了。

马歇尔是表明完全竞争不总是能够使产量达到最大限度的第一人。据我所知,这是一个古老城池的第一个缺口。它产生了这样一个命题:产量可以由于限制报酬递减的工业和扩充报酬递增的工业而增加到超过竞争的最大产量。庇古、康恩和另外一些人,根据这种提示继续进行了研究,以致这方面已经最终发展为令人感兴趣的和重要的领域。

而且,需求弹性概念可能难以担当人们所给予它的一切表扬。可是它树立了我们大家都认为方便的运用弹性来进行推论的风气。现在所使用的弹性概念几乎有一打。其中代替弹性列在首要地位。虽然代替弹性只是在极其严格因而实际上不能应用于任何实际例证上去的假定下才能圆满地工作,但它很有助于澄清已经成为很不必要的争论的主题的各种论点——例如,机器应用到生产过程中究竟能不能损害工人的利益这一问题。代替这一概念对于马歇尔的结构是基本的。他强调"代替原理",这几乎可以看作是他的主导思想和瓦尔拉主导思想之间的主要纯粹理论差别。这一新的工具完全是由在《经济学原理》中能够找到的资料构成的,只要把这些资料结合在一起就行了。

第二,虽然马歇尔关于长期趋势和短期趋势的区别,并没有圆满地表示出他原来打算用它来表示的东西,但它在清楚而实际地思考问题方面带来了很大的进展,因而完全担当得起通过立刻接受它而对它表示的敬意。马歇尔自己广泛地应用它,并且由于这样做而教给了我们一个我们这一代过去和现在都迫切需要从中得到好处的课题:由于慢慢地增加,经济学中一个整个的部门发展起来了,那就是短期分析。

第三,马歇尔更显然是另一比较晚近的经济思想体系,即不完全竞争理论的创始人。我认为就是概括地说这也是事实,但是在英国式的不完全竞争理论方面特别明显。彼罗·斯拉法在1926年发表的著名论文中向英国读者提出的观念,可以看出——这在《生产成本和生产数量》里更清楚——是由于和马歇尔的递减成本曲线的困难做斗争而产生的。而且,在《经济学原理》中还有正面的建议,特别是在关于个别厂商的特殊市场的注解中。哈罗德先生和罗宾逊夫人建立起来的我们所欣赏的结构,只是证明他们自己是良好的马歇尔主义者,同时也是具有强大创造能力的经济学家。

我承认,争论比较多的是我将代替马歇尔提出的第四个要求。

我曾经说过,虽然他抓住了全面均衡观念,但他把它摒斥到不重要的地位,在最显著的地位上他建立起比较方便的局部均衡分析的房屋。虽然如此,特别是在第六篇,他对于整个经济过程开始了广泛的概括。如果这些概括既不是局部分析,也不是全面分析,那么它们的性质是什么呢?好吧,我想我们必须承认一个第三种类型的理论——在我自己的工场里把它叫作"总合的"理论。当然,他没有把他关于这类总合的数量的论述和货币联结起来。他没能做到这一点(虽然他在货币理论方面有许多重要的发现——因为这是关于《经济学原理》的评论,那些发现在这里不能提到),也许是我要对他提出的唯一的基本批评。但是实际上,如果一个人从局部分析出发,然后他又愿意关于整个经济发展过程说一些东西,那么,当他对于不方便的全面均衡观念感到失望时,他转向总合的理论不是很自然的吗?并且货币理论不就会作为总产量和就业的理论(使用罗宾逊夫人的成语)而自动来临吗?

第五,我曾经指出,马歇尔主张一个确定的经济发展理论;虽然按照他的习惯他没有尽力引起读者的注意,但这一理论却占据着他的思想的中心。不要认为我对于这一理论是怀着极大的同情的。但是我要指出,不是作为一种哲学而是作为一种研究工具,它所发生的影响比我们当中大多数人所察觉到的更多。H. L. 穆尔的趋势价值,只是在这一理论的基础上才可以认为和均衡价值相近似。W. M. 皮尔逊在这一理论中找到了进行研究的理论基础,就像他在哈佛预测丛刊里关于趋势方面所做的那样。但是,这一理论引向一切项目中最重要的项目。

第六,马歇尔的影响是促使现代计量经济学出现的最有力影响之一。《经济学原理》和《国富论》相似之处很多,但如果不考虑两者出版的年代,我们把它们放在主观的、受到当时客观限制的成就的共同标准上,那么,有一点前者肯定比后者优越。亚当·斯密恰当地集合并发展了当代和前代思想中他认为最有价值的思想。但对于他所接触的范围内最重要的成就之一,即17世纪的"政治算术",他没有做出任何工作加以发展。可是马歇尔则掌握分寸,对于不仅是数量的而且是数目的经济科学,虽然实际上进行的较少,但他坚定地引向这一科学并为它打下了基础。这一方面的重要意义是极高的。经济学在能够用数字得出结论之前,是不可能有也不应当得到任何威信的。

马歇尔如何清楚地认识到这一问题,可以从他的"新老经济学家"(1897年)这篇演说里看出来。但我们所应当感谢他的远不只是一个方案,我们应当为他的确定研究方法而感谢他。为了使我们自己明了这一点,我们只需要再浏览一次我所描述的他的"方便的工具"。所有这些工具,显然在统计意义上说是可以运用的。我们只要根据统计资料动手塑造厂商、家庭和市场的模型,就会发现在进行这一工作时将碰到这些工具所打算解决的困难。尽管如此,这些方法的确是有用的,但在我们认识到下述情况之前,我们不能给予它们以充分的估价:不管它们可能是另外什么东西,它们首先是计量的方法——便利数目计量的方法——并且是目的在于统计计量的一般工具的一些部分。它们肯定不是唯一可能的一些方法,并且也许不是最好的可能的方法。但它们是这类方法中最早的方法,计量经济学的努力几乎不可能从其他任何东西开始。

例如,这些努力在很大程度上首先指向统计需求曲线的取得,显然不是偶合的：马歇尔的需求理论提供了可以接受的基础。如果他没有打算完成一个近似的方法，这种方法至少在许多情况下证明在统计上是可以驾驭的，那么，硬加上一切那些使我们能够确定点的弹性或那种需求曲线本身的限制，就会毫无意义了。实际上，只要我们从这一观点来看曾经引起许多反对意见的那些限制，那么它们就成为完全可以理解的。拿消费者的地租这个概念来说罢。诚然从这一特殊的建议并没有得到很多的东西。但是，如果它不是意味着导向用统计来估价数量化的福利，为什么马歇尔会不满意于只是提到作为许多变数的函数这一剩余的存在，却像杜普伊在他以前所做的那样，由于坚持把自变量减少为两个这种简化而惹起误解和反对的危险呢？当然，同样的论证也可以应用到他的成本和供给函数，并且特别能够说明他所以固执于那些长期的工业供给曲线的理由。这些曲线在理论家看来并不是太好的，可是它们能开展密切地接近于更正确的和更普遍的模型的一些统计可能性。①

马歇尔在货币理论领域中所取得的战果也可以用来支持下列主张，即在他的一切作品里都充满着关于能够有效地掌握一切统计资料的理论工具的见解，这种见解实际上是他的一切作品所具有的最突出的特点。毫无疑问，庞巴维克的论证是数量的。但他似乎从来没有想到统计计量的可能性；他也没有使他的理论适合于统计计量。瓦尔拉的体系虽然不像我们当中许多人所认为的那样毫无希望，但它产生了叫人不能不害怕的困难。只有马歇尔的

---

① G.T.琼斯在他的关于递增报酬的著作中，曾经部分地开拓了这些可能性。

教导鼓励我们前进,虽然它也让我们多加小心。我们可以根据他的教导进行工作。不管是鼓励我们或叫我们多加小心,他仍然是我们所有的人的伟大导师。

我们站在一个山谷的边缘上。我们大家都想在这山谷里寻找康庄大道,不幸全都失败了。但每当我们回头看的时候,我们就看见他宁静、庄严、安稳地坐在他的信仰的大本营里,仍然教导我们很多值得听取的东西——但是,没有比以下这句话更值得我们深思的了:"我越学习经济学,我所有的经济学知识就好像是越少……现在在半个世纪之末,我意识到我对于经济学比刚开始的时候还无知。"的确,他是一位伟大的经济学家。

维尔弗来多·帕累托[*]

(1848—1923)

  布斯克教授在他关于帕累托的生平和著作的那本书[①]里提到,社会主义者的《前进》日报在帕累托逝世时所刊载的论文里,把他描述为"资产阶级的卡尔·马克思"。把一个对于无知的和胆小的资产阶级从来不放弃任何倾泻轻蔑机会的人叫作"资产阶级的",我不知道这是否正确。但在其他方面说,这一比拟极其圆满地表现了帕累托所给予他的祖国人民的印象;他们实际上把他抬举到在那一时代的经济学家和社会学家中,无出其右的杰出地位。

---

[*] 原载《经济学季刊》第六十三卷第 2 期,1949 年 5 月。版权于 1948 年属哈佛大学校长和评议员所有。

[①] G.H.布斯克:《维尔弗来多·帕累托的生平和著作》(载于《现代史研究、史料和考据选辑》,巴黎 1928 年版)。除了关于帕累托著作的数学部分以外,我们特别推荐这本著作。因为这是一位本身就是经济学家和社会学家的著者的慷慨而热情的写作,同时著者又尽量避免了一个门生或者传记编写人的那种专门反映光荣事迹的心情。布斯克还写了《帕累托以来的社会学概论》(法文)、帕累托的《社会主义体系》(法文)和《政治经济学教程》(法文)两书的序言,并于 1928 年用英文写了一篇题为《维尔弗来多·帕累托的著作》的短篇评论。此外,布斯克在其《论经济思想的发展》(法文)中,也给予帕累托保留了光荣的地位。在其他纪念评论中,提一提所谓官方评论就够了,那就是阿方索·德·皮特里-图奈利教授在意大利科学发展协会经济组的演讲(发表于意大利文《政治经济评论》,1934 年 11、12 月和 1935 年 1 月),还有吕吉·阿莫罗索于 1938 年 1 月在《计量经济学》上发表的论文。

其他国家没有给他建立相仿的塑像台。在英国和美国,一直到今天,人们对于这个人和他的思想仍然是很陌生的。诚然,在他的社会学的论著翻译过来之后,帕累托的学说也曾风行一时。[①] 但由于气味不合,很快地就过去了。就纯粹理论家这个小圈子来说,帕累托在 20 世纪 20 年代和 30 年代,即在鲍莱教授的《经济学的数学基础》发表之后,对英美经济学曾经产生过相当的影响。但是在这两个国家里,关于帕累托所擅长的方面,马歇尔的和马歇尔以后的经济学都提供了足够的内容,甚至在其他趋势抢走帕累托已经占领的阵地之前,就使他不能占领到很大的阵地。

由于理论经济学的几种重要发展现在看起来是从他那里滋生出来的,上面的说法可能令人惊奇。但这不难解释。帕累托是法国和意大利文明的一个方面的产儿,而这种文明与英国和美国的思潮相去极远。即使在法、意文明的这一方面里,他的崇高形象也是独成一家的。人们不能把帕累托归入哪一流派。他不奉承任何"主义"。没有任何信仰或政党能够宣称他是属于它的,虽然在他所统驭的广大的知识领域里,许多的信仰和政党可以窃取一些段落据为己有。他似乎是觉得和当时占统治地位的兴趣和口号相冲突是一种快事。极端放任主义的崇拜者可以从他的作品中采摘许多章节来支持他们的意见。可是他对于自由主义的"财阀政治的

---

① 在哈佛,这一风尚以著名生理学家已故教授 L. J. 汉德森为代表。参阅他的《帕累托的普通社会学》,1935 年。有些哈佛人还会记得他的非正式的帕累托"讨论班",那实际上是由这位教授的一系列的单独发言所组成。在这种讨论班里,他以其对于帕累托思想的不落俗套的伟大性所具有的同情和深刻的理解,十分勇敢地和一些不可避免的专业上的障碍进行了斗争。

民主"或"财阀政治的蛊惑宣传"的轻蔑是最为彻底的。社会主义者应该感谢他,因为我们将要看到,他对于社会主义学说做出了一个十分重要的贡献,并且曾对于意大利政府在1898年采取的反社会主义措施提出了抗议。可是他不仅是一个反社会主义者,而且是这样一些反社会主义者之一,他们的批评由于轻蔑而带有讽刺。法国的天主教可以因为帕累托攻击了对于法国教士们的迫害而感谢他,这一迫害是德雷福斯事件的一种极无意义的收场。可是他所以攻击孔贝部长的"俗人政策"是因为他是一位绅士,而不是因为他相信法国天主教堂的使命或者相信它的教义。

像这样独立和好斗的一位绅士,在争论中习惯于直截了当地进行勇敢的攻击,他的这些攻击可能为这些人或那些人所同意,但他却难孚众望。现在他已经是过时的人物了。但即使在他的极盛时代,我们大家所熟悉的政治和社会口号也统治着官厅用语、报章杂志、政党纲领以及包括经济文献在内的通俗文献。他用以提出他的严格的科学结论的词句,在那时候不会比现在更为通俗。一个人只要是感染上充满于美国教科书的精神,他一翻开帕累托的《政治经济学教程》就会认识到我在下面所说的这句话的意义:现代社会主义信仰和口号的天真爱好者,一定会感觉到自己被棍棒赶出于帕累托的门外;他所阅读的内容是他从来坚决不能承认为事实的东西,可是同时他也阅读了多得令人为难的实际例子。因此,现在的问题似乎不在于解释为什么帕累托没有发生更广泛的影响,而在于解释帕累托如何发生这么大的影响。

如果我们可以把自己局限于帕累托对于纯粹理论的贡献,那么就不需要看他的为人和他的社会背景与地位。但是,他的整个为人和限制他的一切力量,都十分明显地与不属于经济学纯粹逻辑的理论的任何事情有关,因此比在普通科学成就的评价里,更需要表达出来关于这个人和这些力量的意见。我将首先尝试表达出这种意见(一)。然后我将简短地考察帕累托在纯粹理论方面的著作(二)。最后我将看一看他关于社会的概念,这一概念在他的《普通社会学》中表达得很不充分(三)。①

一、这位杰出的人物

帕累托的父亲,热那亚人拉斐尔·帕累托伯爵,似乎是19世纪前半叶意大利复兴运动的典型产儿,是马志尼的一个热烈拥护者——也许是由于国家的理由而不是由于社会的理由,是阻碍意大利趋向全国统一的一切政府的不妥协的敌人。在这一意义上说,他是一位革命者,虽然在其他意义上不是。为了这个缘故,他

---

① 罗卡和施皮尼迪两位先生于1924年在意文《经济学家杂志》上所提出的节目差不多是完全的,但是我们在这里只需要提出下列各种:"关于纯粹政治经济学基本原理的研究",原载意文《经济学家杂志》,1892—1893年;《洛桑大学政治经济学讲义》(法文版),1896—1897年;《巴黎高级社会研究学院讲课概要》(法文版),1901—1902年;《社会主义体系》(法文版),1902年(1926年重印);《政治经济学教程》(意文版),1906年(1919年重印);《政治经济学教程》(法文版),1909年(1927年重印),这是前书的法文译本,但是我们必须把它单独列出来,因为数学附录是完全重新做过的;《论普通社会学》(意文版),1916年,法文译本,1919年,英文译本改名《心理与社会》,1935年;法文《数学百科全书》中的《数理经济学》,1911年(《数学百科全书》原来的德文版中的相应论文是不重要的)。另外还有几种书和难以计数的论文,但据我所知(帕累托在日报上发表了许多篇论文,其中大多数我都不知道),它们所包括的具有科学性质的东西,都已经包括在前面所提到的出版物之中了。

逃到巴黎。在那里，一位法国血统的母亲生下了这篇纪念论文的主人公维尔弗来多。如果加雷尼将军曾经把他自己描述为"法国人但也是意大利人"，那么维尔弗来多·帕累托也可以把他自己描述为"意大利人但也是法国人"。1858 年他被带到意大利。在那里他完成了通常的学程，1869 年获得了工程博士学位。他立刻开始从事工程和工业管理工作。在历充各种职位之后，他升为意大利钢铁公司的总经理。只是在 1893 年他才被委派为瓦尔拉在洛桑大学的继承者，虽然在这以前的几年人们已经可以认为他是一个专业的经济学家。这样，他主要从事于经济研究的时间大约是从 1892 年到 1912 年——实际上他的一切晚期作品在性质上都是属于社会学方面的。他在 1906 年辞去教授职位，回到日内瓦湖滨一个乡村地方他的家里休养。在精力旺盛和多产的晚年中，他逐渐成为"西里奈的孤独思想家"。

基本上说，上述这些情况对于我们的目的已经足够了：我们只须着重指出已经提到的几件事，而不必再增加其他的事实。首先，由于他有作为一位工程师所受的锻炼；并且他似乎对理论方面很钻研，因此他在早年就达到了专家所掌握的数学水平。[①] 第二，值得注意的是，帕累托完全熟悉工业实践，达到了经济学家极难达到的程度——这种意义的熟悉是与学院经济学家、公务员和政客通过他们所掌握的方法可以取得的那种熟悉极其不同的。但是，第

---

① 我觉得难以确切地说出这达到了什么程度。帕累托还需要伏尔泰拉告诉他：$Xdx+Ydy$ 这一公式总是有无限的积分因子，而多于两个变数的公式就不一定出现积分因素（《教程》(法文版)，第 546 页注）。不知道一位真正的"专家"究竟会不会忽略这一点。

三，他对于现行的一般政策和经济政策的浓厚兴趣，使他远在开始他的创造性著作之前，在某种意义上说已经成为一位经济学家了。这一点我们在另一问题上马上就要提到。那时候法兰西斯科·佛拉拉的声誉和影响正在极盛时代，烟雾还没有弥漫于被无可非议的自由主义所美化了的理论结构。佛拉拉的著作，特别是发表于意文《经济学家文库》中关于经典著作的著名序言，对于帕累托来说，和帕累托学生时代所能学到的任何大学课程起着同样或者更好的作用。但是，他走向瓦尔拉的道路，是后来由马佛·潘塔里昂尼所踩出来的。

　　上述各种事实都不能够完全说明帕累托对于社会和政治的看法，甚至也不能说明他对于他那个时代和他的国家的实际问题的态度。我一点也不相信，人格的深渊可以被抽干，从而看出来它的底下有些什么东西。但是我敢肯定，凡是认识他的人都会同意，贵族的背景对于他这个人比在一般情况下，起着更重要的作用。特别是这一背景使他不能和共同生活在社会上的人在精神上成为兄弟——使他不能成为各种集团中完全被接受的成员。这一背景也使他不能和资产阶级思想的创造物，例如所谓民主和资本主义这两个孪生兄弟建立起亲热的感情关系。在这一背景之上，他的经济独立——开始时是刚够维持生活，后来就有些富裕了①——有助于把他自己进一步孤立起来，因为它提供了把他自己孤立起来的可能性。

---

① 这一比较富裕的生活是因为继承了一份遗产，而不是因为他当企业管理者时赚到了钱。

在这一背景之上，他的古典学识也起着同样的作用。我的意思不是指他和当时每个受教育的人所共有的那部分古典学识，而是指他通过夜以继日学习希腊和罗马古典文献所自己占有的那部分古典学识。古代世界是个博物馆，而不是实践科学的实验室。帕累托过分相信能从古代博取智慧，那么他必然要脱离1890年或1920年存在的任何集团的人。他参加本国政治和政策的辩论的结果，使他自己完全孤立起来了——竟然孤立到这样的程度，甚至在他接受洛桑大学的委派之前就决定到瑞士去侨居。孤立对于他的暴躁气质是有影响的——只是在晚年由于第二次结婚所带来的家庭和睦才有所减轻（参阅《论普通社会学》的献词）——而暴躁的气质实际上对于孤立是不能忍耐的。

但是他为什么极其愤怒地离开他的祖国——他从心底里热爱他的祖国，他不仅渴望而且亲眼看到了他的祖国的再生？公平的观察家极容易提出这一问题，因为在人们看来，在帕累托离开祖国以前的30年间，这个新的国家的情况并不太坏。除了经济发展的速度相当快并脱离了财政紊乱的情况以外——对不起我们的凯恩斯主义者——这一新的国家在社会立法方面也开始采取措施，并成功地把自己建设成为当时所谓列强之一。从这个角度来看问题，我们的观察家就会对于阿哥斯提诺·得普勒提之类的政权十分崇敬。而且，考虑到新的统一国家在开始时会碰到的困难，观察家对于画面中不能令人快意的部分也会加以原谅。但是帕累托不原谅这些缺点。他只看到了无能和贪污腐化。他激烈地和一个接着一个的政府战斗，这样他就成为众所周知的极端自由主义者——在19世纪的放任主义的不妥协的拥护者这个意义上说——并且在当时的德国新政者中间,他帮助创造出这样一种印象,即边际效用只是用以阻碍改良者的一种诡计而已。[①] 关于帕累托对于经济政策问题的态度,以及这一态度在他的 1900 年以前的科学著作中所留下的深刻痕迹,这可能是这里所需要说的一切了。但即使在那个时候,在他的极端自由主义里也存在着某种东西,和官方自由主义的教条与口号指着完全相反的方向。他肯定是一个反国家主义者,但是为了政治的理由,而不是为了纯粹的经济理由:和英国的古典经济学派不同,他没有反对政府行为本身,而是反对议会民主的政府,反对那个取得英国古典经济学派忠心信服的议会民主的政府。从这一角度来看,他那个类型的放任主义和英国式的放任主义,就具有完全不同的涵义。一旦我们认识到这一点,其余的就容易理解了。

19 世纪快要结束的时候和 20 世纪最初的 20 年间,越来越多的法国人和意大利人开始发出不满的呼声。这种呼声从仅仅表示失望,到对于议会民主所跳出的八人舞方式表示强烈憎恶。这类情感是许多人共有的,不限于任何一个党派,就连 E. 法哥和 G. 索雷尔这样极不相同的人也都不例外。我们在这里不想分析这些情感,更不要给它们做出判断。对我们有关系的问题是存在着这些情感,并且晚年的帕累托在这种思潮中所以突出,是因为他在当代人中较为杰出,又因为他写了一本社会学方面的著作。他的社会学著

[①] 因此,德国的批评者接受了他的《讲义》。实际上,这本书所包括的可做其他解释的内容极少。但是,它却包括了这一观点:在这本书里所预言的纯粹竞争的优点是和实际经济过程没有关系的,因为纯粹的竞争实际上是不存在的。

作和索雷尔与莫斯卡的社会学著作一起,把这些情感合理化了。

对于英国人和美国人来说,有一些特殊的和历史上独特的条件使他们的思想上对于议会民主有一种同样特殊和独特的态度,他们忘记了这些条件,因而不知道帕累托对于法西斯主义的态度可能有的意义。但是这种态度是丝毫不成问题的。不需要任何理论来解释它。1914—1922年间所发生的事件把帕累托召回到政治辩论的战场上。他关于第一次世界大战的起源、关于凡尔赛条约的失策以及关于国联的无用所发表的精辟的分析,虽然在意大利以外没有引起同情的反响,却是他的最突出的成就的一部分。但最主要的是他亲眼看到了意大利社会的混乱,令其触目惊心;这种混乱如果不是亲眼看到是难以相信的。把这些年里一切的困难都归咎于颓废的资产阶级的政治制度的软弱,这位罗马史学者可能想到在罗马共和国中元老院所使用的一个公式——为了应付紧急局面,元老院常常指令执政官委派一位实际上具有无限的虽然是临时的权力的官吏,也就是委派一位独裁者:执政官应该注意不使国家受到损害。但是在意大利的宪法里没有这种规定,同时,就假定有这种规定,也不会有什么好处。因此,独裁者必须自己委派自己。除了这一点并且除了赞赏墨索里尼在恢复秩序方面所取得的成就以外,帕累托从来没有再走一步。墨索里尼对于始终宣讲温和主义的人以及始终主张新闻自由和学术自由的人,都给以参议员之类的地位,并引以为荣。[①] 但直到末年,帕累托始终拒绝采纳这一"主义",就像他拒绝接受任何其他主义一样。根据英美的

---

① 参阅布斯克前引书第182—194页关于这一问题的叙述。

传统观点来判断帕累托的行动——他的任何行动或感情——是得不到任何要领的。

其他任何东西都沉在他的人格深渊之底。

二、这位理论家

要评价帕累托对于经济学的贡献，首先必须对于他的领导才能给予适当的荣誉。他从来没有在意大利教过书。洛桑大学的法律系没有成为征服知识的战役中一个十分有利的司令部。西里奈的村舍看起来像一个很好的休养所。可是他实现了瓦尔拉所没能办到的事情：他建立了具有"学派"这个词的全部意义的学派。1900年以后，很快地就出现了由一些杰出的经济学家所组成的核心，由一些不甚著名的追随者所组成的范围较广的团体，此外还有广大范围的、或多或少的肯定的信徒。他们在积极创作方面彼此合作。他们彼此保持私人来往。在争论当中他们互相支持。他们承认一位导师和一个学说。

这一学派明确地是意大利人的。前面已经指出，它极少有什么外国的信徒，虽然帕累托学说的个别片段在英国和美国最终也被接受了。帕累托学派也从来没有统治意大利的经济学。实际上任何学派从来都没有统治它的本国。与此相反的印象，那就是李嘉图经济学曾经统治英国经济学这一印象，只是不切实际的历史编纂工作的结果。许多其他意大利杰出的经济学家，像爱因奥地，完全保持他们自己的主张，另外一些人，像戴尔·维克秋，一方面承认帕累托的显著地位并采纳他的这种或那种学说，但同时思考和写作了很多东西,就像根本没有帕累托这个人时他们也会做的那样。然而,一个学派确实在这样的理论结构的基础之上出现了,这种理论结构不仅是一般读者所难于接近的,而且在一些最有创造性的部分里,也是经济学研究者所难于接近的,特别是从来没有听过这位导师讲课或者会见过这位导师的研究者。

但是一旦我们正确地认识到并因此抛开这一领导才能,我们就看到一位继续瓦尔拉的工作的理论家。诚然,从来没有人否认这一点,就连最热心的门生也不否认这一点,帕累托本人是最不否认这一点的。在这一点上的意见分歧,必然只局限于帕累托超过这位伟大创始人的程度,和他们两个人在思维才干方面谁高谁低的问题上。为什么在这一点上信徒和外人之间或信徒们彼此之间从来不能取得一致的意见,这是有几种理由的。其中有一个理由必须马上注意到。瓦尔拉是在政治哲学的外衣下提出他的不朽的理论的。这种政治哲学在性质上是超科学的,并不是合乎每个人的口味的。恐怕我再没有比把它叫作小资产阶级激进主义的哲学更好的方法来表达这一哲学是什么东西了。他觉得有责任宣讲来自19世纪前半叶法国半社会主义作家的(或者我们可以同样公道地说,来自功利主义的)一种社会理想。他把土地国有化看作是他的学说中的基本项目;他是一位货币改革者,他的计划显然带有现代的腔调。这一切都是帕累托最讨厌的东西。它只是形而上学的空想,而且是极其无情的形而上学的空想。他们的共同基础局限于纯粹理论,特别是瓦尔拉的均衡公式。但在其他任何方面,他们的不同就像人与人之间的差异一样。即使他们为数理经济学而共同战斗的友谊,以及为了洛桑大学教授席位问题帕累托对于瓦尔拉的感谢,也不能使他们之间根深蒂固的互相憎恶情绪不表现出来,甚至在同第三者谈话时他们都常常流露出这种情绪。他们的纯粹理论是由同一模型铸造出来的,但是他们的各自整个的思想体系,各自对于社会过程的看法却不是如此。所有不打算完全忽视一个人的哲学和实际建议的经济学家,那就是说大多数的经济学家,只是为了这一理由,就会认为帕累托的结构和瓦尔拉的结构是完全不同的东西。

无论如何——我们暂时先不管社会学——他仅在纯粹理论方面写下了科学史的一页,只有一个例外。让我们首先看看这一例外。在《讲义》里,并在 1896 年的一篇单独的论文里,帕累托在计量经济学方面发表了具有高度创造性的著作;这首先树立了他的国际声誉,并在"帕累托法则"的名称下,创造了可以称为对于它所精密讨论的问题有贡献的一整套的文献。如果以 N 代表其所得比 x 高的所得者的人数,以 A 和 m 为两个常数,那么,我们就可以把帕累托的"法则"陈述为:

$$\log N = \log A + m \log x$$

《教程》的第七章包括帕累托的这一概括的最成熟的解释。我们在这里必须只注意这一概括所引起的两类问题。首先是是否适当的问题。人们曾经进行了许多研究。其中一些研究的著者认为他们的研究或是完全驳倒了这一"法则",或是证实了描述所得不平等的其他方法的优越性。读者会观察到,关键的问题在于 m 的近似不变。但是,从各方面看起来,"法则"是经得住考验的。即使到现在,能干的统计人员有时还使用它,这就足以证明这一事实。但是,第二,还有解释问题。假定直到最近,不同等级之间的所得分配一直是十分稳定的,我们能从这一点推论出什么呢?这一问题从来没有得到解决。大多数参加讨论的人,其中包括庇古,都只是局限于批评帕累托本人的解释——这一解释,至少说在开始的时候,实际上是容易受到反对的。并且,像我们的许多争论一样,这一争论也以没有提供任何确定的结论而告终。很少有经济学家似乎认识到这类不变数在将来的经济学中仍然会有保留下来的可能性。① 从这一观点来看,帕累托的"法则"确实是另辟一条道路,即使最终它的特殊形式什么也没有保存下来。

我将借此机会顺便处理另一个问题。帕累托在《教程》的"论人口"那章里研究了所得分配"法则"。就在这一标题下人们通常讨论的问题来说,这一章中并没有许多值得注意的东西。但是这一章里包括了许多其他东西,它们像这个"法则"一样,普通是不包括在人口理论里面的。这些东西使这一章富有生气,并给予它以新鲜性和创造性。帕累托关于优秀分子的流动的理论是一个例子(参阅下面第三节)。这些东西大多数在性质上是属于社会学而不是经济学的,并且其中有一些尖锐地(诚然几乎是天真地)表现出某些偏见,这些偏见极其不调和地给这位人类偏见的伟大分析家带来挫折。②

---

① 特别是没有人似乎理解到,寻求和解释这一类型的不变数,可能为一个完全新型的理论打下基础。

② 例如,不管我们对于他关于男女同权主义这一现象的解释有什么想法,当我们读到这一讨论的第一句话时(第 400 页)就禁不住要笑。这第一句话是,"男女同权主义是一个社会弊端……"。这种说法不能说有什么客观性或超然性。关于帕累托的严格意义的人口理论和那些社会学方面的补充,请读者参阅 J. J. 斯本格勒教授的"帕累托论人口"一文,原载《经济学季刊》,1944 年 8 月和 11 月。

在真正所谓纯粹理论领域里,帕累托的思想发展得极其缓慢,而且实际上一直到最后还保存着在帕累托以前的某些特点。除了佛拉拉的以及英国和法国的"古典时期"的经济学家的早期影响以外,他从瓦尔拉的静态均衡公式出发——在认识到这些公式是其他一切东西的钥匙之后,虽然在开始时对这些公式不是没有抵触情绪的。他又在1885—1895年这10年间所有优秀经济学家都不能不接受的那些建议中得到了进一步的鼓励。① 最后,他深刻地理解到他的直接前辈们的技术缺点和其他局限性。这样他自己的理论工作最适合由他自己来做——诚然,其中大多数是由瓦尔拉做了。② 但是他的早期作品,例如他的"关于纯粹政治经济学的基本原理的研究"(意文《经济学家杂志》1892—1893年),从来没有超出瓦尔拉的路标的范围。他的《讲义》显然也是如此的。一些敬重帕累托但严格说起来又不属于帕累托学派的经济学家,曾经对他提出令人怀疑的恭维话,称颂《讲义》为他的杰作。诚然,《讲义》是个显著的成就,它从头到尾都由强烈的格调灌注以生气,这种格

---

① 诚然,对于这些建议中的一些建议,帕累托的反应即使不是敌对的,也是消极的。他从来没有充分地重视马歇尔——主要是因为他在原则上反对局部分析——并且他似乎从来也没有看到在奥国人的粗疏技术后面所有的一切。但是他重视埃季沃斯,并且,虽然有许多反对之处,他也重视维克斯提德。比一般人所知道的多得多,他重视欧文·费希尔。他不仅重视《数理研究》,后来也重视《资本与收入的性质》和《利率论》。在我听到他对于《资本和收入的性质》给予高度评价的时候,我感到出乎意料之外。

② 瓦尔拉完全了解他为了完成他自己所认识到的东西而必须采取的一切捷径,只是临时性的结构。他从来不相信生产的不变系数、生产的没有时间性、没有间接费用、同等规模的厂商之类的假定,能够或者应当永远站得住脚。人们不能断言帕累托在这方面对于他是十分公正的。瓦尔拉的成就不仅是首创者的成就,他也指出了下一步应当做什么。

调甚至使一些老生常谈的段落也十分生动。但是帕累托拒绝重印或再版是做对了。因为就纯粹理论来说,《讲义》里没有什么专属于帕累托的东西。只是在 1897 年之后他才达到自己的最高水平。说明他这种发展的第一批主要出版物是:"纯粹经济学新论的若干章节的梗概"(《经济学家杂志》,1900 年)和他在巴黎的讲课《概要》。① 其后,《教程》(意文版),或者因为附录的关系我们应当说它的法译本(1909 年)标志着他所达到的顶点。

他在这一点上所建立起来的塔的结构远不是没有错误的。对于一部全面的论著极其基本的许多东西,他极少给予注意。我不仅是说,在一部"教程"里人们通常所要求的那些条件方面,帕累托的作品不能和马歇尔的作品相比。更严重得多的是,他所想出的理论的推理方法的重要部分是不恰当的。例如,帕累托的货币理论,总的说来不如瓦尔拉的货币理论。他的资本与利息理论的一切优点都来自瓦尔拉的资本与利息理论。关于利息,他似乎满足于以各种实物资本从而它们的劳务都不是自由财货为根据来进行解释。他的垄断理论,我相信就是最宽容的解释也挽救不了它。②虽然有这一切缺点,有些批评家所做出的不利的判断仍然是完全错误的。因为这种判断不仅忽视了许多个别杰出之作,更重要的是,也忽视了他的成就的基本内容。这些杰出之作最重要的是

---

① 参阅第 126 页脚注。
② 但是,他把垄断理论包括在一般理论的体系里,是具有一些优点的。同时,他的国际贸易理论,绝不应像在大多数情况下那样,被贬低为只是对于比较成本的批评。虽然他没有进行精心的描述,但是他勾画出来了自己的理论,这一理论第一次把全面均衡工具应用于国际贸易。参阅哈伯勒:《国际贸易理论》,1936 年版,第 123 页。

价值理论和生产理论,我们马上就要讨论它们。但首先我们一定要明确他的成就的本身,因为这两个理论只是这一成就的应用。

从纯粹理论观点来看,任何精通瓦尔拉体系的人一定会发生的第一个想法是,如何把这一体系提高到更高的概论水平上去。当我们跟着瓦尔拉以及所有边际效用理论家,通过生产、交换等现象的道路继续前进时,我们发现他们所要解决的问题,按最终的逻辑说,都只归结为一个问题:他们的一切问题——不仅是生产问题——都是经济数量的变换问题,而且在形式上是相同的,各种问题之间的差别只是经济行动在不同领域中所受到的不同的限制而已。假定我们决定要做我们在一切科学里所做的工作,那就是说,分析出来一切经济问题的共同核心,并且一劳永逸地建立这一共同核心的理论,思维经济的观点(E. 马赫的《思维经济学》)将认为由功利主义者来做这一努力是正当的。这种理论将运用十分普通的指标,例如"嗜好"和"障碍"等来进行工作,不必顾虑我们给予这些名词的特定的经济意义。我们可以超越经济学而上升到关于一些没有明确界说只受到某些限制的"事物"的体系的概念,然后试图创立一个完全的一般数理的逻辑体系。这样一条道路,对于为了表现经济逻辑的某些特点,在若干年代中都使用粗疏的方法的经济学家——例如我们可尊敬的朋友克鲁索——应当是十分熟悉的。帕累托只是在高得多的水平上和广阔得多的战线上做了同样的工作。但是在这样的高度上是难以生存的,更难以前进。像已经逝世的 A. A. 杨格这样有能力的批评家,曾经抱有这样一种看法:帕累托除了"枯燥无味的归纳"以外毫无成就。但是只有将来能够告诉我们是否如此。在那个时候以前我们应当承认他的尝试是伟大的。

举出一个例子就可以表明,像这样"急于做出概论",不仅能产生逻辑的石头,还能产生经济的面包;虽然这一概论由于从《讲义》那个时候开始仍然沿着相对低的概论水平继续前进的缺点而受到攻击。正如每个人所知道的,马克思的著作是对资本主义发展过程的分析,毫无疑问它是和要表明这一过程一定会产生出一种社会主义社会这一目的相联系的,但是它完全没有试图描绘社会主义社会的经济学。对于后一问题有许多马克思主义的和新马克思主义的论述,但这些论述也都不成功。又正如每个人现在所知道的,马克思主义的理论对于社会主义学说所不能提供的作用,已由E.巴罗诺提供了。近代作家只能在次要的细节方面超过巴罗诺关于这一题目的著名论文("集体主义国家中的生产部",见意文《经济学家杂志》,1908年)。但是巴罗诺理论的基本观念在帕累托《讲义》的第二卷里(第94页)和他的《教程》里(第362页)已有清楚的表述。这一观念好像是把经济过程的逻辑核心抬举到便于观察的制度外衣的基础之上。一旦我们把自己放在帕累托的关于嗜好与障碍的一般理论的观点之上,读者就会看到,作为一个特殊的情况,这一观念如何容易地浮现出来,虽然这一观念也曾浮现于维塞尔的眼前。

在这一特殊的情况中,帕累托几乎失去占先的权利——至少在英美的经济学家中是如此——虽然他不仅提出了这一问题,而且还指出了解决这一问题的道路。在其他情况中他完全失去了占先的权利,因为他把自己局限于仅仅提出建议。这样,借助于事后的发展,我们发现在《教程》里有许多关于以后的动态经济学的暗示。但是,所有的暗示,例如他所指出的和追踪曲线相仿的适应形式(狗与主人的问题,可参阅第 289 页)以及他所指出的继续振动的存在(可参阅第 528 页)等,除了消极地表明趋向于独特的和稳定的"解决"(即独特一组的价值将会满足它的条件)的经济制度的趋势,比包括瓦尔拉在内的那一时期的经济学家所想象的是更为可疑的问题这一点以外,就没有起过任何作用。[1] 他没有积极地使用这些建议,[2]也没有指出攻研这些问题的方法。因此我们可以毫不迟疑地说帕累托的著作是静态的理论;如果我们补充说,他比别人更理解静态理论的局限性以及这些问题的要求,[3]那么对于他就是基本上公正了。

现在我们进一步简短地讨论帕累托在价值和生产领域中的著作,并且根据上面所简单提示的观点,在心里要记住它们实际上可以合并为一个单一的理论。

即使不是所有的,至少是大多数的现代理论家,都会同意:杰文斯、门格尔和瓦尔拉的效用和边际效用理论的历史重要意义,主要在于它起了阶梯的作用,通过这一阶梯,这些经济学家攀登到全面经济均衡的概念,但瓦尔拉比奥国人或杰文斯更清楚地看到了

---

[1] 可参阅他在法文《数学百科全书》的论文中关于不稳定的均衡的讨论。

[2] 关于危机的空洞的理论(第 528—538 页)肯定不够条件被列为例外。

[3] 帕累托本人把纯粹经济学的主题划分为:静态经济学;一个研究继续均衡的动态经济学,这在我看来似乎是指比较的静态经济学;以及另一个研究经济现象运动的动态经济学,这似乎是把真正的动态经济学同发展的问题合并起来了,要不是因为帕累托在这两方面都是十分初步的话,这种合并方式将会是极不方便的。我知道信徒们对于这一情况的看法是不相同的。但是,后者的态度即使有其立足之地,我们在这里也不能采取这种态度。

和更充分地发展了这一概念。① 换句话说，效用和边际效用理论是通向真正有关系的事物的几条可能的大路当中的一条；除了提供最好的方法，以容易理解的方式来描述把经济制度维持在一起，并且实际上把极其容易分门别类的大量经济现象组成一个统一的制度的那些关系以外，这一理论本身并无巨大的重要意义。或者以更不相同的方式说，效用理论只不过是一个十分有用的启发性假设。② 但是瓦尔拉和奥国人的观点都不是这样。与此相反，在他们看来，效用理论就是最后真理，是对于纯粹经济学的一切秘密的钥匙的发现。因此，他们强调这一理论。这种强调又导致帕累托和他那一派的人过分地强调反对这一理论。英美的著者，特别是艾伦和希克斯，也采取同样的态度，极其慷慨地祝贺帕累托所发现的在他们看来似乎也是头等重要的新方向。实际上，认为这一

---

① 正如凯恩斯爵士在他关于艾尔弗雷德·马歇尔的传记论文中所指出的，马歇尔也完全掌握这一概念。根据凯恩斯的话以及其他的线索，我们可以相信马歇尔独立地得出这一概念，并且在时间上是早于而不是晚于瓦尔拉。但是，这不能变更这样的事实：他在《经济学原理》的有关的附录（第四版的注 XIV 和注 XXI）之前关于这一概念并没有发表什么东西，而且，根据承认占先权的普通规则，这些附录只能被认为是这一概念的一些闪现。因此，我们可以断言瓦尔拉的占先权是无可争议的。但是奥地利学派的占先权也是无可争议的，特别是维塞尔的。十分清楚，只是由于缺乏数学技术，特别是由于不能掌握联立方程式的体系，使得门格尔不能得出和瓦尔拉的体系基本上相仿的确切体系。有些历史家说古尔诺已经有了全部均衡概念，我认为这是不正确的。《财富理论中数学原理的研究》的第 11 章，除了承认经济数量的一般的互相依存关系以外，就再没有什么东西了；并且在这里和任何其他地方，古尔诺对于如何使这一概念明确和有效，也没有提供任何指导。《研究》里的一切实际工作，或者是局部分析，或者在某种程度上说是综合的分析。

② 但是，我愿意说清：第一，我不认为它的启发价值现在已经没有了；第二，正文的叙述以外必须加上下面这个附带条件："只要是和建立静态均衡的确定性和稳定性的目的有关的话。"它还可能有其他用处，我们难以肯定在其他目的方面它不会随时复活。

新方向构成帕累托的主要贡献的观点是极其普遍的。

在《讲义》里有一些迹象可以看出，帕累托从开头就对瓦尔拉的价值理论不十分满意。但是他的修正，要么不是重要的，要么不是创造性的，还是处于这一原理本身的范围之内。关于不重要的修正，我们只提一提他引用"能满足欲望"（ophélimité）这个名词来代替效用这个名词〔以"基本能满足欲望"（ophélimité élémentaire）代替边际效用或者瓦尔拉的"稀有"〕，因为后者产生了太多的误解。关于帕累托的不具有创造性的那些修正，我提一提效用和边际效用作为消费单位在适当选定的时期之内所占有或消费的一切商品的函数这种概念，它是用以代替瓦尔拉的任何商品的总的或边际的效用只是该商品的数量的函数那种概念的。这一明显的改进是出于埃季沃斯，但是我承认我有些怀疑埃季沃斯是否充分理会到这一改进所引起的理论上的困难，因为它把在杰文斯、瓦尔拉以及马歇尔手里只是普通微分系数的最后一级效用，变成了局部的微分系数；当我们试图证实经济制度的确定性的时候，哪怕是在最简化的形式下，这也会大大地增加我们所遭遇到的数学上的困难。①

但是不久，并且肯定是在 1900 年以前（这一年帕累托在巴黎讲课时把他的观点的变更公之于世），他认识到，至少是为了他的目的，可以计量的效用（基数效用）这种概念可以毫无问题地放

---

① 更确切地说：当我们要证明有一组并且只有一组价值能够满足全面均衡公式的条件的时候，只要我们坚持任何商品的边际效用仅决定于该商品的数量这种假定，并且只要我们仅引进硬币的流通，根据我的理解，所有的事情都会照常进行。在这种情况下，为了证实确定性而必须有的限制，对我来说似乎从经济上看来是可以接受的。问题是挤进来这些局部的微分系数产生了真正的困难。

弃了，①或者说他认识到，无论如何，为了在欧文·费希尔《价值和价格理论的数理研究》(1892年)第二部分里所第一次确切提出的理由，不得不放弃这种概念。为了挽救这种局面，他求救于埃季沃斯所第一次采用的无差别曲线和偏好曲线。但是，埃季沃斯仍从可以计量的总效用出发，根据这种效用他引申出来这些曲线的定义，而帕累托却把过程倒过来。他把无差别曲线当作既定的东西并以此为出发点，说明在纯粹竞争的情况下从这些曲线可能得到经济均衡的确定性，并且从这些曲线也可能得到与效用完全相同的某些函数，如果效用存在的话。无论如何，得到（序数的）效用指数或者帕累托所说的指数函数（《教程》，第540页，注1）是可能的。

有两点我愿意交代十分清楚。第一点是，虽然说帕累托修改了埃季沃斯的发明以便自己使用，可是他给予了各种各样的无差别曲线以埃季沃斯的《数理心理学》里所没有的一种意义。它们完全丧失了任何效用含义；从前效用概念给经济均衡理论所做的事情，现在要由关于这些无差别曲线的形式的一些假定来做了。这个新的观念是要以关于可以观察的行为的假定来代替效用的假定，从而把经济理论建立在在帕累托看来是更稳固的基础之上。

---

① 古斯塔夫·卡塞尔在1899年达到同样的结论。他甚至比帕累托走得更远，声称根本不用任何效用概念也行。在这里不可能解释为什么他的主张是不恰当的，为什么他的从他所简单假定的市场需求曲线出发的方法是不能被接受的。但是，为了评价经济学说史上这一段插曲，我们必须记住，那时候不仅效用理论本身，就是建立在效用之上的一切成本和分配理论也遇到了巨大的阻力。这种阻力有时是由于反对运用不可计量的和无法证实的心理量值而引起的，特别是在德国和意大利，但在其他地方也一样。这样，帕累托和一些其他人对于边际效用理论的反对，就和一些作家所再三重复的普通论证会师了（或者至少对于这些普通的论证增加新的生命力），不过，帕累托自己是不愿意和他们联合在一起的。

当然人们可以极力地说,尽管有几次尝试,可是没有人实现这种观察,因此难以耽迷于这样的希望:我们可以根据客观资料做出全部范围的这种曲线,从而得出一个完全的、根据经验的无差别画面。因此,让我们把这些曲线叫作潜在的经验曲线,或者错误地使用康德的名词,叫作"参照可能的经验"的曲线。要不是因为帕累托的这一成就在上面提到的费希尔的作品里已经有所暗示的话(帕累托承认这一点),把这些曲线应用到对埃季沃斯完全陌生的目的上,无论如何也可以叫作真正的创造性成就。

第二点是,帕累托的论证带来了他自己在完全摆脱旧的效用理论方面所经受的困难。他总是注意可能提到效用甚至基数效用的那些情况,这些情况的存在——从而可积分性的问题——继续引起他很大的兴趣。他的指数函数和旧的概念终归是具有极其相类似之处。实际上,正如艾伦和希克斯所指出的,他从来没有十分成功地使自己完全摆脱旧的概念,他继续使用像埃季沃斯的关于竞争和补充的定义这类概念,这些概念和他的基本观念是不能很好地配合的。让我们再补充几句。这一基本观念早在 1902 年就由 P. 波宁舍尼所发展和保卫了。[①] 到了 1908 年,恩利科·巴罗诺在前面已提到的那篇论文里,肯定地走出了帕累托的范围。在价值理论问题方面,巴罗诺把他的基本假定局限于他所谓的这种事实:每个人根据他所碰到的产品和生产劳务的既定价格,把他从出售劳务所得到的收入按照某种特定的方式分配于消费品支出和储蓄之间,"关于这种方式我们将不去分析它的动机"。正如他所指

[①] "纯粹经济学的基础",原载意文《经济学家杂志》,1902 年 2 月。

出的,这将除去效用或无差别函数的任何概念。关于这一学说其他的事情是大家极其熟悉的,我们不必再耽误时间了。我将只提一提:约翰逊和斯拉茨基的论文(这些论文实际上还没有为大家所注意);鲍莱在他的《经济学的数学基础》里的重要的再阐述(这种复述的影响更大);以及艾伦与希克斯、乔治索-罗根、塞缪尔森和H.沃尔德等人的作品。如果我们承认目前的情况是"暂时最后的"情况,我们确实必须把费希尔或帕累托当作现代价值理论的守护神来感谢他们。

但是,比现代价值理论的守护神更为确切的称呼是,帕累托是"新福利经济学"的守护神。他如何又一次对于他毫不——或者应当不——同情的事业帮了忙这一故事,并不是没有趣味的。从经济学开始的那天起,界说很不确切的公共福利就在经济学家的作品中扮演着重要角色。功利主义(贝卡里亚、边沁)的人们所熟悉的口号对于这一概念的合理化做了一些事情;价值的效用理论似乎很有补充这一概念的条件:实际上它很快就被运用到这种工作上去,比如说在赋税领域里。费希尔—帕累托关于各种各样的无差别的理论,由于它摧毁了运用基数效用甚或运用人与人之间效用(满足)的比较来工作的那些理论的基础,因此我们乍一想来它似乎应当摒弃这一切。但是帕累托不但没有得出这一结论,他还马上重新研讨最高额的集体满足的问题。确切而有系统的阐述是留给巴罗诺了,①但是主要的观念又是帕累托的。首先,他认识到:如果按照硬币计算获利的那些人,能够补偿按照硬币计算受到

---

① 参阅《集体主义国家中的生产部》,第276页(上面提到过)。

损失的那些人,然后还剩下一些盈利的话,那么,加于任何特定经济类型的一切变迁,按照完全客观的意义,可以说是增加了福利或集体的满足。这一原则实际上会解救一些(虽然不是全部)为经济学家所通常忽视的关于福利的观点。① 第二,帕累托指出,用这种方式不能解救的关于福利的观点,一定是显然建立于非经济的,比方说"伦理的"考虑之上的。第三,他表明(第 363—364 页):为了证实集体主义国家能够改进在完全竞争情况下实际上可以取得的福利水平,可以使用这种原则。② 但是,除了一些发展以外,这些观点有很多是新福利经济学的观点。

帕累托的福利经济学中研究生产逻辑的那部分,提供了转向他在纯粹理论方面的第二个伟大贡献,即他的生产理论极其方便的过渡。③ 从偏好理论这方面来研究这个问题,并把无差别曲线和派生概念的一般工具(最大利润曲线、完全转变和不完全转变曲

---

① 按照严格的逻辑说,这种原则和补偿是否实际进行是没有关系的。在后一种情况下,我们只是把这种变迁分成两部分:这种原则适用的、改进集体满足的那种变迁;和这种原则不适用的、从损失者到得利者的转移。即使如此,我不愿意以福利观点拥护者的姿态出现,说这种原则可能不会因为人们反对使用基数效用或人与人之间关于满足情况的比较而无效。还有其他并且是重要得多的反对意见,特别是认为这些"客观的"福利观点除了目前的影响以外,忽视了一切其他影响的那种反对观点。

② 《教程》第 365 页的最末一句话,在我看来似乎是预先提到了霍特林教授于 1938 年在《计量经济学》第六卷里发表的"一般福利和赋税问题以及铁路与公共事业收费率的关系"那篇论文里所提出的理论。下面这个原则实际应用于铁路是个老问题:即使在成本递减工业的情况下,收取能以弥补边际成本的价格,并用一些其他的方式来支付固定成本(如帕累托所说),可以使福利达到最大限度。据我所知,这应归功于朗哈特,他根据这一原则推论说,铁路投资"永远"不应当交给私营工业(《政治经济学的数学基础》,1885 年,第 294 页;以及更早期的作品)。

③ 特别参阅《教程》,第 3 章,第 74—82 段、第 100—105 段,第 5 章和附录的第 77—107 段。

线等)应用到生产者的情况上去,他制定出来一个全面的结构,其中只有一部分明确地发表在他当时的文献里。① 这一结构可以说是构成我们时代的生产的数理理论的基础,无论如何也是静态的生产的数理理论的基础。特别是,这一结构的极其概括性给一切特殊情况都留有余地,而对于这些特殊情况我们在处理时可能愿意不完全着重其中任何一种情况:这些"障碍"在开始时可能是任何东西,其后又能够采取实际上常常发生的任何形式——不管产量大小总是需要固定数量的那些生产要素,由工艺学决定了每单位产量所需要的数量的那些要素,"补偿的"要素以及其他等等,都在一种从理论上说是完全的各种可能性的一览中各得其所。在评价这一成就时,我们必须记住,帕累托主要关心于概括和在其他方面改进他的伟大前任的作品。同时他的作品可以划分为在《讲义》中登峰造极的第一部分和在《教程》中达到顶点的第二部分,虽然在法文《数学百科全书》(第 1 卷,1911 年)里的那篇论文也补充了一些次要的论点。

原来,瓦尔拉根据生产的固定系数——每单位产量固定的(平均的)投入量——这种假定,详细地阐述了他的生产理论;这不是因为他相信这是唯一的情况,也不是因为他相信这是一个极其重要的情况,而是因为他觉得他采用了他认为简化的方法是做得有道理的。② 他对于大量向他涌来的私人批评的答复是,"跟着我走的经济学家们可以根据他们的喜好,自由地、一个接着一个地插入

---

① 但是如果我们把"明确地"这个词去掉,那么帕累托解释中更多的部分应当归功于一些他的同时代的人,甚至他的前辈,特别是应归功于马歇尔。

② 最伟大的理论家也会抱着这种看法是很奇怪的事情。因为,第一,这一简化产生了分析上的困难,这可以使我们怀疑它到底是不是一个简化;第二,它在理论和实践当中构成一道鸿沟,这道鸿沟大到令人怀疑运用它所得到的结论是否有任何用途。

一切的复杂情况。我认为,这样他们和我就会做到我们所应当做的一切事情"(确定版,第 479 页)。到这一点为止,人们不能说帕累托比按照瓦尔拉的建议所做的更多。此外,当《讲义》问世的时候,瓦尔拉根据 1894 年从巴罗诺那里得到的启示,已经采用了可变系数,①虽然没有变更关于生产的基本部分的理论。同一年(1894 年),维克斯提德的《分配法则协调论》也问世了。最后,生产的可变系数无论如何也完全不是新的东西,杰文斯、门格尔和马歇尔都讨论过这个题目。帕累托的《讲义》只补充了一个很好的阐述,和为什么既不能把补偿系数看作是唯一的也不能看作是基本的情况的许多理由——并不是所有这些理由都是令人信服的。

当然,我们是否要把"边际生产力理论"这一用语局限于这一情况,②只是一个术语学方面的问题。帕累托曾经把它局限于这一情况,但在《讲义》发表以后的若干年里,他逐步增长着对它的敌视情绪,以至宣称它肯定是"错误的"。他显然是抱着这样的看法:他已经驳倒了,或者无论如何已经超过了它,就像他觉得他已经驳

---

① 这是在 1896 年发表的一篇《随笔》里做出的,这篇东西重印于《要义》的第三版。在第四版(1900 年)的第 36 课中,一个完全成熟的边际生产力理论以由于各种理由而容易受到攻击的形式出现了,其后经过修正在他死后于 1926 年发表于最末一版。关于这一点和关于帕累托晚期理论的一个有用的描述,参阅 H. 苏尔茨的"边际生产力和一般物价形成过程",载《政治经济学季刊》,1929 年 10 月。

② 这样做主要是由于教科书的一种传统。这种传统只考虑这样一些生产函数,这些函数把产品数量看作只决定于"代替的要素",并得出这样的理论:在纯粹竞争的完全均衡情况下,难以计数的生产要素的每个单位所赚得的补偿等于物质边际生产力乘以产品的价格。但是,如果我们承认有将产生和这一理论不相符的结论的"限制因素",或者更一般地说,承认有对于生产函数的限制,那么,我们还是没有离开边际生产力理论的范围。参阅 A. 斯密塞斯:"生产函数和效用函数的界限",见于《经济学方面的探索,为祝贺 F. W. 陶西格而写的论文集》,1936 年。

倒了或超过了边际效用理论一样。他的杰出的成本理论——这一理论把教科书理论从它们所处的危险地位拉回来了，这些教科书理论认为：在纯粹竞争的完全均衡情况下，价格应当等于边际成本，同时总收益应当等于总成本——使我们能够检验这一说法。① 只要生产的合并决定于经济的考虑——并且经济学家的任务就在于澄清经济的考虑——和正规的边际生产力理论比较起来，其差别是不大的。但是帕累托还是教导了我们如何处理工艺的和社会的限制所强迫使然的一些背离它的情况。并且，在这里和在其他各处一样，他还做了一些别的事情：他永远都想做出空前的成就。

三、这位社会学家

经济学家习惯于侵入社会学的领域是不足为奇的。他们工作的一大部分——实际上是他们关于制度和关于形成经济行为的力量所要说的全部内容——不可避免地有一部分和社会学家的领域相重复。这样就有了一块无人占领的或者人人都占领的地区，我们可以方便地把它叫作经济的社会学。实际上，在每种经济论著或教科书里，人们都可以找到来自这一地区的或多或少的重要因素。但是除此之外，许多经济学家，特别是比较严格地界说经济学本体的那些经济学家，也都做了社会学的工作。亚当·斯密的《道

---

① 我利用这一机会来谈谈帕累托的地租概念。这一概念产生于这两个条件（总成本等于总收益；价格等于边际成本）不相容的情况下，并且特别是产生于储蓄转化为某种资本货物遇到困难的情况下。这一地租理论在我们今天已经复兴。它可能帮助我们走向一种改进的摩擦理论，但它不能做得再多了。

德情操论》和维塞尔的《权力的法则》都是突出的例子。但是在伟大的经济学家的行列里,很少有人像帕累托那样,把他的大部分精力用于乍看来似乎是额外的活动上去,也很少有人像他这样由于在这一领域所做的工作而享有国际声誉。但是评价和描述他的成就的特点是不容易的。一些人对他的热烈称赞和另一些人对他的敌视都是可以理解的,但是我们对于哪一方面都不必十分认真地对待,因为在大多数情况下两方面的非科学的来源都是非常明显的。虽然为了提供一个满意的画面应当考虑几种次要的作品和许多报纸论文,但我们不必超出《社会主义体系》、《教程》(特别是第二章和第七章)和《论普通社会学》的范围之外。

　　让我们从帕累托社会学的完全明显的和不难描述其特点的两个方面开始。第一,虽然帕累托这位经济学家在他漫长的一生中接触了许多极其具体和实际的问题,但他的纯粹科学贡献是在最抽象的经济逻辑领域里。因此,完全可以理解:他愿意并且实际上是需要在他的纯粹理论旁边,再建立一个建筑物,来栖息不同种类的事实和论证,这些事实和论证可以有助于回答他的纯粹理论所注意的因素如何可以希望在实际生活中实现的问题。第二,我们看到在他的早年,至少当他居住在意大利的时期,他对于有关经济和一般政策问题的辩论发生了极其浓厚的兴趣。像这样一位天生的思想家对于理性论证的无能一定感到惊奇,并且一定会被迫产生这样的疑问:究竟是什么东西决定政治行动和国家与文明的命运。另外,这也是十分可以理解的:一旦他决心过思想生活,这一问题就会从一些容易的和肤浅的答案——当我们埋头于日常工作时,我们所有的人都易于提出这样的答案——范围中摆脱出来,并且他必然要把这一问题提高到科学分析的水平。这等于说，他的社会学基本上是一种政治过程的社会学。当然，当我们考虑到在那时候只成为一种特殊情况的政治过程时，这个人所做的、所想的和所感觉到的一切事情以及他的一切文化创作和他对于文化创作的态度，无论如何都必然会发生的。但是，就是这个特殊情况迷住了帕累托，并且为了它，他建立和装饰了一个极大的结构。

其次，仍然在比较容易考察的范围之内，我们将考虑他的方法。帕累托本人再三强调指出，他只是把他使用在经济理论上的同样的"逻辑—实验的"方法，应用来分析"凭实验"可以证实的社会生活其他方面的现实，使他在这方面和在任何其他方面一样，能够以物理学的榜样作为指针。这当然完全是妄想。例如，人们很容易看出来，他大量地并部分不恰当地使用了心理学的解释，这在物理学里是没有相类之处的；而且他的资料好像是观察的产物而不是实验的产物——从方法的观点说来这种差别是基本的。我想，当他要阐述他的处置程序的规则的时候，他实际上要强调的只是哲学家的超然态度，他自己和任何党派、利害集团和信仰都是不完全一致的。当然，这种超然态度的可能性引起了众所周知的基本困难。帕累托不适于克服这种困难，因为他没有看到这种困难。实际上他使用了两种不相同的分析方案：一种可以叫作社会的形态学，它所要运用的实际材料至少是潜在地服从于观察，和解剖学与生物学的实际材料在意义上是相仿的；另一种方案则属于社会心理学。诚然，这两种方案都由历史的和当代的例证所说明，甚至在某种程度上为其证实，但是都不是通过"逻辑—实验的"方法从历史和当代的例证中推究出来的。这两种方案都是个人对于社会过程看法的高度反映，这和帕累托的背景、实际经验和愤懑情绪极有关系。形态学的方案和达尔文物竞天择理论的相似之处，社会心理学的方案和塔尔德、涂尔干、累维-布律尔以及 Th. 李布图理论的相似之处，都是十分明显的。这两种方案和我们在这篇论文第一节里所看到的、对议会民主的所作所为的批评里表现出来的那种思潮的关系就更明显了——这种思潮是反理智主义的、反功利主义的、反平等主义的，并且按照这些名词所规定的特殊意义，①是反自由主义的。虽然如此，这位杰出的人的力量从这些资料里创造了一些属于他自己的东西。②

形态学的方案的中心是这种主张：一切社会都包括大量不同类的成员——个人或家族，并且是根据这些成员对于有关的社会功能的才能而组织起来的：在盗贼的社会里，假定的极其不相等的偷窃才能决定社会的等级，从而影响这个社会的政府。帕累托似乎认为，这些能力可以增进或减退，但基本上是天生的，虽然他几乎没有进行任何努力来证实这一看法。而且，这种能力虽然继续地分布于人口当中，但它们导致阶级的形成，"较高的"阶级占有并使用着维持他们的地位的手段，把它们自己和

---

① 这一附带条件是极其必要的。"自由主义"这一名词还有其他各种意义，其中一种意义比其他任何名词能更好地说明帕累托的立场。同样，在某种意义上说，我们可以恰当地称他为一位伟大的人道主义者。但这不是他应用于"智慧和薄弱的意志方面堕落的个人"身上的那个意义（《教程》，第 130 页）。

② 不仅根据相同的事实，而且根据相同的直观，不同的人可以得出极不相同的结论，观察一下这种情况是很有教育意义的。格雷姆·沃拉斯是正统的英国激进派和费边主义者。但是他在《政治的人性》一书中所描绘的画面一点也不比帕累托的画面更讨好政治民主的口号。

较低的阶层分开。这样,在最低级的阶层里,就具有积累较优越能力的趋势,这种能力原是被阻止上升的;而在最上等的阶层里,在上层人物或优秀分子里,能力由于不使用就有逐渐减退的趋势——结果产生紧张局势,最后是一个统治少数被另一个统治少数所代替,后者是由劣等阶层中的较优秀分子产生出来的。但是,这一优秀人物的流动并不影响占统治地位的总是某些少数人的原则,也不能使任何现存社会更接近于平等的理想,虽然在斗争的过程中它产生了平等主义的哲学或口号。帕累托以令人想起《共产党宣言》第一句话的口吻,宣称历史基本上是上等阶级接替上等阶级的历史(《教程》,第 425 页)。但是他关于这一部分理论的表述是极其概括的,给予他的读者以很多篡改的机会,所以我完全不能肯定我对于他的思想的看法是否公正。虽然如此,我必须进行这种尝试。因为要把他的社会心理学放在适当位置上,这样一些论证是必要的。

社会心理学的方案集中于非逻辑的(不一定是不合逻辑的)行动这种概念。这一概念承认众所周知,特别是为经济学家所周知的事实,即我们每天行动的大部分不是对于合理进行的观察的合理推论的结果,而只是习惯、冲动、责任感,模仿等的结果,虽然许多行动可以由观察者或行动者事后进行令人满意的合理化。到这一点为止,帕累托的社会心理学里面没有什么可以说是任何人所不熟悉的东西。可是,人们不熟悉的东西是他大力强调这些补充的事实:许多行动——让我们马上补充说,许多信仰——以经受不住科学分析的方式,被行动者和观察者所合理化了;更重要的是,有些行动和信仰是完全不能以任何可以经受科学分析的方式加以合理化的。如果我们采取下述第三个步骤,那么这第二个步骤对于政治过程的社会学的重要性就会明显了:帕累托认为形成这一过程的一切行动和信仰的大多数是属于最后提到的那一类型。现在以社会契约观念作为我们大家都同意的一个例证,或者以卢梭的共同意志理论作为我们大多数人同意的一个例证。根据帕累托的看法,实际上盛行于选民的集体思想中的一切行动、原则、信仰以及其他等等,都属于这一范畴。《论普通社会学》的大部分就在于说明这一问题,他说得往往很有趣,有时也是有启发性的。

强调说明这一点,比帕累托本人更加强调地说明这一点,会符合于我们的宗旨。形成社会的特别是政治过程的有意识的表层的大量思想和概念结构,没有任何经验的确实性。它们运用自由、民主和平等之类的东西来工作,这些东西就像《伊利亚特》史诗里帮助和反对希腊人与特洛伊人的男女神祇一样是想象的东西,它们是被那些常常违反逻辑规则的论证联系在一起的。换句话说,从逻辑的观点看,它们纯粹是胡说。这就形成了一种最好描述为和边沁的政治哲学完全相对的政治哲学。但是,人们应当看到,关于这种政治神话的这一论断(索雷尔)并没有使帕累托忽视这种逻辑的胡说在国家生活中可以担任的功能。在进行了一种在性质上是严格的实证主义的分析之后,他拒绝做出在实证主义者看来似乎是很明显的结论。虽然政治信条和社会宗教——在帕累托看来,两者之间几乎没有什么差别——可以促成文明的瓦解,但它们也有助于生气勃勃的文明的有效组织和行动。这是一个彻底的实证主义者所采取的极其奇怪的态度，在将来某些时候可能被用来作为一个突出的例子，来说明一个时期的心理状态，这种心理状态摧毁了一种但同时引进了另一种形而上学的信念。这使我想起来我所听到的一些生理分析家对于一些病人的劝告，那就是为了获得可能有的医效，劝告病人对上帝养成某种人为的信仰。当然，认为社会的和政治的信条没有经验上的重要意义，和承认其中有些可以有助于社会的结合与效率，这二者之间是没有矛盾的。但社会哲学家要是因此就劝告人们采取后者，他就会和我们的心理分析家碰上同样的困难：只要他的分析被接受了，那么他的劝告一定是无效的，因为没有任何人造的上帝可以被信赖为能起帮助作用；一旦他的劝告被接受了，那么他的分析就必然被拒绝了。

　　帕累托把我们的想象力的创作叫作派生物。前一段里所描述的理论表明，这些派生物作为有助于历史过程形成的因素，不是没有重要意义的。但是，帕累托的意见是：这一重要意义是相当小的；实质上这些派生物只是把一些极其接近于决定实际政治行为和所有非逻辑行动的某些比较基本的东西，用语言表述出来。如果我们用集团利益来说明这些比较基本的东西，如果我们进一步用社会生产组织里边集团的社会地位来说明集团的利益，那么，至少说，我们会极其接近于马克思关于这一问题的看法，并且在这一点上实际上具有一种极类似之处，我认为着重指出它是很重要的。实际上，如果我们采取这样的推论方法，则在马克思的和帕累托的政治社会学之间就只剩下了两个主要差别了。一方面，帕累托所明确引用的一个因素只是含蓄地表现于马克思的分析里，即解释一段实际历史和解释特定社会所表现的较大或较小的社会适应性具有重要意义;或者换句话说,存在着最适宜的或绝顶的变动性这种事实,以及比任何其他事物会更好地保证可以叫作政治变迁稳定性的对于这种变动性的阻力,具有重要意义。另一方面,为了了解在帕累托看来,历史过程与其说是全面的社会阶级冲突的结果,不如说是它们的统治少数的冲突的结果,我们只要回想一下上面对于帕累托的社会形态学所描绘的轮廓就够了。在承认这两点差别是帕累托社会学的光荣的同时,我们认为它们只是对马克思主义主导思想的纠正性的改良而已。我可以补充这种事实:财产关系本身在帕累托的分析中远不如在马克思的分析中那么显著,这也构成帕累托的分析的优越性。但是很容易看出,这一点实际上是包含于前两点之中的。

但是,实际上帕累托没有把这一分析路线贯彻到底。在他看来,他叫作派生物的那一套谬见和实际行为的客观决定因素之间的联系,是由他叫作剩余的这种东西所提供的。如果为了简洁起见,我把这些剩余界说为以不太引人注意的方式,复兴旧的"本能"心理学的那些人类常有的冲动,我觉得这可能有不公正的危险。我们不必讨论帕累托所起草的清单——它包括结合的本能、性的冲动等项目——特别是因为帕累托本人似乎对于它也是不太满意的。我们仅仅指出对于任何这类程序的明显的方法学上的反对意见也就够了。即使帕累托的剩余以及关于它们的联合与持久性的"法则"被分析得比现在满意得多,它们仍然是问题的标签而不是问题的答案,而且对于所需要进行的那种专门研究,帕累托也缺乏装备。因此,帕累托的著作对于专门社会学和社会心理学没有发生多大影响,以及专业心理学家和社会心理学家对于他的整个结构极少有伟大的感觉,[1]那是可以理解的。

但这些和其他缺点不是决定性的。帕累托的作品不仅是一个研究纲领。同时,它也不仅是分析。关于个人、集团和国家实际上所做的事情必须在比用来描述行动的信条和口号更深入得多的某种事物上寻找解释这一基本原理,乃是现代人——尤其是我们经济学家——所极其需要的教训。当讨论政策问题的时候,我们习惯于按照表面价值接受我们时代的和过去时代的口号。我们就好像18世纪边沁的信条一直是确实的那样进行论证。我们不肯领悟政策就是政治,并且不肯自己承认政治的本质。我们培植低质的东西,并尽力压制具有力量和能放光辉的东西。在这样的条件之下,虽然帕累托的启示是片面的,却是一个健康的矫正方法。和他的经济学不一样,它不是第一流的技术成就。它是一种极不相同的东西。它是一个讲道的尝试。

---

[1] 塔尔考特·帕尔逊教授对于帕累托社会学的分析,在英美的社会学文献中几乎是无与伦比的。

欧根·方·庞巴维克[*]

(1851—1914)

现在这位伟大的导师离开我们了。没有一个在私人关系上和科学工作上跟他密切接近的人,能够描述我们大家的心情是如何沉重。没有任何词汇能够表明他对我们是多么重要。我们当中几乎还没有人肯承认,从现在开始有一道不能洞穿的墙把我们和他,和他的忠告、他的鼓舞、他的批评性指导隔开了——我们将不得不在没有他的帮助的情况下来跋涉前面的道路了。

在描绘他的生平科学事业的轮廓这一工作上,我担心我会心有余而力不足。也许进行这一工作的时间还没有到来。这一巨大的思想丛山离我们还太近,争论的风云还太浓重。因为他不仅是具有创造性的人物,而且也是一位战士——一直到他的最后时刻,他始终是我们的科学中生气勃勃的和具有实力的力量。他的事业不属于一个时代,也不属于一个国家,而是属于人类。只有在我们大家已经离开这一领域许久以后,经济学家才会理解到他真正的

---

[*] 这篇论文原来题为"欧根·方·庞巴维克的生平科学事业",发表于德文《国民经济、社会政策和行政杂志》,第二十三卷(1914年),第454—528页。它是由赫伯特·查森浩斯博士加以缩减并译成英文的。查森浩斯在波恩跟熊彼特教授学习过,后来在哈佛担任他的研究助理,现在在考尔盖特大学任经济学副教授。

天才以及它的全部影响。

也许从某一方面说，对他非常敬爱的人是最不适合于进行这一工作的人。要是我能够以冷静的客观精神来写他的生平事业，或者要是读者在这篇论文里只能发现忠诚的颂词或哀悼的追忆，我确实会深深地感到遗憾。作为一位多才多艺的人，作为一位因为自己有许多贡献而生活对他也贡献很多的人，并且作为一位思想家，庞巴维克既不需要前者也不需要后者——他的伟大足以使他在没有帮助的情况下就能站得住脚，并且能经得住一切批评。但是对我们来说，采取任何其他态度是不可能的。

虽然如此，从这样的近距离急忙地描绘一个轮廓这种企图也有它的优点。其理由在于：虽然有许多东西的确定重要意义在现在还不能肯定，但是也有许多东西我们记忆犹新，而这些东西对于我们这门科学的历史学家来说将会遁入过去的薄暮中。我们了解他，了解他的工作的具体条件，了解他所写的世界，了解他的问题在他面前表现的形式，也了解他放在模子里铸造的原料。关于这一切，最接近他的人了解得最多。山越高越寂寥；把任何科学的现在和甚至它的最近的过去分隔开来的真空迅速地在扩大；越来越多的从事科学研究的同事很快地就会弄不清许多详情细节，而为了更深入的了解，这些详情细节是必不可少的。

我将只谈作为科学家的庞巴维克。但这个人的剪影到处都一样——在他生活的广阔轨道所包括的一切领域里，他的脉搏的强力跳动都留下了它的痕迹。在这一切领域里，我们遇到了同样杰出的人格，同样强大的特点——不管我们从哪一点来看他，这个塑像似乎都是由一种金属一次铸造出来的。正如众所周知，他不仅是他那个时代的科学生活中最杰出的人物之一,而且也是最罕见的政治家的典范,一位伟大的财政部长。他的名字与那卓有成效的立法,与奥地利财务行政最好的传统,与奥地利财政政策最伟大的成功和最幸运的时期是分不开的。他的政治成就和他的科学工作具有相同的特点。作为一位科学家,他在最困难的条件下选择最困难的任务,而不考虑能否取得称赞或成功。作为一位公务员,他英勇地担负着最困难的和不讨好的任务,即保卫健全的财政原则的任务——到处碰到困难,到处不讨好,即使在消息灵通的公共舆论保护这位政治家的地方,即使在他能得到强有力的政治组织的支持这种有利条件的地方,即使在公共的理想是从国家民族出发并因此"国家需要它"这一口号总是成为胜利的友军的地方,都是如此——但是在奥地利这一任务几乎是人的能力和智力所办不到的。正是这同一高尚能力,同一创造性和组织力,同一对于现实和可能性的清楚的看法,同一符合于任何任务需要和裕如地应付当时困难而不厌倦、怀疑和丧失力量的永远旺盛的精力,同一的冷静,同一锐利的骨刀——因为这位伟大的争论者也是一位可畏的辩论家,许多反对者都给予他以最高的敬意,给予他避免和他挑战的敬意——帮助他在政治上也像在科学研究上一样取得胜利。他在政治上和在科学工作中,表现着同样的特点:同样的自我控制和彻底性,同样的深深感动他的下级和门生的高度的责任感,同样的洞彻人和事物而不抱悲观主义者的冷酷超然态度的能力,战斗而不讽刺,克己而不软弱——坚持一种纯朴而伟大的人生方针。这样,他的生活是一个完好的整体,是一种协调一致、从不迷失方向的人格的表现,在任何地方都凭它自身老老实实地证明了它的优越性——这是一件艺术作品，它的简洁而纯正的外形被无穷的、混和的、含蓄的和高度个人的魔力所装饰着。

一

庞巴维克的科学事业形成一个一致的整体。就像在好的戏剧里每句台词都推进剧情一样，在庞巴维克的著作中，每句话都是一个有机体的一个细胞，是在心中具有清晰目标的条件下写成的。这里没有精力的浪费，没有踌躇，也没有偏向，而是从容地放弃了一些次要的和仅仅属于一时的成就。在一般作家的生平著作中占很大一部分的由于一时冲动而写成的短篇作品，即由于外界的刺激而产生的作品，其中实际上没有什么东西——只不过是在各处为日报所写的短篇论文而已。而他的这些报纸论文也是具有特性的。它们总是服务于某一特定的、明确的目的；它们从来都不仅仅是文艺的或科学的游戏。由一种伟大任务所推动的和充满着生气勃勃的创造力的这个人的充分优越性，在这里展示在我们眼前了；这种清醒的、沉着的思想的优越性，由于理智的责任感而放弃了许多临时的扰乱。这一完整的计划是全部实现了。他的生平事业完美地摆在我们面前。对于他的启示的性质是不可能有任何怀疑的。

极少有人能像他那样知道自己要做什么，这就是为什么这样容易阐述他的理论的原因。他是一位理论家，天生地能观察——并且能解释——主要的关系；本能地但牢固地抓住了逻辑必然性的线索；对于分析工作感觉到发自内心的最大的喜悦。同时他也是一位创作者，思想的建筑家，对他来说，即使变化最大的一系列的小的任务，例如对任何人所提供的一般科学生活，也从来不能使他满意。诚然，他是我们的科学从未曾有过的最伟大的批评家。但是他的批评工作，虽然在它的精辟、它的范围和它的明察等方面是显著的，却只是为扫清前进道路上的障碍服务，只是支持他的真正工作；它本身从来不是目的，从来只是附属的工作。

当这位学者埋头研究社会经济过程时——这大约发生于他24岁的时候——他很快地就决心选择卡尔·门格尔作为他的出发点。他总觉得自己是门格尔的同盟者；他从来不想创立一个不同的科学学派。他的道路首先是经过门格尔所建立起来的结构，然后经过还没有解决的最大的经济问题所处的地带，继续去攀登新的高峰——在这些地方，他最后把他自己的新想法和门格尔的理论合并成为一种凝结的结构，成为一种关于经济过程的全面的理论。他对于这一结构的推敲工作经常注意，他把他的杰出的天才和充沛的精力都贡献给它。他用全副精神来研究这一问题，成为古今五位或六位伟大经济学家之一。他给了我们一个无所不包的关于经济过程的理论——在古典经济学的尺度上并在马克思的尺度上关于经济生活的伟大分析之一——它是在门格尔的基础之上设计出来，并从一个在他看来还没有得到解决的问题的观点加以发展的。这就是利息问题，或资本的纯报偿问题，它是经济学中最困难和最重要的问题。虽然不容易向更广泛的公众说清楚解释如此普通的现象为什么这样错综复杂，可是它的困难却由几百年来的著作都没有做出令人满意的回答这一事实所证明了。这一问题的重要性发生于这样的事实：我们对于资本主义的性质和意义的一切看法和态度，几乎都决定于我们对于利息和利润的意义和功能的看法。在庞巴维克之前,只有马克思清楚地理解这一点。因为马克思体系的科学核心只是利息和利润理论——其他东西都或多或少地是由它推论出来的。

庞巴维克所处的科学环境,仅次于他个人的秉性,是理解他的主观成就及其客观形式的第二个因素。这一环境对于见识渊博的科学家,对于具有李嘉图那种智慧的人,特别对于天生的真正理论家是不利的。门格尔的坚强形象在一大群反对者之中是鹤立鸡群的。人们对于研究分析的目的完全缺乏理解。为理解这一点,我们必须记住:经济学是一门极其年轻的学问,还没有脱离它的幼稚时期;它只经历过一次真正的开花结果,但这不是在德国;自然赋予庞巴维克的思想上的分析倾向,从来没有在德国扎下根,从来显得陌生从而不受大家欢迎,并且肯定还没有被真正地理解。我们必须记住:德国经济学家的兴趣在于社会改革,在于所有实际问题,在于行政技术问题;要是存在着纯粹的科学兴趣的话,那完全是关于经济史方面的。理论家绝对没有任何地位;大多数经济专家都缺乏理论训练,不仅不能评价带有分析性的成就,轻视它们,厌恶它们,而且甚至对于一个理论的逻辑连贯性都不能形成独立的意见,更不要说了解它的重要意义,或者判断它的著者的主观的学术成就了。

只有把这一切都记在心里,并且熟悉每一抽象思维的企图所碰到的一切活泼用语的时候,人们才能理解理论工作者的地位和他们的许多行为——如果不是这样,他们的行为在精密科学工作者看来就常常是很奇怪的。这一切解释了许多重大争论问题,解释了在任何分析道路上每个阶段的障碍,解释了在理论的每个新的转折点上要从所研究的问题的最基本方面开始的必要性——因为要不是这样的话,就没有多少读者能够跟得上了。而且这也解释了为什么要牺牲每一精练的细节。在那个时候——而且在某种程度上甚至在现在——每个理论家都只能依靠自己,总是有被误解的危险;他必须自己塑造他的结构的每块砖;他对于他的读者只能假定常常有十分危险的误解这种倾向。比较幸运的将来会很快地忘掉这一切。也许现在精密科学方面的科学家们,已经不能想象自己处于这样一种地位了,比方说,一位数学家在讨论变分法问题之前,就不必首先在关于算术的问题上取得读者的同意。把这一切记载下来,使所有将来的人关于这种情况在思想上有个印象,这是跟这一时期极为接近并能够了解这一时期的当代人的任务。这是从历史上公平评价经济学的一切伟大战士和改革者的主要因素,也是了解他们的必要条件。评价这一领域中的拓荒者的人,常常忘掉他们是第一批人,也忘掉了评价者是站在他们的肩膀之上的。

庞巴维克的成功是得之不易的。很长一段时间里他不如他的同事那么成功,而那些同事的成就和他的成就相比,就是用任何透视镜来看,也只能刚刚看得见罢了。的确,在他提出他的主要问题的答案以前,他首先必须向科学界表明这一问题的性质是什么——对许多人来说,他还要说明有这么一个问题;他必须在长期的争论中保卫他的体系的基础;他发现他自己面对着一些反对者,这些人认为对于许多孤立的事实进行抽象的研究这类事情在方法学上说是不可能的。既没有一批思想相同的学者,同时很长一段时间里也没有吸引一群科学家在他的周围或训练他自己的门生的可能性。而他取得的结果却是令人赞叹的。他取得这种结果只是通过他的书面论证的力量，没有追求文字的成功，没有求救于舆论，没有新闻上的宣传，没有科研的政治手段——那就是说，没有缺乏科研事业最高理想的那些手段，虽然这些手段有时可能是必需的和正当的——同时也没有造成辛酸或纠缠于个人的争论。

但是，他作为一个学派的领袖所进行的安静的和有益的教学活动，只是在他做过三次奥地利财政部长之后，在1904—1914年这10年间才成为可能。1880—1889年，因斯布鲁克的科研环境太窄，使他无法训练出打算以理论经济学这一特殊领域为生平事业的门生。特别是在一个法律系里，学生们原来主要是倾向于学习法律学，就更难以训练出来以经济理论为专业的门生。他担任维也纳大学名誉教授期间，对他来说是进行实际活动的时期，这种实际活动，虽然从来没有全部占据他的思想，但大大地使他的精力不能在科研方面发挥作用。只是在1904年之后，他才开始进行我们大家永远不会忘记的那种活动——并开始主持夏季学期里一系列的讨论班。

二

我已经说出了庞巴维克的科研目标，并指出它的特点是对于社会经济过程的一般形式的分析。在讨论他的个别成就之前，让我们简单地探讨一下他完成任务的方法。这一做法可以使计划的一致性和它的实现的一贯性极为明显。

关于在他眼前出现的社会经济过程所采取的全面看法，是建立于这样一些原则之上的,这些原则具有物理学的伟大原则所具有的简单性。和后者一样,可以用几页就把它们写出来,如果必要的话用一页也可以。但是采取这种表现方法,任何人也写不出许多东西,因为——也和物理学的基本原则一样——这些原则只能在实践世界中极其广泛的具体事物中才能得到果实,甚至它们的真正意义。由于他那时候的经济学缺乏一种共同的意见,庞巴维克发现他自己必须向公众提出他所使用的每一假定和方法以及他的理论链条中的每一环节;为了澄清基地以便建筑他的理论结构,在前进道路上的每一步他都必须进行战斗。而且,这一体系包括许多困难的和可以引起争论的观念,特别是关于他的主要问题即利息和利润问题的那些观念。除了需要加强他从门格尔所继承的原则以外,还有二十多个关于利息理论的论述需要加以排除,这一做法不仅对于他自己争取群众是必要的,而且由于证明这些论述的不正确(这本身就是一个很大的成就),也是他自己的实证理论的前提条件。

即使最简单的基本概念也有着许多困难问题。对于一位有创造性的科学家来说,定义是次要的问题。新的见解首先简单地发生了;它们是突然出现的,没有一个人知道它们是从哪里或者怎样到这里来的。只是在应用它们的时候,定义才成为必要的,当然以后就是在描述它们的时候。庞巴维克把自己卷入这后一任务,参加了关于经济财货概念的古老的争论。他的第一部著作《从国民经济财富理论的观点来看权利和关系》(因斯布鲁克,1881年)研究了这一问题。在以他特有的细心和明确性解决了这一问题之后,在他实际构成他自己的体系之前,他面对两项主要任务。任何经济学体系的基本原理总是价值理论。经济理论是与用价值来表明的事实有关的,而价值不仅是经济世界的主要推动力,也是经济世界的现象用以比较和计量的形式。理论家关于经济世界的看法决定于他关于价值现象的看法——在这里一个坚固的基础是基本的。第二个准备任务是与利息和利润理论有关的:乱杂的树丛必须清除掉,并必须指出这是一个庞大而没有解决的问题。

关于这两项任务中的第一项:问题是要保卫和阐明门格尔的学说。1886年在两篇论文里出现了关于价值理论的杰出的阐述。这一杰出的阐述是将与我们的科学共存亡的。通过这一阐述,他为他的实证理论铺平了道路,并赢得了他在理论经济学新的奠基人中的地位。从那个时候开始,他的名字和边际效用理论就分不开了,因而他的信徒和反对者都开始说到"庞巴维克的价值理论"。在这些篇论文里,他实际上把这一理论变成他自己的,正像维塞尔所做的那样;因为任何仅是门生的人是写不出这样的论文的。它们的原始贡献是很多的,我只提两点。他给予价格理论以特定的奥地利形式——和门格尔的理论在这一领域的其他部分所表现的形式有些不同。他对于转嫁问题提出他自己的解答,和门格尔的与维塞尔的都不相同,关于这个问题我们以后还要说到。

庞巴维克始终是主观价值论的细心的和有力的保卫者,关于这一理论他胜利地进行了许多战斗。这件事也是他的生平事业的一部分,否则他的生平事业在基础上是不稳固的,在具体内容上也是不完全的。这只是他的人格的逻辑产物,他不能允许任何没有得到加强的论点继续存在,他觉得必须不断重新进行研究来消除每一可能的理论上的疑问。任何具有创造性的人,都不会津津有味地反复讨论他已经得到他自己满意的答案的问题。但是我们如果不占有这一在经济文献中是无与伦比的、也是分析工具的真正武器库的争论中的一些成就,那我们就比较贫乏了。

当《纲要》问世的时候,著名的声誉已经由第二部准备作品奠定基础了。这一准备作品是作为他的主要著作《资本和资本利息》的第一卷出版的,题为《资本利息理论批判史》[①](1884 年在因斯布鲁克出版)。这是经济学里最伟大的一部批判性的著作。它立刻就得到承认,但是随着时间的推移,来自同行的公开的称赞和喝彩,和这部书的深刻影响所证实的人们对它的默默的敬意相较,就越来越无足轻重了。这部作品是创造性分析的不朽著作,是我们科学道路上的里程碑,它提供了对一系列利息理论的批判,每一个批判都是一件理论工具,每一个批判都是无与伦比的完美的艺术作品。这部书没有描述每个理论所出自的社会和历史环境。也没有任何哲学的装饰品或综合的代替说明的东西。即使关于它的中心问题的思想史也处于次要地位。著者把他自己限制于许多可能任务中的一种:他集中于一个又一个的利息理论,对于每一个只考虑它的基本内容。他卓越而完善地重新有系统地叙述这一内容,以不畏缩的目光评价它的要点,只使用几个简单而具有决定性的论证。他以最小的努力,遵循最简捷的路线,并以最美妙的体裁,处理一个又一个理论。他在仔细地揭露错误的原因之后,继续在他的道路上前进,不少说一句话,也不说一句多余的话。没有另外

---

① 此书的英译本题为《资本与利息》,中译本已由商务印书馆出版,是根据英译本译出的,因此也题为《资本与利息》。——译者注

一部书人们能够从它那里更好地学习如何牢固地掌握主要内容和如何抛开没有关联的内容。

在经过极其有系统的和谨慎的准备之后,《资本实证论》就作为《资本和资本利息》的第二卷出版了(序言的日期是1888年11月;出版于1889年,威廉·斯马特的英译本出版于1891年)。虽然根据书名看起来它的内容是比较狭窄的,但正如我们已经指出的,这是对经济过程的全面分析,是他生平的杰作,是最能代表他个人努力的作品。不管后人对于他的思想链条中的个别环节抱着什么看法,他们不可能不欣赏这一伟大的结构,这一整个作品的巨大飞跃。在任何情况下人们可以肯定:这是爬上经济学所可能攀登的最高峰的一种努力;这种成就实际上已经达到这样一种高度,在那里只能看到几座巍峨的山峰。我总觉得必须把庞巴维克和马克思进行比较。这似乎是奇怪的,但也只是因为马克思的名字总是被政治热情的热力所围绕,而且他的体系是被极其不同的气质所促进的。马克思的名字和社会运动以及它们的用语是分不开的,这显示了他是什么样的人,并使他对于极其广大的群众具有重要意义,但这也模糊了他的真正的科学成就。这一切都和庞巴维克没有关系。他只是要当一位科学家。在他的园地里哪怕是一片树叶也没有被政治风暴所扰乱。他没有用任何言辞损害他的科学思潮。并且他避开了社会学的背景,因为,考虑到我们这门学问的情况,这种背景会使许多不甚了解它的人和这种作为基础的辛勤研究工作的看法相一致。他的作品没有提供通俗的讲坛使他可以向广大的群众说话,也没有装饰品,所有的只是它的脉络的古典形式以及它的内在的正确性——这是放弃了所有会使他离开他所热心和坚持注视的问题核心的东西的结果。但是,尽管马克思和庞巴维克在生活上、信念上并因此在他们的作品的许多方面是不相同的,可是他们作为科学家彼此的相似之处是很明显的。首先,他们——作为科学家——有着同样的目的。第二,他们的时间条件的类似,他们的科学情况的类似,以及他们对于利息与利润问题的压倒一切的重要性的看法的类似,迫使他们两个人都特别把这一问题作为他们分析社会经济进程的出发点。每个人都从别人那里借来他们的分析的基本观念——门格尔之于庞巴维克就像李嘉图之于马克思一样。他们运用相仿的方法工作,并以相仿的步调前进。他们每个人都创建了一个大厦,它的富丽堂皇只能用这样的说法来表明,即任何批评,不管它们对于具体的目标是如何地有效,都不能损害整体的重要意义。

但是科学界对于《资本实证论》的初步印象,没有对于这部著作的批判部分的印象那么深,《资本实证论》只是慢慢地才在经济思想的土壤上扎下根。这部分地是理所当然的。像庞巴维克的《资本实证论》这样强有力的有机体,它的内在结构只有经过长期的研究才能被充分理解,而且也不是非理论家所能完全掌握的;它迫使专家们(特别是在 1889 年)进入一个全新的观念世界里进行工作。因此,它在开始的时候只能是十分难于接近的。即使在今天,许多赞扬他的人仍然把它排列在次于他的其他作品特别是《批判史》的地位;并且这一领域中许多专家的评论都纠缠于仅仅是次要的细枝末节。虽然这部著作的伟大性即使到现在还为太多的人所不清楚,可是无论如何它已经成为一部标准作品,任何打算进行理论工作的人都不能避开它。它是属于任何理论家的工具箱里的东西,并且已经成为我们时代的最成功的创造性贡献。

第二版(1902年)是第一版的毫无更动的重印。但是在1904—1909年期间,庞巴维克的全部精力都致力于重新"彻底地考虑整个作品"。他在"五年的顽强工作"之后,检查了他的体系的"每个部分"(参阅第三版序言),又把它提供于公众面前,并没有必要变更它的基本论点。虽然如此,这一版实际上是一部新书:只有几节完全没有修改,几乎所有各节都扩充了,还有许多重要的补充。而且,这些年的自我检查,使他感到需要比正文所能允许的范围更彻底地讨论许多问题。这样,除了两个附录以外,他还增加了十二个"补论"。虽然它们原来都是正文和批判注释的扩充,但其中许多是独立的专论。它们使这本书成为经济理论的一个纲领,并且可以说这一方式使他能够完成他的毕生之作。

然而,最后的一件,虽然他已经计划很久了,但没有加入到这本书里。他在他的最后一篇论文"权力还是经济法则?"里给了我们。他常常碰到这种口号:一般的经济过程,特别是社会产品的分配,不是由纯粹的经济价值现象所决定,而是由阶级的社会力量所决定的。这只是一个口号,但为很多人所主张——在我们的领域中,我们不能低估口号。而且,这里确实存在一个真正的问题,只要他想保证他的体系的牢固,他对于这一问题就必须有所主张。这一点他做了,同时还分析了工资理论的重要问题。对我们来说,这篇论文之所以具有重要性,也是因为它所包括的关于进一步研究所应走的方向的许多暗示,以及那些其轮廓还处于遥远未来的朦胧领域中的无数细节问题。

还有一篇论文属于这一完整的工作计划之内,除此之外只有几种出版物我们马上就要提到。这篇论文的内在意义来自他的科研努力和马克思的科研努力的比较。这是他对于马克思的评论，标题是"论马克思体系的崩溃"，是在《资本论》第三卷问世之后，作为纪念卡尔·克尼斯的一部论文集（柏林，1895年；俄译本，圣彼得堡，1897年；英译本，伦敦，1898年）中的一篇文章发表的。马克思有无数的批评者和辩护者——几乎比任何其他理论家都多，虽然庞巴维克现在也许有可以比拟的数目——但是其中大多数都由于具有两种缺点之一而受到攻击。或者他们的主要兴趣在于马克思著作的科学核心之外，因而他们躲到和这一核心的观点没有关系的问题——历史的、政治的、哲学的以及其他问题——里去；或者他们不胜任批评这位著者和他的作品。这就是庞巴维克的批评之所以重要的原因：它抓住了核心并且只是问题的核心，而且每一行文字都表明他是一个能手；批判的对象的伟大性衡量了评论者的伟大性。这就是为什么这一评论在庞巴维克的全部作品中占据重要地位的原因；这就是为什么就马克思体系的理论内容来说，它将永远是典型的评论的原因。但是，我不能更详细地论述它了。

三

如果我们根据奥斯特瓦尔德的分类，庞巴维克必须被称为典型的"经典作家"。这完全符合他的写作风格；它是开门见山的，不加修饰也毫无含蓄的。著者让问题自己说话，而不让他自己的花爆分散我们的注意力。其文体之所以具有非常强烈的吸引力，原因就在于此——它着重基础观念的逻辑形式，很正确但也很谦虚。

但是他的文体极具个人风格,他的任何一个句子,不管在什么情况之下出现,都可以被指出来,因为他的文字构造总是具有一定规则性的。他的句子——美妙地切成的一块块大理石——往往是长的,但从来不累赘。官厅和行政用语的影响还可以看得出来,甚至还有司法的文体和用词。但这并没有构成任何妨碍。正相反,它表现出官厅用语有它的风格上的优点,在适当的人手中并不是没有好处的。他解说的用词和"温度"总是恰到好处。在展开一种论证时很细心、很冷静。在具有决定性的段落和在总结里是力量充沛和尖锐的。著者不肯把他的解说的结构弄模糊了,句读一定清楚地标点出来。文字游戏是没有的。极少有他在私人接触中常常喜欢说的那种有趣的玩笑话——我不知道还有什么比"爱打趣"更好的词来描述它了。但在严格的谨慎的范围之内,他的用词常常起到修辞的作用;他常常找到巧妙的措辞,并且创造出令人难忘的词句。

四

用几句话就足以说明他的方法论的特点。他的工作方法在他手里证明了具有极其卓越的力量。这一方法是由他的问题的性质和他的个人倾向所决定的。他的问题是描述那些表现于任何时间和任何国家的任何经济制度里的最一般的法则。这类法则之所以永远地和到处地存在,是由于经济行为的本质和决定这种行为的客观需要。因此,这一问题所要求的任务主要是分析性的。那就是说,再没有什么搜集事实的特殊任务——经验表明,经济生活的有关基本事实,根据实际经验对我们来说是简单的和熟悉的,并且它们到处重复出现着,至多不过形式不同而已。无论如何,搜集事实在研究消化这些事实和推敲这些事实的含义等任务面前已退居次要的地位。除非我们对于我们有兴趣的经验因素进行思维隔离,并把许多不相关联的问题抽出去,否则是办不到这一点的。这样得出的理论的确是抽象的,正如任何理论一样,是由许多假定把它和眼前的现实分隔开的;但是它就像物理学的理论一样是现实的和以实验为根据的。当然,当问题是应用这种理论,或当问题是进行具体的调查研究时,有系统地搜集实际资料就是不可避免的了。但是,因为庞巴维克的问题是描绘经济过程的内在逻辑的大的轮廓,并且因为他既不从事于应用这种理论,也不从事于详细的调查研究,他的方法是理论分析的方法,是真正的思维的方法。他个人的性情也指向这一方向。

他的兴趣在于问题和结论,而不在于方法的讨论。对这位天才的科学家来说,各个实际情况中每一组问题的方法论上的需要,乃是当然之事,他不喜欢对方法进行一般的研究。关于方法问题,他只是偶尔地写一些东西。就他在可以说是他研究方法论的最初两个地方[①]所表明的,他对于这一问题的基本意见毫无疑问是,"少写或根本不写方法问题,而要更精力饱满地运用一切可以运用的方法进行工作"。他在当选社会学国际协会的主席时,在第三本著作中对作为这一协会的成员的一些法国社

[①] (甲)《资本实证论》第一版序言。(乙)"论政治学与社会学的文献史",载于《康拉德年鉴》,第二十卷,1890年。

会学家,提出了方法论方面的警告。这些话发表于法文《社会学国际评论》(第二十年度,1912年)里,题为"关于一个老问题的几点不太新的意见"。这些话是以冷静的适度的热情和优美的形式写出来的,它们在其他地方也值得注意——特别是这种有分量的、极其适当的忠告,即如果社会学不能很快地找到它的李嘉图,它不可避免地会产生它的傅立叶。最后,在增添到《资本实证论》的第三版里面去的论《价格理论的任务》中,还有关于方法论的一节。在第一节里,他同否认一般价值理论的可能性的德国理论家展开了争论。

这一切著作都有确定的保卫目的;它们不是为了它们自身而写出来的,它们也不是打算成为认识论的研究。一位主要关心于结论的人是不会有时间做这些事情的。他对于别人引为乐事的措辞和形式的精练工作所以不感兴趣,可以附带地从他在我们的科学中的地位得到解释。他是这一领域里的拓荒者之一,对他来说只有问题的本质是他所关心的,他能够并且一定会把"精练工作"留给后来的人。他是一位建筑家,但不是一位内部装饰者;是科学的另辟蹊径者,但不是沙龙科学家。因此,他对于一个人究竟是能真正说出原因和结果,还是只能说出函数的关系,不甚感到激动。因此,在严格地讲起来人们只能说到无限小的数量的地方,他偶尔说到相对小的数量。因此,他毫无差别地使用边际效用这一名词,既用以指一种微分系数,也用以指这一系数和一种数量因素的乘积。因此,他没能彻底地确定出效用函数的形式特征,在他看来效用函数就像是不连续的效用尺度。并且因此,他的价格理论和洛桑学派的人们的价格理论比起来,就像是老的条顿人物和路易十五的朝廷大臣相比似的。关于函数形式的假定,他是以表列数目例证的形式表现出来的。但这一切实际上都无关紧要。将来的人会进行必要的琢磨。对他来说,主要的东西是基本原理;他用自己的方法比他用其他的方法能够更好地和更有效地发展这些原理。他的价格理论仍然是我们所有的最好的价格理论,这一理论能最好地解答一切基本的问题和一切基本的困难。

他对于社会学的态度在这方面是具有特征的。一部分由于开发新垦地的需要,一部分由于这一方面的困难最小,经济学家们蜂拥到这一领域里来,而科学人力方面的这种流血情况可以说明很多的德国的经济学。庞巴维克没有被卷入这一潮流,他只要当一位经济学家。作为一位经济学家,当他看到一些姊妹科学(它们在方法上和内容上远在经济学之下,就像经济学远在自然科学之下一样)从经济学方面抢去这样多的人员的时候,他对于经济学的发展感到担心。他太彻底了,不能从这些刺激里看到充分的补偿,他认识到这些刺激肯定也会影响到经济学的领域,因此,他一辈子对于当时各种各样的社会学学派始终是门外汉。他很清楚,任何严肃对待真正成就的人,必须把他自己局限于狭窄的领域里,承担公众说他只是一位专家的非难,而不怯懦地和神经质地轻易从一个学科转到另一学科。

这里是提一提他几乎从来不参与时事问题讨论的地方了。他对于任何政治立场都是敬而远之,他的作品不属于任何党派。在实际工作上,他研究了许多时事问题,处理了许多大的实际问题,但据我所知,作为一位科学家,他对于"实际"问题只写过一次("我们的消极的贸易平衡",在 1914 年 1 月 6 日、8 日和 9 日在《新自由论坛》发表的三篇论文)。在这里他表现出自己是所讨论的问题的专家。"货币流动的威胁,即使它不太起作用的话,在大多数情况下也会和实际的货币流动产生同样的结果。""支付平衡发号施令,贸易平衡服从命令,而不是倒转的关系。""据说,并且大概是事实,在这一国家里许多私人不量入为出。但同时也可以肯定,有些时候我们的许多当局也不量入为出。""财政政策对我们来说乃是政治上的陪着王子读书而代受鞭打的少年。"如此等等。没有一个人能否认这位著者对这一类工作很有兴趣,或者十分理解,或者是最伟大的天才。可是他始终不参加时事问题的讨论——这是为什么呢?这是因为,这些讨论为实际的问题所控制,并为听众的水平所限制,经受不了较长的论证、较深入的研究和较精细的方法。它们把科学降低到通俗辩论的水平——降低到成为过去两百年来一直没有变样的论证。这些讨论目的在于"即刻的生产",一种和没有机器的经济生产相类似的生产。为了急于进行这种讨论,理论家都没有屏息的时间,没有安心进行真正研究工作的时间——充其量这些讨论只能是现有知识的应用。但它们是具有诱惑力的,并常常由政治热情的热力加一把火;因此许多经济学家把他们的全部时间,大多数经济学家把他们的大部分时间都花在这种讨论上。这是我们领域中的事物之所以进行缓慢的原因之一。庞巴维克为将来的若干世纪——现在看来是"进行知识游戏"的东西,在那时也许能够产生实际的果实——进行了工作。尽管有一切的引诱,是他理解到,让时事自求解决之道,让人们去谈论,这是他的责任。

五

根据我们对于他的著作的考察,十分清楚的是,他的经济学的结构以及他的总的成就和意见,可以通过更仔细地研究他的《资本实证论》来加以论述。这一工作现在我就要试着做。

按照理论经济学这个词的本意说,在这一作品里只有几个理论经济学问题没有处理。根据我对于它的理解,省略的问题如下:

一、社会经济生活的基本过程可以通过一种孤立经济的模型来加以表明。虽然有涉及几个经济彼此之间的关系的一个理论,但是它并无助于我们了解社会经济过程的本质。因为庞巴维克所关心的是这一本质,他总是用一种孤立经济进行研究;这样,在他的作品的主体里就找不到国际价值理论,虽然在上面提到的1914年的三篇论文里包括了对于这一理论的贡献。

二、这些论文也包括了他对于货币问题的几个简短观点之一,这个观点是:在数量理论里具有真理的"不可毁灭的核心"。但是,他没有给我们一个货币理论。在打败初步的硬币主义和重商主义的观念之后,经济学几乎毫无反对地接受了这种观点:货币——经济的记账工具——只是一块面纱,它蒙住了一些根深蒂固的过程,但没有影响它们的基本性质。庞巴维克同意这种观点。

三、《资本实证论》对于在理论上只是价格和分配理论的应用的那些专门化的研究也没有进行(赋税的归着、垄断理论、政治干预分配过程的理论,等等)。但"权力还是经济法则?"这篇论文——包括了罢工究竟能否永久提高实际工资水平这一研究——是属于这一类的；并且应当指出，作为应用经济学方面的一篇论文，它代表着奥地利学派的第一批成就之一，是这一类研究的范例。

四、另外，关于循环问题，《资本实证论》也没有谈到。当我们研究庞巴维克唯一提到这一问题之处（在关于柏格曼的"国民经济危机理论史"的评论里，载德文《国民经济杂志》，1896年）时，理由就清楚了：他似乎认为，经济危机既不是由内部发生的也不是千篇一律的经济现象，而主要是经济过程的偶然波动的结果。

五、在经济理论体系里一个在外国成长起来，但从重农学派那时候开始一直广泛流传的一个理论，就是人们所说的"人口问题"。当然，在《资本实证论》里，或在庞巴维克的任何其他作品里，是没有它的地位的。但是，人们看到以下这一点也可能会感兴趣：在"权力还是经济法则？"这篇论文里，庞巴维克偶然提到这一问题，他含蓄地把他自己放在马尔萨斯信徒的行列里。

但是，除了这些问题之外，正如已经指出的，《资本实证论》是经济理论的整个领域的说明。价值、价格和分配是起导航灯塔作用的三个山峰；其余所有的东西都围绕在它们的周围，尤其是资本的理论。

社会学的结构只是被含蓄提到，庞巴维克再三重复说他只研究经济过程的内在逻辑。可是他相信，他所关心的那些基本因素是足够强有力的，在任何现实的情况里都会感觉到它们。这些因素的确切界限问题，例如阶级结构及其经济功能的问题，种族差别的影响问题，在很大程度上成为现代经济学的基础的有理微积分的起源问题，市场现象的起源和社会心理问题——这一切都接触不到他的问题，对他来说只会是跟主要理论的脱离。这样，我们看到一种经济的各因素只是简单地分为工人、地主、资本家和企业家几个类别,他们彼此之间是由,而且只是由他们的经济功能来区分的。他不考虑他们的超经济的关系,人只有作为工人、地主、资本家和企业家的时候才和他的研究目的有关——要是我可以这样说的话,只有当他们作为各自立场的逻辑的代表时才有关系。

首先,工人和地主是以占有他们的名称所表示的那种生产要素,和他们的经济功能为其特征的。要想分配理论不被误解的话,这一点必须着重指出:归根结底,从分配过程中得到一种收入的不是工人,并且同样——这是十分重要的——也不是地主,而是劳动和土地本身收到这种收入。因此,用庞巴维克在他最后的作品中所赞同地提出的美国用词,问题的焦点是"功能的"而不是"个人的"分配。要在他的作品中寻找为这种收入分配"做辩解"的趋势,那将是极大的错误。

工人和地主靠着他们的生产手段所生产出来的东西维持生活。但是,他们不是靠着在任何特定时期他们正在生产着的东西维持生活——他们当时的产品当然还没有达到可以消费的地步——而是靠着以前一些时候已经生产出来的产品维持生活。供应这一生活资料的储备是资本家的功能——这样,工人和地主可以说在任何时候和任何地方都是靠资本家给他们提供的垫付维持生活。这无论对于现代资本主义经济下的工人和地主来说,还是对于原始的掘树根人和猎人来说,都是正确的。

企业家的形象在庞巴维克的理论画面中并不显著。企业家作为经理和投机者的功能诚然是提到了;但在大多数情况下,他的出现是因为他常常具有的但不是必须具有的那些特点:资本家的特点,运用自己的资本的工业家的特点。

虽然社会经济过程的主要特点,像庞巴维克所想象的那样,现在已经可以看出来了,但是资本的功用需要更密切的注意。

庞巴维克的《资本实证论》从这一问题开始。他要告诉我们的第一件事情——在引言里——是要区分开这一问题的两个极不相同的方面,因为把这两方面混淆起来是通俗的和科学的讨论所最常犯的错误之一;这两个方面是:资本作为生产手段的问题,和资本作为纯报偿的来源的问题。最容易的事情无过于把两者之间毫无疑问的关联本身看作是利息理论,并且简单说:资本是生产所不可缺少的东西,因此能"提供"纯报酬,正像"杨梅树"这种生产手段能"提供"杨梅果一样。这是一些基本错误之一的根源,为反对这些基本错误,庞巴维克曾进行终生不懈的战斗,并成功地把它们排除出科学讨论之外,因此,这一幼稚形式在一些有名的经济学家的作品中不再能找到了。在其作品的一开始,庞巴维克重复强调这一问题,然后就转到资本作为生产手段的理论。虽然我们总是忍不住要详细地描述他的论证的逻辑之美,但在这里只需说到他是从研究生产过程的性质开始就够了。而且这第一节的魔力——它所研究的问题都是现在极少讨论并不能引起很大兴趣的——在于它暗示了下面所讨论的内容的指导性主题。

生产就是为了创造出来能够满足我们的欲望的东西而进行的物质转变。这一概念古典著者并不是不知道,但在他的论证过程中是第一个基本水准标记。如果劳动不是直接用于可以生产马上就能消费的物品的"转变"上,而是首先用于生产不能消费的物品,再通过它们的帮助使最后的产品可以更有效地生产出来,在这种情况下同一原始要素的投入量能生产较大的总产量——也就是说,生产是用迂回的方式进行的——那么,这一目的可以更完善地达到。这——并且这是他的作品中的第二个基本水准标记——就是工具的经济哲学,或者一般地说"生产出来的生产手段"的经济哲学,也是它们的生产功能的定义。这一观念本身同样既不是真正创造性的,也并不复杂,而只是由庞巴维克充分地进行了有系统的叙述。只有他充分地利用了它的理论意义,特别是在时间因素的处理上,这一因素是阻碍经济过程分析结构的基本困难十分之九的来源。

  作为这一概念最重要的副产品,又产生出来"资本主义"的性质这一概念。当然,当我们使用这一名词时,我们所想象的它的实质已经成为具有极不相同的解释的问题:不仅是科学的、政治的和伦理的解释,而且甚至在科学领域中也有不同的解释,从社会学、社会心理学、文化分析以至历史中得来的不同的解释。但是对于纯粹经济学来说,并从而对于庞巴维克来说,只有资本主义的纯粹经济特征问题是有关系的。他的解答是:资本主义的生产就是"迂回的"生产;它的反面是直接生产——不利用生产出来的生产手段的生产,例如,原始狩猎。因此,资本"只是发生于迂回生产方法各个阶段中的中间产品的总合"。这实际上是一个理论,而不仅是一个定义,并且理解它是很重要的。当然,它并不否认现代经济和过去的经济制度具有重要的不同之处。同时它也并不否认社会主义经济的经济过程——根据这一定义,在社会主义经济里,现在的生产也会是"资本主义的"——会是极不相同的。但它却说明:科学和社会批评所给予资本主义现象的这一切特征,和资本主义的生产过程的经济本质是毫无关系的。它更特别说明：一般的生产手段和特别的资本货物的私有制，工资劳动制度，为出售而生产，以及其他等等，和构成资本主义过程的事物的本质是不相关联的。这一意见的最重要的含义是：在社会主义经济里也产生出资本纯报偿，当然在社会主义社会里这种纯报偿不会为私人所得到——从功能分配的观点看来，在任何情形下这一问题都是次要的。因此，几乎每一个生产过程都是"资本主义的"——它只能是或多或少的问题。

在这一点上，庞巴维克暂时停下他的论证来考虑"关于资本的概念的争论"。对于他自己的资本定义来说，他关于资本主义生产过程的看法是具有决定意义的；然而，从这一概念出发，他还能把另外一些东西叫作资本，即消费品的供给——经济中维持生活的资源，它是迂回生产方法的一种必须有的补充，它从这些迂回生产方法的生产力中取得它对于利息问题的重要意义。

在论"作为生产手段的资本"的第二卷里，我们被引到在第一卷第一节里已经宣布的结论：土地和劳动的劳务是基本的、原始的生产要素，资本在经济意义上说是由这两者所组成的，因此，它不能是独立的要素。这样一种主张也是很简单的，甚至是自明的。它从前曾由威廉·配第爵士以最简洁的形式提出过。但没有人认真地对待它；没有人承认这样一些分析任务，在这些任务中，它能起到有用的工具的作用；总之，没有人承认它理论上的有用性，或有系统地运用它。经济思想史表明有三种思想是和它相背离的：重农学派认为最终说起来一切经济财货都是由自然所生产的；古典学派的说法是只有劳动才有生产力；最后，部分古典学派，更主要的是他们的继承者,认为资本是第三个独立的生产力。这样的一些说法都不是"错误的"——就它们本身来说,它们是完全正确的——但它们会引向要么是无用的要么是幼稚的结论。问题不在于这种基本的假定命题的"正确性";一个理论家的长处在于能够从很多可能的、同样无问题的和有启发性的可取之道中,有效地选择他的出发点。庞巴维克的成就就在于把这一切事物带上轨道,并且摹想、选择和发展了最能使我们应付这一切困难以及产生最好的见解的那种假定。

　　下一个步骤是把迂回生产的观念坚决地使用于时间因素的论述上。迂回生产比直接生产能产生更多的最终产品,但只在更远的将来;它是"消耗时间的"。这两种因素的这一合并,时间因素的这一特殊应用和不变资本的特征这种概念,完全是新创的。要公平评价它所代表的分析方面的进展,我们最好回顾一下李嘉图和马克思的看法。李嘉图像马克思一样,把问题的焦点集中于不同工业生产时期长短的差别对于他的(劳动)价值理论的影响上。他们两个人都试图——当问题的确可以表现为不同的形式时,以不同的方法——表明这一影响基本上是不重要的,并尽可能地克服对他们构成致命伤的那种东西。这两种要素的伟大综合,时间和增加的报偿的这一分开和合并,就使提出一种关于时间在生产中的作用的前后一致的理论,和说明时间的特殊双重作用,成为可能。这导致了对于经济过程的深入理解和极其接近于资本纯报偿问题。

　　根据庞巴维克的说法,这一纯报偿必然一方面是迂回生产的增加的技术生产力对于价值形成的影响的结果,另一方面是它的成果的必然延期的结果。这样,问题只是如何了。因此,就必须研究这两种事实所必须顺应的价值理论。

这实际上就是下一步。但首先必须解决一些其他问题。作为迂回生产有增加生产力的作用这一原理的最直接的发展,庞巴维克提出这样的主张:进一步延长生产的周期能进一步但递减地增加最后的产品。为了对于在生产中使用递增数量的劳动的那些货物,能够说出确定的生产时期,庞巴维克建立了"平均生产时期"的概念。许多有趣味的暗示也可以在这里提一提,例如迂回生产概念的重要概括化,和因此而来的丰富的讨论;但这些我们必须略去不谈,同样也要略去"资本形成理论"或者毋宁说是第二卷最后一节里所讨论的它的更外部的部分。让我们只着重指出它的核心:人们节省消费品,因此节省了生产手段,又因此生产了资本品——这一意见最终把资本形成紧紧地和储蓄过程联系在一起,但没有(旧的分析中一个吸引人的和常犯的错误)从这里推论出来有关利息理论的任何东西。

六

现在让我们转到支持庞巴维克的结构的两个支柱当中的第二个——价值和价格理论(第三卷),它和我们刚才谈过的那一个表现了同样完整的思想线索。我们以后再研究建立在这两个支柱之上的上层建筑。

财货和被叫作效用——不是没有误解的危险——的欲望满足之间的一般关系,可以归纳为对我们的经济行为具有重要意义的东西,当一定数量的某种商品成为被承认的一种满足的条件(否则它将被放弃)时,我们把它叫作价值(使用价值)。在既定的一般效用关系之下,究竟是否属于这种情况,要决定于那个"一定数量"的大小和我们的欲望的关系;效用之外,再加上相对稀少性,价值才能出现。借助于效用类别(或效用方向)和效用强度二者之间的区别,并仔细地研究了代替的因素,庞巴维克得出了(在门格尔的意义上,并在和维塞尔相仿的意义上)这种法则:在每个类别里,欲望的"保险总额"越增加——一个人所占有的商品数量越增加——边际效用就越减少。他也解决了老的价值自相矛盾问题,即经济的矛盾问题。庞巴维克以下面这一命题来阐述这个结论:"商品的价值量决定于这一商品可以利用的总数量所能满足的欲望中最不重要的那一具体欲望或局部欲望的重要性。"

庞巴维克然后对这一总的命题做了许多精心阐述,阐述了关于主观价值的许多特殊问题。为了解决这些问题,他使用了一个基本原理(把它叫作价值理论的一切困难问题的"总钥匙"):"对于根据他的观点来评价商品的价值的这个人,我们必须以双重的态度来看他的经济地位。第一,假设把货物增加到这个人所占有的货物储备里去,我们观察一下在具体欲望尺度表上,满足能达到什么程度。第二,假设把这种货物从这个人的货物储备里拿出来,我们再测量一下在尺度表上满足又会达到什么程度。这样就会看清,现在某一层的欲望,即最低一层的欲望,一定还没有满足:这一最低层表示着决定商品价值的边际效用。"并且在把这一观点扩大到许多特殊情况之后,庞巴维克就开始研究可以随便增加的商品的价值这一重要情况。根据这个"总钥匙",我们也是按照这些商品的失去所会造成的满足的减少的比例来评价它们。在这一例证上,这一减少被假定为由于放弃购买某一数量的货物而遭受的满足的损失,如果最初所考虑的这种商品没有失去的话,那一数量的货物本来是可以买得到的。放弃的货物和失去的货物不一定是同类的,而且往往是不相同的货物。因此,在这一例证里,我们是根据"代替效用"来评价的——在这里,一个极重要的原理被发现了。

它首先适用于可以随便再生产的商品的情况,那就是说,从整个经济的角度看来,几乎适用于一切商品。这一情况是可以极合逻辑地同具有一种用途以上的货物这种情况合并起来的。由此我们又解决了"使用价值"和"交换价值"之间的差别问题。

这就为研究"补充的商品"(门格尔),即只能和其他商品合起来才能产生满足商品的价值扫清了道路。一组补充的商品的价值是由它们联合创造的边际效用所决定的,因此问题是要从这里求出这一组里的各个商品的价值。为了研究这一问题,庞巴维克提出如下规则:"……在整个组的总价值——它是由联合使用中产生的边际效用所决定的——中,可代替的组成货物的价值按照它们前已确定的价值来计算,[①]其余的价值——它随着边际效用的数量而变动——就归于非代替的组成货物作为它们各自的价值。"这一命题提出了现代理论的一个基本原则,它可以应用于无数方面,特别是在马歇尔所给予它的"代替原理"这一名义之下。

这一理论的另一应用是攀登高峰的下一个步骤,从那里可以广泛地看到一种经济的最内在的运行情况。生产手段也是补充的

[①] 根据它们的代替效用来决定。

货物。但它们的价值不是直接决定的：我们认为它们有价值只是因为它们能以这种或那种方式生产出消费品。这样，从主观价值论的观点看来，它们的价值只能来自这些消费品的价值。但许多生产要素总是混用于一个单一的消费品的生产中，它们在生产中的贡献似乎不可区分地混杂在一起。实际上在门格尔以前，一位经济学家接着一位经济学家都认为，在最终产品的价值中，说出各种生产手段的可以区分的份额，是不可能的。其结果，沿着这条道路继续前进似乎是不可能的，主观价值的观念看来是无法使用的。补充货物的价值理论解决了这一似乎无法解决的问题。它使我们能够说出这些生产手段的确定的"生产性贡献"（维塞尔），并为它们的每一个找出来自它的生产性应用可能性的、单独决定的边际效用——边际效用在边际生产率或最后生产率的名义下，变成为现代分配理论的基本概念，和我们关于各经济集团的收入的性质与数值的解释的基本原则。

"转嫁理论"（维塞尔）由于庞巴维克而得到它的一种最完善的阐述。在应用这一理论的过程中，我们得出了成本法则，作为边际效用法则的一种特殊情况。由于转嫁理论，成本现象成为主观价值的一种反映，而成本与产品价值相等这一法则是来自价值理论的——在我们的科学中从来没有比这更美妙地连接起来的逻辑链条。

但到此为止这一切仍然只是涉及价值领域。也表现于交换经济结构中的它的一切形式，只能由相应的价格理论来表明。因此，庞巴维克转到价格理论，把价值法则的含义发展到买方和卖方的行为上去；他的研究最后归结为那个具有"历史意义"的著名的命题(关于双方竞争的情况):"价格水平是由两个边际对偶的主观估价水平所决定和限制的"——也就是说,一方面是由同意买的"最后的"买方的估价和已经被排除出交换的卖方中"最有交换能力的"卖方的估价所决定和限制的,另一方面是由仍然同意交换的卖方中"最无交换能力的"卖方的估价和第一个被排除的买方的估价所决定和限制的。

这一切首先是就一定数量的可以交换的商品这种情况来论述的,并得出这样的结论:因为作用于市场上供给方面的力量和作用于需求方面的力量是一样的,所以老的"供求法则"变成只是边际效用法则的一种系论。其后这又扩充到这样一些商品的价格形成问题上去,这些商品的可用于交换的数量是可以通过生产来加以改变的。面对这里所产生的困难(当一个人企图通过现实的迷宫来彻底观察一个基本原则的作用时,都会遇到这样的困难),庞巴维克没有给读者遗留下来任何悬而未决的问题。他一个接着一个地清理掉道路上的主要障碍,他所提出的一系列解答在很长一段时期将成为进一步的理论工作的基础。

这种结果——它带来了价值理论和价格理论的平行,同时带来了这一步骤的逻辑统一性——是成本法则的提出,不过这一次是在价格外衣之下提出的。它首先必然表明,在一切主观估价的作用之下所决定的价格,在均衡和自由竞争的情况下,将趋于和单位成本相等。这不再是假定了,而是边际效用法则的一种系论,因此,在古典著作中占十分重要地位的成本法则,只是在主观价值理论的结构中才取得它的真正意义,尤其是它的严格的证明。它又必然表明,那种宣称主观估价决定价格的变动,而成本决定它们的长期重心的观点是如何地肤浅：主观估价既决定变动也决定重心，虽然人们也可以进一步指出后者的特征也表明成本原则的确实性——但是，这一原则已不再是独立的原则。最后，它也必然表明，在特殊情况下成本可以成为物价变动的"中间的原因"的程度，从边际效用原则是可以看得很清楚的。于是结局展现出来经济过程的全景，在这一全景里，由于主观估价的压力，经济中的各种生产手段被分派于它们的各种各样的用途中去。

归根到底，原始的生产手段是土地和劳动的劳务。一切商品，不管是消费品或是资本品，最终都还原于它们。直接的或间接的——后者是通过资本品的媒介——产品的价值必然反映到土地和劳动上，土地和劳动的劳务从而取得它们的价值，并且，在市场上和在自由竞争情况下，也取得它们的相应的价格，那就是它们的工资和地租。因此，根据庞巴维克的说法，工资是——以后要加上一些附带条件——用劳动的边际产品的价格来解释的措辞；劳动是根据它的"生产的贡献"，或者我们也可以说，是根据它对于社会经济过程的边际重要性而得到补偿的。关于地租也可做同样解释，虽然在这里庞巴维克只说到劳动。在这类假定之下，国民总产品将分解为工资和地租。这样，几乎是极其突然地，庞巴维克给我们提出了这些古老问题的答案，它在正确、简单和效果等方面，都超出一切过去的成就之上。

可以说，这一结论是这一建筑的第二支柱的顶盘，[①]仍然停留在我较早的隐喻之内。但对于其他要素的作用，就既没有利润

---

① 圆柱柱头的上部，支持轩铁的。〔原编者〕

也没有利息。在这里我们应当推测一下插入正文的《批判史》的整个论证，这一论证是要用以说明所有从前那些要使利润和利息顺应这一画面的尝试是不恰当的。但这一工作我必须放弃，只提到庞巴维克指出了妨碍收入和成本相等的两个条件，也就够用了。

他把其中之一概括在"阻力"这一标题之下。在生产手段的流动方面所发生的阻塞，能使消费品的价格暂时地，有时是长期地脱离成本法则所确立的标准。这些脱离既是企业家利润的来源，也是他的损失的来源。这样，庞巴维克就接受了用市场机构不完善来解释企业家利润这种方式；企业家的地位使他能够通过这些不完善而取得确定的利益——同时，他对于消除这些不完善也是有帮助的。

扰乱的第二个原因是时间的推移。根据庞巴维克的观点，我们必须在这一"折"里寻找关于利息现象的解释。这样，我们就进入了建立在现已衰朽的基础之上的上层建筑。这一上层建筑最属于他个人的成就，它把他和在其他方面同他最接近的那些人区分开——这一上层建筑包括着他对于最困难的和最深刻的理论经济学问题的解决办法；这一建筑物的动人的外观，不论对于朋友或敌人都给了深刻的印象。正如以上我们看到的，关于我们对于资本纯报偿的观点，它给予他的整个体系一个典型的特征，它几乎把我们对于一切其他问题的看法都给着上颜色，它扩展到各个流派经济讨论中去，甚至还超出这一范围进入社会见解的广泛领域里。

七

这一利息理论曾经被称为交换和贴水理论。它的基础是这一命题：人们对于现在财货的估价，比对于将来可以得到的、在其他一切方面都相同的、可以满足同种类和同程度的欲望的那些财货的估价更高。因此，这里成为问题的是引用了一种新的事实，即扩展了经济学的事实基础。但这一事实不是在价值原则的范围之外；毋宁说它是关于我们的估价的个别特点的发现——在庞巴维克之前也曾偶尔有人"预先讨论过"，但只是由杰文斯系统地加以强调。在庞巴维克看来，价值理论有机地吸收了这一事实，适应了这一事实，并且从来没有损坏这一理论的连贯性或基本主张的统一性。相反，在他看来，利息理论也是边际效用原理的必然结果。正如他自己所描述的（《批判史》），这一利息理论的决定性特点是：通过现在和将来商品的价值之间的差别这一共同媒介，来转移资本报酬率的一切更遥远的决定因素的影响。那就是说，利息只是这一价值差别的价格表现，是通过主观价值和价格理论从这一价值差别而得来的；寻找这一价值差别的原因是第二个问题，是又进一步的问题。在这一步骤里也看得到他的理论的一些其余的主要特征。它属于庞巴维克在他的伟大作品的第一卷的结论中所描述的三类利息理论中的第三类。第一类——"生产力理论"——因为把自庞巴维克以来一直被称为"物质的"生产力和"价值的"生产力混淆起来而一蹶不振；第二类——"剥削理论"——没能表明为什么竞争的力量不会把"剥削的"利得冲掉；第三类理论在价值领域本身寻找利息的起源。因为利息率是一种价格现象,它的起源必然在这里。贴水理论属于这一类;它是最卓越的利息价值理论。只是时间推移对主观估价的影响才产生一种力量,这种力量以下列方式把商品川流的一部分转到资本家的手里。

严格地说,为满足我们的欲望的一切准备都意味着考虑到将来,因此一切经济行为是要受我们在将来才能感受到,但现在已经能够想象得到的欲望的影响的——并且,根据庞巴维克的关于资本主义性质的概念,越是如此,则这种行为越是"资本主义的"。另一方面,它也要受我们只有在将来才会遇到,但现在已经能够预计到的客观需要的影响。因此,将来的财货是我们的经济行为和我们的估价的对象——实际上是最重要的对象。显而易见,这些估价是可以在同一边际效用原理的帮助之下来理解的。除此以外必须补充以下的事实(但是,这些事实在原则上没有什么进一步的关系):我们必须处理想象的而不是感觉到的需要(永远要记住前者和后者是同样可以较量的);我们必须处理将来某一有关时刻的需要和对需要的准备之间的关系,而不是它们之间现在的关系;将来的满足永远必须乘以一定的系数,这一系数表示预期的效用的概率("危险的保险费")。

现在庞巴维克应用了对于价值分析具有基本重要意义的事实,他认为现在的财货比同数量和同种类的将来的财货,具有更高的主观价值。

第一,因为或者有希望对于将来的欲望进行更充分的准备,或者——当情况不是这样的时候——占有现在的财货既可以作为应付现在的欲望的供应,也可以作为应付将来的欲望的准备(特别在货币经济里,总可能以极少的代价进行这类准备的"储蓄"),所以,现在财货的价值至少和将来财货的价值相等,而在经济中总是存在着将来财货对于现在财货的一般的"价值贴水"。

第二,因为我们在一般情况下总是低估将来的欲望。将来的欲望不容易全部地被我们意识到;想象的欲望和实际感觉到的欲望不具有同样鲜明的现实性;最后,一般的个人根本不进行一定时间距离以外的准备。这些心理因素彼此互相加强,其结果就是"低估将来的享受"——这就是有利于现在财货的价值贴水之所以存在的第二个理由。

第三,因为"消耗时间的"迂回生产是更有效能的,那就是说,一定量的原始生产手段,当首先应用于中间产品(例如,工具)的生产,然后再应用于消费品的生产时,比把它们全部地应用于消费品的直接生产,能提供更多的物质产品。因此,旧有的生产手段(即较早地应用于迂回生产的那些)在任何地方都比后来的生产手段(即应用较晚的那些)表现出技术上的优越性——除非新发明或类似的东西在这一期间使运用"旧有的"生产手段的方法陈腐了。

这里出现了这样一个问题,如果产生贴水的前两个理由不存在的话,究竟这第三个理由能否使"消耗时间的"迂回生产方法,不仅产生较大数量的而且也产生较大价值的产量?庞巴维克的答案是肯定的。因为根据迂回生产法则,某种数量的现在的生产手段,当应用于这种迂回生产上,在一切将来的时间,比同样大的数量在任何这些将来的时间应用于直接生产上,都会产生更多的产品。它比同样大的数量以后用于较短的时期上也会提供更多的产品,因为生产手段的使用越间接,它们的生产力就越大。由于一个人在同一时间可以利用的同一商品的两种数量中,数量较大的是更有价值的,因此较早的时间可以利用的某种数量的生产手段的价值生产力(不只是物质的生产力)必然——在我们的假定之下和根据庞巴维克的观点——总是大于在较晚的时间才可以利用的同等数量的生产手段的价值生产力——尽管它们有共同的生产时间。而且,采取消耗时间的迂回方法,意味着人们可以等待这种生产方法的预期的较大的和更有价值的产品,那就是说,足以维持任何从事迂回生产的人的生活的消费品资源实际上现在就存在着。这样,从迂回生产所取得的"剩余价值"决定于这一现在的消费品资源的存在,并且根据转嫁理论的一般原则,这一"剩余价值"是转移给它的。因此,这里又出现一个——第三个并且是最重要的——有利于现在的而不利于将来的消费品的价值贴水的理由。

迂回生产的物质的剩余生产力这一命题,以及它独立于另外两个理由,为现在财货超过将来财货的贴水提供了单独的第三个理由这一命题,曾经引起极多的争论,并从而产生了一整套的"关于第三个理由的文献"(对于这些争议的反应见于第三版和补论)。我们无须研究关于这一问题的讨论,我们将只指出这第三个理由(对庞巴维克来说,它在原则上是独立的)根据他的观点是如何和其他两个理由相关联的。当然,十分清楚,社会的生产手段资源将最坚定地拥入能够取得最高边际效用的那些行业,并且这一一般原理也适用于在将来的不同时点上所发生的不同的生产结果之间的选择上。这第三个理由将指向无限长的迂回过程,因为任何进一步的生产时间的延长,在我们的假定之下,必然有希望进一步增加——虽然是按照不断递减的比率——产品的数量以及它的价值。但是,根据第一个和第二个理由,这些不断递增的价值量必须用一种递增的预期折扣来估价——在头两个和第三个理由之间的这种相互作用,将决定能产生最高(现在的)价值结果的生产时期的长度。因此,对任何个人来说,这三个理由的影响不是相加的,前两个理由当中的任何一个都能抵消第三个的影响。

这三个"理由"对于不同的个人产生程度极不相同的影响——价值贴水显然是一切个人共同的心理事实,但在不同的个人当中是在广泛的范围内发生不同作用的。但正是这一事实,由于产生了人们的估价上的必然差别,使他们之间有可能进行现在财货和将来财货的交换。一个现在和将来财货的市场产生出来了;而"边际对偶"理论为现在财货和将来财货决定了一种一致的客观的价格贴水——这样就产生了利息率,在庞巴维克优美的公式中,这就是现在财货和将来财货相交换时的贴水。像任何价格一样,这一贴水具有双重的平衡影响。首先,即使有些人从其他方面考虑对于将来财货的低估不像市场的贴水所表示的那样低,他们也会适应这一贴水。其次——这是极有兴趣的说法——"在不同远近的将来各个时刻上,现在财货从将来财货所取得的贴水的大小,将和时间间隔的长短成比例",而个人对于将来的低估,很可能是间断地和不规则地发生的,因此,比方说,现在享受和一年以后的享受之间的差别可能极大,而一年以后和两年以后的享受之间的差别,几乎是看不出来的。

简单地说,这就是庞巴维克著名的利息理论。但他不满足于一个概要,他把他的意见深入而广泛地贯彻到整个资本主义结构里。让我们简单地叙述他的理论。主要有两个问题:一个是表明从经验上可以确定的资本利息的来源确实是从以上所描述的基础上发生的，另一个是从这一理论基础来求得利息率的水平和变动法则。

在贷款的利息率上没有任何困难。把贷款界说为以现在的财货交换将来的财货，这就给我们说明了问题。此外，十分明显，寻求消费贷款的任何人，对现在财货的估价必然高于对将来财货的估价，因此，即使贷款者并不低估将来的财货，利息率也会发生。而且，也同样明显，对于寻求生产贷款的任何人来说，在将来能获得纯利润的展望也造成这一贴水，因此，结果也是一样的。但资本报酬率这一巨大社会事实的问题，和资本主义经济中各上层阶级所立足的基础的问题——也就是资本主义社会的经济结构问题——正在于怎样解释这样一种纯利润以及它在经济运行中经常出现的情况。来自企业家之手的这种资本纯报酬，现在由于把它和基本论旨联系起来而得到了解释。

这是庞巴维克卓越的技能的成果，在这一情况下，解释的原则也能够极其容易地阐述出来，因而它几乎是自明的。企业家购买生产手段，它们一部分是由土地和劳动的劳务所组成，一部分是可以还原为两者的。土地和劳动的劳务是潜在的消费品，并由于这一特点而取得它们的价值。但它们只是将来的消费品，它们的价值必然少于同一数量的现在的消费品。土地和劳动的劳务将按照它们的现在价值从它们的所有者那里购买，它们的将来产品将按照将来出售时它们的价值出售。这样，当现在的生产手段在企业家手里开始朝向它们的可供消费的成熟期成长时，增值就产生了——这一增值就是对企业家的资本的纯报酬的基础。要把这一结论应用于各个经验事例中,不总是容易的。这里边的许多问题——特别是由于同一产品在生产期间各不相同的过程中具有多样用途而产生出来的困难——被庞巴维克十分仔细地解决了,这使他的著作即使在这门科学的最遥远的将来,也是一种不可估价的指南。

下一步就是表明这些价值关系总是导致一种价格贴水。这一价格贴水将作为原始生产手段的全部将来边际产品的货币价值的一种折扣,出现于一方为工人和土地所有者另一方为拥有资本的企业家之间的交换中。或者,如果我们把资本家的和企业家的功能区分开,而认为企业家只是原始生产手段所有者和资本家之间的居间者,那么,这一价格贴水将出现于资本家和由企业家所代表的工人和土地所有者(如果这样说正确的话)之间的交换中,作为由资本家所垫付的生活费基金的一种价格贴水,换句话说,以利息率的直接形式出现。在这里我们碰到的资本家的主要任务是作为经营现在财货的商人——乍看起来这也许是一个很不熟悉的观点,但这一观点却非常深入地看透了经济过程的本质。这两种形式都涉及同一核心,说明贴水是不可避免的。现在我们将以第二种形式来表明它的必要性,这第二种形式必然可以还原为第一种形式。

那么,在这一"生活资料市场"上,资本家面对着工人和地主。生活资料的可利用的数量与劳动和土地的劳务的可利用的数量,在任何时候都是既定的。对资本家来说,他们的消费品的使用价值是无关紧要的——在任何情况下,他们只能消费其中的一小部分。这样,我们可以不去管他们对于将来财货的低估;如果这种低估存在的话,就更不必说了,我们的贴水必然发生。对工人和土地所有者来说,由于土地和劳动的劳务在直接生产中的潜在用途而产生的对它们的估价(就他们本身能够进行资本主义生产来说,他们也就负担起可以分开的资本家的功能),严格地说起来,就成为下限,低于这一下限,工人和土地所有者是不肯进行交换的;但在现代的条件之下,这一界限是处于极度遥远的云雾中。在这些条件之下,即使是极小的贴水,甚至接近于零,资本家也会愿意交换。对工人和土地所有者来说,根据迂回生产法则,任何超过直接生产的报酬决定于他们占有的可以利用的生活资料;即使只给他们留下这一剩余报酬的极少部分,甚至接近于零,他们也将愿意交换。最终的结局将决定于在一定的生活基金所允许的生产期间的延长点上,工人和土地所有者对于生活资料的需求的强度。一般说来,事实确是如此,不论这一基金如何大,它总是有限的。但同样,通过把生产期间延长到超过一定基金所允许的长度,总可能获得较大的剩余报酬。因此,如果没有贴水的话,总会存在着对于更多数量的生活资料的积极需求;而这一需求是无法满足的。由于任何有限的生活基金都难于满足这一需求,结果是,在一定价格上仍然活跃的一切需求,就具有提高这一价格的影响。据此,现在财货的价格一定总是高于将来财货的价格,从而一定会发生一种贴水,也就是利息率——这就是需要证明的事情。

反过来说,马上就可以看到,如果没有利息,则生产期间的无限制的延长将是有利的;显然,现在财货的稀缺就会随之而来,这又会导致直接生产,从而导致利息的再出现。这样,利息在经济中的真正功能就很清楚了。它是制动器或者调节者,它使人们不超过经济上所允许的生产期间的延长程度,并强使人们备置满足现在欲望的东西——实际上这些欲望迫使企业家加以注意。这就是为什么它反映着任何经济中现在和将来利益所表现出来的相对强度,也反映着人民的智慧和精神力量的原因——智慧和精神力量越高,利息率就越低。这也就是为什么利息率反映着一个国家的文化水平的原因;因为文化水平越高,可以利用的消费品的储备将越大,生产期间将越长,进一步延长生产期间所能产生的剩余报酬根据迂回生产法则也将越小,从而利息率将越低。这就是庞巴维克的利息率递减法则,就是他对于使这门科学中最卓越的人伤脑筋而没有获得成果的这一古老问题的解答。

我们的证明进一步表明,由于只有对于现在财货给予贴水才能使现在的和将来的相对需求彼此之间得到适当平衡,所以即使在社会主义社会里,现在和将来财货的价值也不会是相等的;而作为利息率基础的价值现象即使在那里也不能不存在,从而中央计划局不能不加以注意。因此,即使在社会主义社会里,工人也不能简单地取得他们的产品,因为生产现在财货的工人所生产的,比从事生产将来财货的那些工人所生产的为少。这样,不管社会决定如何处理和价值贴水相应的这一货物数量,它从来不可能作为工资(但只能作为利润)归入工人手里,即使它被均等地分配于他们中间。这很可能产生实际的结果,比方说,每当这个社会有机会意识到它的成员们对于它本身的经济价值的时候;在这种情况下,它只能按照工人生产力的打了折扣以后的价值来评估一个工人的价值,并且因为对所有具有同等工作能力的工人显然必须给予相等的估价,所以即使在这里"剩余价值"也必然出现,它将作为特殊种类的收入表现出来。但是,在理论上说更重要的是这一结论,即利息率是纯粹经济的而不是历史的或法律的概念。现在又轮到了对于剥削概念的两个改正:第一,人们只能在这种意义上说"剥削"是利润的原因,即在社会主义国家里也会发生这种剥削;第二,不仅有对于劳动的剥削,也有对于土地的剥削。对道德和政治的判断来说,这当然是不相干的,因为社会主义国家将以不同的方式使用它的"剥削利得";但对于我们深入了解这一问题的性质来说就极为重要了。

这样,庞巴维克理论的极有价值的结论的整个逻辑链条就很清楚了,再补充更多的环节也不会有什么困难。关于这一问题,我只想指出,我们的证明已经把我们推进到通向完善的工资和地租理论道路上的第二阶段。在价值和价格理论里,我们把工资和地租看作是这两种原始生产要素的边际生产力的结果。我们现在能够补充的——在这里庞巴维克的工资和地租理论同在其他方面和他最接近的经济学家的理论分家了——可以阐述如下:工资和地租是土地和劳动的边际产品价格乘以它们的数量,并折现为现在的数字[①]——这一命题绝不是背离边际生产力观念,而显然是在某一重要方面加强了这一观念。

在这一点上,我要提到来自同一基本观念的进一步美妙的发展,这使我们能够把地租现象看作是一般理论的一个特殊情况,并加深我们对于它的理解——耐久货物利息的理论和资本化理论。具有一种用途以上的财货可以被看作是许多的劳务。它的各个劳

[①] 这一工资理论,被庞巴维克最杰出的战友之一陶西格所进一步发展了。

务满足我们的欲望,并直接被估价,而这一财货本身的价值只是这些价值的总和;因此,在任何时刻,这一价值就是还没有从它那里"取走"的劳务的价值总和。当劳务是分期地实现和分配于若干时间的时候,对于将来才能实现的那些劳务的估价,要服从于低估将来财货的原则,并必须通过折现为现在的价值这一过程来求得。这样,由于经济实践而熟悉的过程,就以极其简单的方式,适应于一种广泛原则的结构。并由此就得出这类商品的价值和价格形成的解释——即资本化的解释——以及为什么提供无限多的劳务的商品,例如农业土地,还具有确定价值的解释。只有这一分析提供了地租是纯报酬的严格证明。因为我们所直接看到的只是土壤的物质产品,它和一种总收入是同样的东西。自从重农学派那个时候以来,传统的地租理论只是讨论这一问题的这一方面。这样,庞巴维克可以说经济分析完全没有深入这一问题的经济本质,即纯收入问题。例如,如果一个石矿能生产一百年,每年生产一千克朗,然后就报废了,那么,若不是因为有折现方式的话,它的所有者不能消费这一总和的任何部分,要不然他就要把他的"资本"吃光了。只是根据这里所描绘的理论观点,地租才表现为一种纯收入。我们不需要详细地说明,这一整个主张——就解释的价值和深度来说——如何比李嘉图的主张更为优越,以及它如何不仅在批评方面,而且在建设性方面都远远地超过李嘉图的主张。

我们现在可以看到,包括一切其他种类纯收入的利息现象,如何延伸到一切经济过程,深入一切估价之中,简言之,它是普遍存在的。并且人们也认识到,资本的纯报酬不仅是与工资和地租平行的一种收入,而且可以说是与后者对峙的。这一方面,在当时完全是新的，并且代表着前进的主要一步，从那时候开始在许多方面被仔细地加以精心阐述，并且在欧文·费希尔和 F. A. 费特尔的著作中得到了系统的发展。

现在我们接近了把我们引向庞巴维克的建筑顶部的阶梯的最后一级。他是第一个充分地认识到生产期间长短的两个方面——生产力方面和时间的经过方面——的重要意义的人。他给这两个方面以它们的确切内容和它们在边际效用分析体系的基础中的地位。他进一步使生产期间长度成为经济均衡的决定因素，这样就给予"生产力"、"经济时期"、"货物之流"等概念以十分明确的意义；他给分析领域带来了还远没有完了的、经济生活中的许多关系。但到现在为止，他的同事当中极少有人能在这些曲折的道路上跟得上他。关于他的生平事业的大量讨论，太集中于他的旅程的第一阶段，从而正是边际效用理论的反对者所常常非难为没有成就的——比方说和马克思的体系比较——那一类极其丰富的结论，还没有能使更广泛的公众得以接近。极少有人认识到他的天才成就正是在这点上。但是，基本的观念是非常简单的。

生产期间长度这一因素的引用和严密论述，是通过它和生活基金的数量的关系而进行的——这一数量我们刚才假定它是既定的事实。当我们认识到资本家所提供的生活基金只是和经济财富的总储备——当然劳动和土地的劳务除外，由经济中的挥霍者在紧急时期以及由其他原因所消耗的小数量也要除外——相等时，这一数量就决定了。这一储备的大小总是十分明确的——旧的"工资基金"是没有的——它从资本形成理论中得到了它的独立的解释，并且可以被认为是分配理论的一种已知数。这样，因为工人的数目和土地的数量在任何情况下都是已知数,我们就有了确立客观经济关系的一种新的基础——这大大丰富了我们的理论。但是,当显然也必须有生产出来的生产手段的时候,一种经济的总财富怎么可能由"生活资料"所组成呢?情况是这样的,生活资料之流当然是不断地流动着的,并不是一定时期所需要的一切储备必须在这一时期的开始就有,就储存在什么地方。在后一情况下,问题是很清楚的。但是,即使所有这些正在进行的生产过程在同一时刻不是处于相同的生产阶段,而是根据它们的产品的"成熟"程度前后交错着,问题也不会有重要的改变;因此,整个时期的生活资料,在任何一个时刻,都是一部分已经消费了——由中间产品如原料、机器以及其他等随时接替它们——另一部分还有待于生产。在这一情况下,人们完全可以说,这一时期的总生活基金和当时存在的一切货物的储备相等,并且它只是和原始的生产手段相对照的。而且也很清楚,我们的眼界所能看到的生产目标越远,这样界说的生活基金就越大。最后,因为货物之流不断地流着,生产过程的各个阶段也都同时进行着——这一假定不总是十分正确,但为简化起见,我们在这里做此假定,而且无论如何这种不精确之处对于所涉及的理论是无关紧要的——所以很清楚,这一储备只要足够生产期间的一半的使用就行了。

这两项重要的已知数——生活基金与土地和劳动的劳务的可以利用的数量——之间的关系是通过"生产期间"这一环节建立起来的。这一环节现在不再是——像在古典作品中那样——不动的,而是灵活的;并且我们也有了关于它的"灵活性"法则:最后确定的生产期间的长度决定于,第一,这两项已知数的大小;第二,资本家—企业家的选择,他们是根据追求最大可能的利润这一目标做出判断的。客观的数量关系和主观的力量结合起来形成一个协调的整体。这样,我们可以绝对地确定生产期间的长度、利息率、工资和地租,以及它们彼此之间的关系。

庞巴维克没有把这一结论充分地提出来,而只是提出了关于工资和利息的结论——略去了地租。① 其原因在于这一问题有着许多不使用高等数学就几乎无法处理的技术上的复杂之处。但这没有变更这一问题的性质,我们将同样地满足于这种简单的例证。

这一解答可以很容易地阐述如下:能够确立的工资率将是这样的,它将使得这样一种生产期间对于企业家—资本家最为有利,在这一生产期间内,按照所提到的这种工资率将刚好用完经济中全部可以利用的劳动力,并吸收全部生活基金作为这种劳动力的补偿。

实际上,如果市场上随便暂时确立一个工资率,结果就会是这样,在既定的迂回生产的各种程度的生产力尺度下,只有一个生产期间是对企业家—资本家最有利的。那么这一生产期间将被选择,从而一个确定的利息率就被决定下来了。如果在这种安排之下,土地和劳动的劳务的总数量与全部生活基金正好可以彼此相交换,上述的均衡条件就具备了,从而均衡实现了。如果不是这样,则土地和劳动的劳务未被使用的数量与生活资料未被使用的数量,将使工资率或利息率或两者下降,从而使另一种生产期间更

---

① 其后,维克塞尔又遵循庞巴维克的道路,研究了这种一般的问题。

为有利,一直到满足均衡条件为止。

这样,我们就发现了利息的法则:利息率必须和刚才提到的一切条件所允许的生产期间最后一次延长的剩余报酬率相等。设想这一最后可能的延长集中于一种企业,我们可以认为它们的所有者在生活基金市场上是"边际的买方",并且能够把关于利息水平的法则看作是一般价格法则的一种特殊情况。

而且,这样就确定了利息和工资(和地租)之间的正确关系,以及它们互相决定的方式,同时也开辟了广泛的实际应用的道路。为了表明如此取得的观点的成果,我们可以指出几点。第一,我们正确而深入地了解了生活基金规模和劳动力规模变化的影响,以及迂回生产的各种程度的生产力尺度变化的影响——当然,由于技术进步的结果,这种变化将不断地发生;第二,劳动质量的改进如何影响利息和工资的问题得到了解决;第三,获得了这样的知识:工资的上升首先造成利息率的下降,然后是生产期间的延长,最后是利息率的再度上升,但达不到原来的水平;同样,工资的下降将缩短生产期间,提高利息率,增加对于劳动的需求,从而提高工资,但也低于它们从前的水平。此外,还有这样的结论,生活基金在资本家之间的分配,对于利息率水平是不重要的;而且固定资本和流动资本之间的区别所具有的意义,不同于古典著作所给予它的意义,也远远不那么重要。在一定的条件之下,不仅工资的绝对水平的变化法则,就是在社会产品中工人相对份额的变化法则,也可以得到。但这里不是阐述这些问题的地方。

这样就以最简单的方法赢得了伟大的胜利。社会经济过程理论，在庞巴维克的著作中，第一次作为估价和"客观"事实的一种有机整体被揭示出来了。我们在任何地方也不能像在他的著作最后一节那样，看到这位大师被天才的光辉所清楚地照耀着的形象。他没有在任何地方如此清楚地表明，在他手里能够完成什么样的理论。他以何等的精确性和正确性来运用基本上是数学的思维方式，这是令人惊奇的，虽然他从来没有使用一个符号或采用数学的技术。他不熟悉这些技术。他也从来没有学习过这类思维方式。十分不自觉地，这位天生的科学家带着对于他的资料的逻辑必然性和逻辑对称性的确切感情，自己发现了它们。

他把这种逻辑准确性和审美性，跟对于具体事物和对于实际上重要的事物的同等有力的直觉结合起来。在他的道路上从来没有差错，他知道如何把他的步骤引向具体问题等待解决的地方，他的作品是一幅巨大的指示财宝所在地的航海图，这些财宝是要用他的方法来加以打捞的。由于把适当的经验资料引用到他的理论结构中来，他带来了具体地计量地描述资本主义经济现象的可能性，即使不是达到实际可能的领域，无论如何也达到了很有希望的领域。我不知道究竟他自己是否想过这一可能性。据我所知，他自己从来没有表示过这种意思。但这一可能性总有一天会成为现实，尤其是他的作品将把我们引到这一现实。

说他的作品是不朽之作只能表示出一点一滴。在未来很长一段时期中，这位伟大战士的遗芳将被争论双方的爱和憎染上颜色。但在我们科学中可引为骄傲的伟大成就中，他的成就是其中之一。不管将来如何对待他的成就，或如何理解他的成就，他的作品的痕

迹永远不能消逝。不管他所最关心的这门科学将来采取什么道路,人们将永远会听到他的精神:

"我已经通过才能和艺术把你带到此地。"

"现在把你的兴趣当作向导吧。"①

---

① 但丁《神曲》炼狱篇第 30 章。——译者

弗兰克·威廉·陶西格[*][①]

（1859—1940）

一、早年（1859—1880）

不管我们认为血统和教养，或者更恰当地说，遗传和环境在杰出人物的形成方面的相对重要性如何，毫无疑问，对陶西格来说，这两者最美妙地结合在一起了。因此我们觉得，在描绘这个人、这位公民、这位学者、这位教师和这位公务员——这一切都是陶西格——的肖像的时候，我们比对于其他的人更有必要采取传记者

---

[*] 原载《经济学季刊》，第五十五卷，第3期，1940年5月。版权归哈佛大学校长和评议会所有，1941年。

[①] 在搜集这篇传记资料的过程中，陶西格的许多朋友和亲戚都给了我们帮助。我们特别要衷心地感谢陶西格的妹妹阿尔弗雷德·布兰戴斯夫人、陶西格的儿子威廉·G.陶西格先生和陶西格的朋友与同班同学查理士·C.波林汉先生的合作。保罗·斯威泽博士热心地根据1879年级的出版物搜集关于陶西格的资料。关于陶西格的父亲的大多数资料是来自他在1940年发表在《哈佛商业评论》上的题为"我父亲的商业事业"那篇论文。

关于陶西格著作的目录，请参阅1936年发表的《经济学的探索，为祝贺F.W.陶西格而征集的论文集》的附录。

（这一注解中的"我们"是指阿瑟·柯尔、爱德华·马逊和熊彼特教授。这三位组成了为《经济学季刊》准备这篇逝世纪念论文的委员会。）

的方法,首先是描述他的双亲的家庭和创造这一家庭的两位杰出的人。

弗兰克·威廉的父亲——威廉·陶西格——在 1826 年生于布拉格。这个聪明、能干和有教养的年轻人显然不喜欢捷克人和德国人的互相倾轧对于环境所开始形成的越来越深沉的阴影,于 1846 年决定移居美国。到了美国之后,他在药房这一行里找到了职业,首先是在纽约,其后是在圣·路易斯。这是这位十分成功的和(在当时是)典型的美国人毕生事业的开始。几年之后,他放弃了药材批发商的经营,在圣·路易斯医科学校进行了药物的学习,取得了学位,并在卡伦得来特——现在的南圣·路易斯——开业行医。他骑着马,并在马鞍上带着药品和手枪,到处给人看病。① 他的社会地位稳步地上升,他当了市长、郡法院的法官,最后是郡法院的首席法官。他的医药生意很赚钱,但在这一南北接壤的地方,国内战争带来了难以支撑的负担。因此,陶西格这位坚强的统一主义者和反对奴隶制度的人,终于接受了 1862 年和 1864 年收入法案之下的县联邦税征收员的位置(1865 年)。运用这种奖金——因为这些征收员是按照征收额的一定百分比取得自己的收入的,他们或者一点钱也得不到,或者,如果他们有到华盛顿去坚持要钱的足够耐性与能力,就能拿到很大一笔钱② ——他开始了

---

① 在那个时候手枪似乎是极其需要的。这位儿子很喜欢讲到,当手枪不再是必需的时候,为了纪念这种事情,他的父亲如何请他的夫人和他一起来到野外,"以便一块儿射击"。

② 这位儿子回忆起他的父亲曾经去过华盛顿,在那里他带着账本一天又一天地坐在财政部的台阶前,一直到他有陈述的机会并取得他应得的款项。

他的第四个职业,那就是银行业。陶西格当副经理的圣·路易斯国民商业银行的业务情况很平常。但是,在它的顾客当中有一个桥梁公司,这个公司是为修筑横跨密西西比河的桥梁而组织起来的。陶西格参加了后一事业,并成功地当上了会计主任和总经理。这就是他的第五个职业,它给陶西格带来了显要的社会地位和丰富的财源。这一企业从开头就很成功,最终发展为圣·路易斯铁路终点协会,它为所有进入圣·路易斯的铁路以及它自己的车头所牵曳的从东圣·路易斯到终点的西向客货运修筑了联合车站。陶西格的能干和机智①战胜了城市富豪和铁路局在计划执行过程中所埋设的一切障碍。当一切的事情都做了和一切的战斗都过去了之后,他在时机成熟的时候被选为董事长;从这一安静而高贵的职位上,当他70高龄的时候,他于1896年退休了。退休之后,他仍忙于各种社会活动,受到群众的普遍欢迎、推崇和尊重,他一直活到1913年。

他的母亲,阿德乐·吴尔帕尔,是莱茵河上某村庄里一位笃奉新教的教师的女儿。这位教师在1848年革命中被解职了,因此他的全家移居到美国。威廉·陶西格和这位教师的女儿在1857年结婚。婚姻是极其美满的。她一定是一位妩媚的妇女——既能干又大方,既有风韵又性情温柔,既有风趣又富于感情,是患难中的安慰,得意时的快乐伴侣。她具有极优美的女中音,和她的丈夫都爱好音乐。由于她始终如一的热力而弄得暖洋洋的家庭里,似乎从来

---

① 他如何深深打动一位精明的业务能力的鉴定者,可以从下述这一故事推论出来。桥梁公司从卡内基钢铁公司购买了圆钢筒。关于交货问题发生了困难,为了和安德鲁·卡内基本人解决这一问题,陶西格去到了匹兹堡。不管他的论点是什么,他胜利地完成了这一任务——结果是卡内基同他合作了。

没有发生过问题。人们很容易看出来,首先是在中常的,后来是在富裕的条件下,她为她的丈夫和她的三个孩子——这篇纪念论文的主人公,在他以前去世的一个弟弟,以及当他逝世时还活着的一个妹妹——所创造的是怎样一种家庭。全家所有的人都衷心地爱戴她。这是一个自足的家庭,维持着一个很懂得合作共存的家族。弗兰克·威廉从这一家庭里产生出来浓厚的家庭观念,对他来说,家庭生活和家庭责任在事物的性质上是最基本的东西,这就无足奇怪了。

正如我们可以料到的,他享受了愉快的童年。而且,正如他的妹妹所说的,"关于他的升学和他的学业的进步,从来是没有任何疑问的;我们所知道的他极高的天赋在早期就看出来了。我记得当他是个大孩子时候的情况。我也记得他手里从来离不开书本,或者是为了学习或者是为了消遣。当他阅读的时候,从来没有任何事物能分散他的精神,除非是直接打扰他。他习惯于在全家的起居间里工作和学习。……至于学校,我肯定,大约在他11岁以前,他上的是公立学校。其后他在一个叫作斯密斯书院的学校里学习。……我们的家庭里常常演奏音乐。鲁宾斯坦和温尼奥斯基等艺术家,我们可以会见。西奥多尔·托马斯每次来圣·路易斯都住在我们家里。弗兰克一定很早就学习提琴了。当时圣·路易斯第一流的提琴家是我们的通家之好,也是他的老师。当弗兰克升入大学的时候,他已经是一位极有造诣的提琴家。在大学里,他经常地在弦乐的四重奏里演奏,也是皮里安的成员。音乐是他生平的娱乐和消遣之一。……除了暑假的远足以外……没有什么旅行。"[①]

---

① 阿尔弗雷德·布兰戴斯夫人给马逊教授的信。

弗兰克·威廉·陶西格　213

　　1871年当弗兰克·陶西格与查理士·C.波林汉先生在斯密斯书院做同班同学的时候，就开始了他们之间的终生友谊。他们一块儿进入华盛顿大学，1876年又一块儿转学到哈佛。虽然他们准备参加大学一年级的入学考试，但查理士·F.登巴尔院长善于赏识人才，没有经过考试就准许他们参加了洋洋得意的二年级生的行列。陶西格把营地扎在牛津街，对波林汉来说，那似乎是一套"宫殿式"的房间。他学习了经济学——那时候是政治经济学——的一切课程和许多历史课程，并于1879年在后一领域中以"最优等"毕业。他的毕业论文的题目是"德国的新帝国"，曾在毕业时宣读。他被选入了菲·白塔·卡帕①(Phi Beta Kappa)。虽然有些记录表明从1878年到1879年他从图书馆借出大量的书籍，主要是历史和哲学方面的，但他不是一位隐士。他参加了班上的棒球队，参加了划船比赛，参加了半打的学生俱乐部和团体，并在各方面交朋友。当然，还有他的提琴。

　　在取得文学学士学位之后，他到欧洲去旅行。他和他的另一位终生的朋友E.C.费尔顿先生②于1879年9月搭船前往。陶西格在以后不久写道："在伦敦共同度过几个星期之后，我们就分手了。""我到德国去了，从10月到3月在柏林大学度过了一个冬天，学习了罗马法和政治经济学。③ 3月，我离开德国，在意大利又和

---

　　① 菲·白塔·卡帕是美国大学生联谊会中历史最古老而最有力的组织，总部设在纽约，参加者都是各校的优秀生，每人有金钥匙，因此，这一组织也名为荣誉学生联谊会。——译者注

　　② 宾夕法尼亚钢铁公司创始人S. M.费尔顿的儿子。

　　③ 值得指出，这不可避免地意味着和社会政治学会所拥护的那些保守的改良的原则——我们可以这样说？——相接触。陶西格总是承认阿道尔夫·瓦格纳的影响，并且始终保持着对他的同情和尊重。我们不知道究竟他们实际上是否会见过。

费尔顿会合。我们在意大利共同度过两个月,然后取道日内瓦前往巴黎。5月,我们在巴黎又分手了,费尔顿在回国途中又到英国去,我就到欧洲各个地方去旅行,主要是奥地利和瑞士。"[1]他在欧洲旅行期间在纽约的《民族》杂志上所发表的一些论文足以证明——如果需要证明的话——这位年轻人的严肃认真。

当他在1880年9月回到哈佛的时候,他的目的是到法律学院学习。他没有确定以经济学作为自己的专业。他觉得法律同样重要或者更重要些。但他接受了学校给予他的埃利奥特校长的秘书的职位——虽然不是专职的,但却是很繁重的工作,它使他了解了大学行政和大学政治的奥秘[2]——这样就开始了以后60年在他的生活当中占主要地位的工作。

二、上升阶段(1881—1900)

他的秘书职务暂时影响了他学习法律的计划,但给他留下了足够的剩余精力去攻读经济学的博士学位。他选择的特定题目是美国关税立法史。这一选择,一方面表明在他的思想中历史成分所占的重要性,另一方面表明在他的科研兴趣的体系中经济政策中重大问题所占的极端重要性。我们在这里需要——以后也将需

---

[1] 根据1882年毕业典礼时出版的1879级的出版物——《秘书的报告》。在1885年毕业典礼上的报告中,费尔顿补充了他自己的说明,证明他们"非常地"欣赏伦敦之行。

[2] 这一锻炼的初步成果之一就是"1879—1882年的大学"这篇14页的报告,发表于1883年毕业典礼上1879级的《报告》中。

要——强调指出这两点。毫无疑问,陶西格是一位卓越的理论家,并且是一位很伟大的理论教师。但是,制度学派后来对于他所教导的那种理论提出的反对,似乎忽视了他的著作很大一部分是建立在制度的论证之上的;并且在许多重要方面,如果制度学派宣称他是一个领袖,比认为他是一个反对者更为正确。对他来说,经济学永远是政治经济学。他的早期锻炼和他的一般工具不仅既是历史的也是理论的;而且它们主要是历史的。实际问题的历史的、法律的和政治的方面,简言之它的制度方面,对于他的吸引力要比任何理论上的精细琢磨对他的吸引力都大得多。凡是熟悉他的人,没有不赞扬他根据社会学背景和历史背景来观察问题的这种能力。①

那时候他以彻底的历史精神去研究他选定的课题——国际贸易。1882 年得奖的那篇论文"美国实施的对新兴工业的保护"成为他的博士论文,于 1883 年刊印成书——这是一部很成功的书,1884 年就需要再版。这本书包括的理论很少,但在事实分析方面是杰出的。附带地,这一著作还有极其典型的、我们不能忽视的另一方面,这一方面预示着他在关税政策这一领域中将来的卓越地位。那就是构成他作为伟大的经济学家的极其重要的因素的那种均衡和成熟的判断力,这在他只是 23 岁时所写的这本书里就表现得十分惊人了。陶西格既是因为政治道德,也是因为经济的得失,

---

① 他对于美国史的知识实际上达到了专家的水平。1884 年当 A. B. 哈特教授不在时,他教授了一门美国史课程。但是,正因为它是专门的,这一知识没有超越——至少不是在同一水平上——这一国家的范围之外。我们已经看到,他学过罗马法,并进行了大量的一般作品的阅读。但对他来说,不管是古代史,或是中世史,都不是活生生的现实。

从来不同情本国的关税立法。诚然,他远不是普通所理解的保护主义者。但他也不是一位自由贸易论者。他坦率地接受保护主义论证中在他看来是站得住脚的任何东西,特别是保护幼稚工业的理论,从来不企图尽量缩小它,不像同情于自由贸易的经济学家所习惯做的那样。那不是他的方式。他以既实际又公平的精神研究这一问题,就像他研究任何其他问题一样。

在以后十多年中,他的创造性工作一直遵循着这样幸运地开始的路线。在《对新兴工业的保护》这部书之后,又出版了《现行关税史;1860—1883 年》(1885 年)。这两部书发展为《美国关税史》(1888 年,以后陆续刊行了许多版,直至 1931 年的第八版)。这部经典著作确立了他是这一领域中美国第一位权威的声誉,并且,作为一种政治的和经济的分析,事实上在任何领域中都无出其右者。他在那个时候所写的大多数论文也都讨论关税问题,但那些年代中大家争论的其他问题也吸引了他敏锐的思想,他对于其中两个问题提供了重要的贡献。白银问题的政治和经济方面似乎深深地打动了他。他像往常那样彻底地精通了这一课题。他在 1890 年开始就这一问题发表了许多作品。1891 年他提出了他的《美国的白银情况》这本书,它成为反白银学派的标准著作,并在整个文明世界里产生了重大的影响。[①] 1891 年他还在《经济学季刊》上发表了"对于铁路运费理论的贡献"。直到 1893 年以前,他的所有作品

---

① 他还写了一章补充,完全讨论实际问题,这章是十分重要的。它的题目是"美国的经济问题",共用 14 页来讨论关税、国内赋税、货币、白银(在这里反对拉弗勒的复本位意见,这是在一个人自己的书里反对这个人的意见最为强烈的了),以及美国的航运和航海法。

当中只有这篇论文是关于纯粹理论的研究,而且即使这篇论文也是和"实用"问题有关的。的确,他的作品表现出他充分地掌握了当时经济学方面所有的分析工具。但是,他虽然毫不犹豫地使用它,可是他在三十多岁以前,对于它并没有发生任何浓厚的兴趣。

因此,他在1884年为爱密尔·德·拉弗勒的《政治经济学要义》的译本所写的序言就具有相当多的传记色彩。这一序言也许是关于陶西格在那时候所主张的方法论的观点的唯一来源,它也补充了我们从其他来源所知道的关于他对一般经济政策的看法。他还高度地表现了这个人的特点。我们大多数人在这类的序言里会只写一些奉承和赞扬的文字,或者根本不去写它。陶西格不是这样。当然里边也有赞扬,但被压缩到最小的限度;在其他的部分里,他并不避讳表明不同意或批评,虽然总是十分客气的。他指出在他看来似乎是错误的问题。当他感到拉弗勒的某种观点"不是权威性的"时,他就坦率地说出来。他所以推荐拉弗勒,是因为后者不像别人那样完全"脱离了所谓古典体系"。他对于著者关于自由主义的批评和对于政府干预的拥护表示了有分寸的同意,虽然在陶西格看来人道主义的感情似乎"把拉弗勒带得过远了"。他称赞著者的"具体性"和"对于实际事实的注意",但至少在一段里,他因为拉弗勒的论证缺乏"尖锐性"而提出批评,当然这种批评是太公正了。

就陶西格自己所发表的作品来说,第一次表现出一个理论家对于理论的兴趣的迹象,是在1893年。他在这一年的《美国经济学会丛刊》上发表的两篇论文——"关于李嘉图的解释"和"马歇尔教授的价值论和分配论"——非常肯定地确定了他的停泊处。第一篇论文简洁地告诉我们,在陶西格看来,李嘉图是最伟大的经济学家;并且根据对这位卓越理论家的这一"解释",人们可以推论出来,为什么——在当时和陶西格的整个一生中——李嘉图的唯一匹敌是庞巴维克。[1] 在这三位伟人的思想方式上存在着基本的相似之处,这使陶西格能够洞察并欣赏其余两位的观点——好像是理论的风格——和他们的贡献,也使他不能体谅和欣赏任何其他理论家的观点和贡献。第二篇论文同样清楚地表明了他在当时和以后同马歇尔的理论结成联盟,并把马歇尔的理论作为他自己课堂讲义的主要来源之一的条件。这一点我们以后还要谈到。

目前我们将只提到,1894年在《美国经济学会会议录》上发表的、显示出陶西格的创作在理论方面出人头地的另外两篇论文。这就是"利息和利润的关系"和"德国经济学家手中的工资基金"。这两篇论文是当时他正在撰写的《工资和资本》一书的两部分,它们也为他在1896年用后一题目所发表的那本书的理论体系铺平了道路。在下一年的《会议录》里发表的那篇"货币数量说",完成了可以特别叫作陶西格理论的基础工作。

现在让我们再回头谈一谈陶西格在大学里的事业。从1881年到1896年显然是奋斗的年月——如果在他的比较严格的职业活动之外,我们再加上他作为《公务记录》编辑部成员的职务,他对于《波士顿先驱报》、《广告报》和《民族》的投稿,以及他参加考布顿俱乐部和马萨诸塞改良俱乐部的活动,那就更是如此。毫无疑问,这一切,比一个身体结实和健康,但在体力上还不是不知道疲乏的

---

[1] 陶西格有一次对熊彼特教授这样说过。由于后者恰巧是奥国人并且是庞巴维克的学生,友谊可能在某种程度上鼓励他说这句话。但鉴于陶西格在理论工作方面所采取的路线,这种程度是不可能很大的。

人所能胜任的,还需要更多的努力。他没有多少消遣和休息的机会,虽然他似乎能够找到时间来保持他在音乐方面的兴趣。

在这时——或者,具体地说,在 1882 年 3 月——他被委派为 1882—1883 年的政治经济学讲师;这一委派的重要意义,由于这一学年里唯一的政治经济学正教授查理士·F. 登巴尔的不在而大大地提高。尤其是这意味着概论课程(现在的经济学 A)委托给这位青年了。

现在我们第二次遇到这位杰出的人的名字,任何陶西格的传记都不能不谈这个人。① 登巴尔不仅是使陶西格以后成为这门科学的卓越领袖的第一位教师,而且他的塑造性影响比这一事实本身所意味的要大得多。如果我们把登巴尔的一些论文和陶西格关于关税的早期作品做一比较,我们一定能看出,他们两人在语气、精神和研究方法上颇有相似之点。"是登巴尔教授决定了弗兰克的命运,并为了他自己的理由而挑选了他。登巴尔曾经是《波士顿每日广告报》的主笔,当埃利奥特说服他担任政治经济学教授时,他已经退居田园。在这以前,政治经济学是作为道德哲学的一部分由弗兰西斯(凡尼)·鲍温教授讲授的。"② 由于陶西格帮助登巴尔讲授一门课程,所以我们可以认为陶西格之所以取得讲师职

---

① 参阅陶西格的颂词,"查理士·弗兰克林·登巴尔",见于《哈佛月刊》,1900 年。

② 引自波林汉先生为纪念陶西格于 1940 年 11 月 30 日在《哈佛校友通讯》上所写的赞词。因此,在这方面,弗兰西斯·鲍温(1811—1890)享受和亚当·斯密同等的荣誉。他实际上可以说是一位博学者。但在他那个时候,这不可避免地意味着他对于这一广泛名词所包括的任何课题都没有极其深入的研究。他的《经济学原理》(1856 年;新版名为《美国政治经济学》,1870 年)虽然也有它的优点,但难以达到他所拒绝接受的英国古典作品的水平。

位是和后者的推荐大有关系的。

　　显然,在登巴尔回来之后,前途看来就没有这样光明了。那时候在哈佛阶梯上最低级的任何真正能干的和精力充沛的年轻人,似乎都面对着——就像现在一样——一种困难的抉择问题,是无限期地屈居于不完全满意的职位呢,还是接受向他展开的其他职业方面更有诱惑力的机会。① 陶西格暂时地解决了这一问题,在 1883 年 6 月获得了博士学位之后,一方面在同年 9 月接受了兼任讲师职位(关于关税立法问题开设半年课程),另一方面进入哈佛法学院,"打算正规地学习三年,并在我毕业之后开业当律师"②。这种安排一直继续到 1886 年 6 月他获得了法学博士学位的时候。但是,在几个月之前,哈佛更好地考虑了这一问题,由于他拒绝接受专职讲师的职位,而委派他担任政治经济学助理教授五年。

　　因此,从纯粹的名利角度看来,改行到司法界是一个损失——因为它本是未雨绸缪的手段,而最终证明它是不必要的。但是我们有责任强调指出法律锻炼在陶西格的思想装备方面所做出的贡献。现代经济学家究竟能从这样的时间和精力的消耗上,取得多少他在征服自己领域时所迫切需要的东西,确是一个可以争论的问题。但在陶西格的青年时代,利害得失的权衡是不同的。经济学并没有要花许多年才能学到的技术。全才是可能的目标,也是应有的抱负和合理的理想。而且,法律的锻炼在那时候也许是最好的可以利用的方法,通过它经济学家可以使他的思想"从事估

---

　　① 但是,那时候哈佛的低级职位是比较令人满意的,因为那时候年轻人给自己闯出一条道路是比较容易得多,而现在则极其困难了。

　　② 引自 1885 年毕业典礼上 1879 级的《报告》。

量"。最后,法理学使人们熟悉的那类事实,肯定是和经济学家的研究相关联的。特别是,如果把罗马法包括在学习的范围之内,就像陶西格那样,则在研究制度方面所取得的好处必然是相当大的。陶西格正是这样的人,能够充分运用这些好处。法律的烙印实际上既存在于他的教学工作中,也存在于他的研究工作中,任何睁开眼睛的人都可以看到这种关系。

他在1886年秋天就任助理教授——实际上担任的是正教授的责任。关于关税立法的半年课程照旧进行,① 一般的概论课也交给他了,② 而他的著名的"经济学Ⅱ"(因为以后成为"经济学Ⅱ")也开始了它的光辉发端。③ 随着时间的推移,又增加了其他课程。④

在适当的时机他就升为正教授(1892年),1901年,新设立的

---

① 这一课程以后概括为国际贸易,在1884—1894、1896、1897、1901、1906、1913—1917、1920、1921、1923和1925—1927等学年(结束于6月),作为半年课程讲授。这是研究生课程。本科的国际贸易课程也是半年课程,开设于1921、1922和1924年。

② 陶西格在1887—1894、1896—1901、1904—1909和1911—1915等学年(结束于6月)讲授现在大家称为"经济学A"的课程(当时叫政治经济学Ⅰ)。此外,在1922—1928年,他以特别讲师的资格和别人合作共同讲授这门课程。

③ 这是一门高深理论课程,开设于以下这些学年(结束于6月):1887—1894、1897—1900、1904—1909、1911—1917和1920—1935——这是惊人的记录。

④ 我们借此机会把它们分列如下:

"二十"门(阅读)课程,开设于1891—1900、1907—1909、1911、1912、1915—1917和1920—1935年。在1900年这是半年课程。

然后又有一门名为"经济问题研究"的课程(实际上是经济理论和政策选题),开设于1889、1896(半年课程)和1899年(半年课程);

铁路运输,半年课程,1891—1894和1896年;

银行,半年课程,1896年;

赋税,半年课程,1897、1898、1900和1901年;

最后,本科的半年课程的理论课(以后是经济学Ⅰ),1901、1904、1906、1908、1916、1917和1930—1935年。学生们认为这是第一流的本科课程。

亨利·李的教授席位授给他了。还没有到那时候他就写道:"我希望能够住在剑桥并为哈佛工作到我死的时候。"但是,实际上1886年的委派不仅是有决定意义的,而且也具有陶西格所感觉到的一些必然如此的象征。他安定下来了。在1890年班上的报告里,他以坚定的口吻说,从1886年以来,他就过着"大学教师的毫无变动的生活"。在这一语气中是只有满足,还是也有一些感叹之类的东西呢?作为一直到死始终不变的对于哈佛的深挚感情的另一个象征,我们可以引用以下这句话:"我太幸运了,正好在参加庆祝大学创立250周年的时候被委派了,并且那时候我是教授中最年轻的成员,似乎比任何其他成员都更有机会在将来参加300周年的庆祝。"

1888年6月29日,他在新汉姆郡的埃克塞特和波士顿的爱迪斯·托马斯·基尔德小姐结婚了。他们的儿子威廉·基尔德·陶西格,生于1889年。这年的夏天,他在当时大家叫作诺顿的地产上修建了住宅(斯考特街二号),希望"在将来的若干年在这里过着和平而恬静的生活"①。长女玛丽·基尔德(后来和杰拉尔德·C.汉德森结婚)生于1892年,次女凯瑟林·克隆比(现在是雷德佛斯·奥皮博士的夫人)生于1896年,三女海伦·布鲁克斯(若干年以前就是医学博士了,是巴尔的摩的约翰·霍布金斯医院的儿科专家)生于1898年。

---

① 这所哈佛人众所周知的住宅,始终是他的住所,几乎一直到他逝世。〔只是在1940年秋天他才把它租出去,他自己搬到弗兰西斯街他的大女儿(汉德森夫人)的家里。〕其后,他在马萨诸塞州克图特的位于海滨的美丽地方购置了一所别墅,是个宽敞的避暑住宅,这样,他的家务安排就完善了。

除了他的教学和研究工作以外,他的各种各样的活动也不断地进行着:他经常写作论文,投入反对白银自由流通的战斗,充任剑桥学校委员会的委员(1893—1894年),充任马萨诸塞州州长的赋税法委员会的委员,作为波士顿商会的代表到印第安纳波利斯货币会议开会,以及其他等等。他参加了大学的行政工作,但这一工作从来不是他的主要兴趣之一。① 1888年,他被选为美国艺术和科学协会的会员;1895年被选为英国经济协会(皇家经济学会)的美国通讯员。② 这些事情在一个比较不忙的人的生活中可能是重要的,但在这里只是为了完成画面而提到的,因为他的许多朋友和学生对于每一件具体事情都可能发生兴趣。为了他们,我们还要补充一点:1894—1895年的休假时间,他是在国外度过——其

---

① 在这里我们将写出来陶西格在哈佛行政部门里公务活动的梗概:
教授会的各个委员会
特别生委员会   1890/91—1891/92
转学生招收委员会   1892/93—1893/94
教学委员会   1895/96—1900/01
毕业论文宣读活动委员会   1896/97—1900/01
鲍端奖金委员会(主席)   1899/1900—1900/01
拉德克利夫学院教学与学位委员会 1906/07—1908/09
(主席)   1908/09
经济学系
系主任   1892/93—1893/94;1895/96;1898/99—1900/01;
         1910/11—1911/12
历史、政治和经济学部
主席   1896/97—1897/98

② 1895年毕业典礼上在班的报告里他写道:"有人告诉我说,通讯员这一地位使我在一些人当中被看作是美国繁荣的顽固而背叛的敌人,但我感到满足,把它看作是一个杰出的科学家团体所给予我的光荣任务而接受它"——这是很有趣的一段话。

间有两个月在卡普里,另外两个月在罗马——的这一期间他获得了意大利文的知识,从而补充了他的专业工具。

当他回来的时候,许多工作在等待着他。经济系迅速地成长着,概论课的学生已经超过五百人了。他发现给这五百人讲课对他的精力来说是一项沉重的负担,但也是满足的巨大来源,因为这给他以"接近本科广大学生的令人鼓舞的机会"。但事实证明,更大的满足来源和更大的令人鼓舞的服务机会,是他被任命为《经济学季刊》的总编辑。1889—1890年,当登巴尔不在时,他曾临时担任这一职位;从1896年起到1935年止,则始终担任这一职位。像这一类工作,以后就更多了。① 关于其余的事情,从班的报告(1895年)中所引的另一段话可以恰当地结束我们对于这些年的概述:

> 在大学政策方面,我坚决主张把大学缩短为三年制,并把入学条件的规定加以修改,对于希腊文不再给予任何特别重视。……在政治上我是令人讨厌的独立者,我等待一个新的政党的出现,希望它将公正地主张合理的关税、健全的货币,尤其重要的是行政制度改革和忠实的政府。

三、中年(1901—1919)

陶西格在42岁的时候还没有感到衰老。在他的生活中并没

---

① 当他在1896这同一年被选为美国经济协会的出版委员会的主席时,又担任了一些其他编辑工作。

有令人扫兴、难堪或激动的事情。他的威望很高。他在很大程度上实现了他的志愿。虽然如此,虽然他在体力上也是完全健康的,可是他忽然发现自己不能工作了。这就是人们所说的精神衰退。这种情况对一位从事科学工作的人来说,比人们从教授生活的一般条件所能推论出来的,的确会更常常出现。他请假到国外休养两年,在奥国的阿尔卑斯山的梅兰度过一个冬天,另一个冬天是在意大利的里维埃拉度过的,其间那个夏天(1902年)是在瑞士度过的。这样就避免了他的精神的崩溃,1903年秋天他就能够恢复他的教学工作和《季刊》的编辑工作。以后,他被选为美国经济协会的会长,在1904年和1905年他都担任这一职位。[①] 但也仅此而已;1901—1905年在他的成就史中是一段空白时期。

1905年年底,他又恢复了他的旧我,至少就作为教师和学者来说是这样(就其他方面来说,他需要为他的余年保护健康)。这一期间,他充分地发展了他的教学方法,并完全掌握了高超的教学技术,从而使他成为世界知名的教师。在科研方面,他在最初选定的国际贸易领域中继续进行钻研,这些年中他所写的大多数论文都属于这一领域。这些劳动的成果以后在1915年初次发表的《关税问题的一些方面》(第三增订版出版于1931年)这本内容丰富的书中获得丰收。这本书是工业事实的武器库,也是分析的杰作。

也是在1915年,陶西格到布朗大学讲学,并用《发明家和赚钱

[①] 这一期间他也被选为英国科学院的院士和林塞科学院的院士。在我们所描述的这整个时期中,人们所给予他的其他荣誉也证实了他的已经确立的威望。1914年他接受了布朗大学赠给他的文学博士学位,1916年又接受了哈佛赠给他的文学博士学位。

者》的题目把讲稿发表出来了。① 据我所知,这是这类研究的第一个具体的成果。他对这类研究总是很感兴趣,并且他也特别适合于进行这类研究。这一一般的研究范围可以称为经济学的社会学,或经济行为的社会学。制度的研究是其中一部分。建立于制度背景上的对个人或集团行为的研究是另一部分。在这一广阔领域里,关于企业家类型和行为的现实分析,构成了各类最重要问题之一。随着时间的推移,陶西格对这类问题越来越给予更多的注意。

但是,从1905年到1911年,他的主要精力都用于写作《经济学原理》——这是"许多年教学和深思熟虑的结果"。这部作品分为两卷,于1911年问世。它是马上得到成功的作品,并且正如它所应得的,它成为最广泛使用的经济学教科书之一。② 但是,无论就宗旨说或就成就说,都没有为上述引语所恰当地表示出来。的确,它是杰出的教授法的成就,表现出一位卓越的、能干的教师的成熟智慧。而且,陶西格不仅承担了讲授事实和方法的责任。他还教授了态度和精神。他自己完全接受了一种传统,这一传统至少我们当中有些人已经趋向于怀疑了——这一传统给予经济学家以形成和判断公共政策、领导舆论、确定可想望的目标的权利与义务。这种义务,他认为是非常好的,并决心以他的坚强性格中所固有的负责感来履行这一义务。和马歇尔一样,他宣讲当时的福音,

---

① 我们顺便应当在这里提到,1916年,他在加利福尼亚大学暑期学校也进行了一系列的讲演。

② 1921年的第三版,是为了照顾到战争的影响而修订的。日文译本出版于1924年。第四版大部分改写过了,出版于1939年。这本书的献词是:感激的儿子献给亲爱的父亲。

而不逾越它的范围,或表现它的相对性的概念。但他按照它的最高标准来教授,并给人以深刻的印象。这样他就参加了以亚当·斯密为首的伟大经济学家的长长的行列,这样人都相信教授经济学意味着教授人性。

但这不是一切。不管对与不对,一般人都认为教科书是传授别人的资料。当然,关于整个领域的有系统的研究,必然包括这类资料。但陶西格的论著,却在极大的程度上,包括着他自己挖掘出来的资料,并且主要是系统地叙述他自己思维的结果。这一点在本书的第四卷或第四部分里显然是事实,它是关于国际贸易的最好的论著之一。在较小的程度上,在第三卷的许多个别论点上(货币与银行)、在第六卷(劳动)、第七卷(经济组织问题,例如铁路、产业组合、公共所有权和统制,以及社会主义)和在第八卷(赋税)里,也是如此。

第一卷(《生产组织》:财富和劳动、分工、大规模生产等等)除了按照传统的轮廓介绍经济学的整个主题外,还在关于资本的这一章里发表了个人的意见,这些意见以后在第二卷和第五卷(价值和交换;分配)里占统治地位。在这些卷里,陶西格提出了他个人关于我们现在所谓古典体系的观点。这一体系标志着介于老的古典著作(斯密—李嘉图—穆勒)和当代理论著作之间的过渡阶段。他把他的结构建立在《工资和资本》一书中已经奠立的基础之上。在中间准备的年月里,他稳步地发展了这一基础——最主要的达成目的的手段是他的"资本、利息和递减报酬"(《经济学季刊》,1908年)和"工资理论纲要"(《美国经济协会会议录》,1910年)等论文。现代理论家将不能同意他所说的许多内容。但这里有关系的是,他在以拥有马歇尔和维克塞尔这类人物而自豪的派别里赢得了前茅的席位。

把《原理》写成最后形式这一工作是在忧伤的气氛中进行的。陶西格夫人的健康若干时期以来已经令人忧虑了。1909—1910年,他请假一年。这一年他们是在纽约的沙拉纳克度过的。1910年4月15日,她在那里与世长辞了。

但是,研究和教学工作仍然一心一意地继续进行。从1914年毕业典礼上班的报告中再引证一段,将完成那些年的画面——的确,这一画面一直到1917年仍然没有变化:"过去七年间我的生活是安静的,冬天留在剑桥工作,夏天到我们克图特的别墅去避暑。我继续讲授几乎和前些年相同的课程,我把我的精力很大一部分用于经济学这个科目的第一门课程'经济学Ⅰ',现在它是大学课程中最大的选修课。我们系的政策,当然也是大学的一般政策,是不把学生众多的普通课程交到青年讲师的手里。而把它们交给年岁较大、经验较多的教师。"陶西格继续说明,1912年春天他曾到欧洲做短期旅行,作为波士顿商会的代表出席在布鲁塞尔召开的国际商会大会,以后又在1912年9月担任了在波士顿召开的大会的程序委员会主席。

但在1917年年初,他开始了一项短期的、高贵的新工作。他的性情是适合于从事公职的,广意说来他的整个一生是一位伟大的公务员。但在两年半左右的时间,由于接受了新成立的美国关税委员会的主席职位,他成为狭义上的公务员。

领导一个新的公共机关,形成它的精神和它的日常工作制度,并创造出一种传统的精髓,乃是在公共行政中所能遇到的最困难的工作之一。这在任何国家都是如此，但在本国特别如此，因为任何新的机关可以作为借鉴的官厅工作"老手"实在太少了。在美国的行政条件下，承担这种任务而不失败，那毫无疑问证明一个人具有特殊能力。当然，对于这一机构的半科学的和半司法的职能，陶西格是恰当的人，并且他从各方面说都是绝对成功的。关于这一委员会的正当职能，他着重在它的各项任务的事实搜集方面，并采取稳妥的步骤由研究进到提出建议；他希望这些建议到了适当的时候就会逐渐代替关税领域中的立法过去所根据的片面的意见。这样，关税委员会在他的领导之下，对于关税法案所列的一切重要商品进行了系统的研究，以便在有修改的机会时能够向国会提供可靠的情报。另一个计划是修改海关行政法规，这些法规是1799年驿站马车时代的遗产，是非常不方便的。委员会的建议后来被采用了，实际上是全部被采用。另一个报告研究了自由港口和自由区域问题，还有一个报告研究了互惠和商业条约问题。这两个报告不仅是最优秀的著作，它们对于我国政策的形成也产生了相当重大的影响。这些报告在很大程度上是他个人的工作，代表了他个人的观点。他的很高的威信，再加上虚怀若谷，肯于接受一切合理的意见，自然地使他成为他的集团的领袖，因为这种情况是这种性质的行政工作上所不常见的。我们最好引用一段这个委员会的《第三个年度报告》的补充说明，它是在他辞职以后不久写成的：

  陶西格博士在1919年8月1日辞去他的职务，这使委员会受到了不可弥补的损失。多年来他对于美国关税历史和关税政策的了解已经超过了任何其他活着的人的了解。他关于这些问题的几部书和许多篇论文,构成了极能说明问题的资料的宝藏,这种宝藏早就成为研究者和法律制定者的指南。同时,由于他对其他领域的博学,和他对商业事务与商人的了解,使他能够恰如其分地看到关税政策和具体的关税措施的重要意义,因此他的作品和他的意见丝毫没有表现出专家的狭隘性。他把教育家和理论家的意见同商人的清醒判断与普通常识高度地结合在一起。在这些条件之上他又加上强有力的人格和充沛的精力。总统遴选他为关税委员会的主席,使人们普遍感到满意,并在各方面使人们相信这一委员会的工作是公正、正确和有效的。两年多来,他个人的牺牲很大,可是他的智慧,在建立这一委员会的组织、创始和规划它的研究工作、领导它的会议和指导它的活动方面,是不可或缺的助力。

随着美国的参战,陶西格的责任迅速地扩展到关税委员会本身的工作范围以外。他成为战时工业局定价委员会的委员,有一段时期他在粮食部磨粉局工作,并在其所属肉类罐头工业委员会工作。他很快地感到负担过大,并且必须减轻负担。但是,在威尔逊总统的请示下,他保留了他的定价委员会委员的职位和他自己的委员会主席的职位。

威尔逊总统充分地认识到这样能干的、热心公益的和无私的一位顾问的合作价值。他们的关系是这样的:早在1918年1月,陶西格就觉得他能够向总统提出远远超出他的行政职责以外的关于一些问题的意见,特别是有关本国战争目的的问题。于是,他被聘请参加和约顾问委员会就几乎是理所当然了。同样极其自然地,这一委员会所属的关税和商约委员会就是他的特殊任务了;但他也出席了经济条款一般委员会的会议,并作为它的起草人。他也对于其他问题进行帮助和提出建议,不管是国内问题还是国外问题。

他到巴黎去的时候,思想上完全没有报复心理,决心主持正义和公平。毫无疑问,对他的职权范围之内的许多个别问题,他实际上能够给予决定性的和有益的影响,巧妙地回绝了许多不合理的要求。[①] 但这一影响确切地达到什么地步,我们将永远无法知道。同时,除了他在题为《和约会议的一个人类故事》这个讲演[②]中对波士顿一神论协会所说的以外,我们也永远无法确切知道他对于和约的一些比较不祥的条款究竟有什么想法或感觉。他在这些月份中所写的愉快而有些唠叨的家信里,只说了一些他的每日工作和观察。他所做和所想的一部分,也许可以根据私人谈话而重新塑造出来。但他从来不细说这一工作中他所做的部分,他所提出的批评意见总是极其含蓄的。我们当中有些人可能对此感到遗憾,但这正是这个人的特点。他的言行都是受深刻的责任感所推动的。他从来不"贬抑"同他合作过的任何一个人。

在1919年6月回国之前,他就把脱离关税委员会的辞职书交上去了,辞职书实际上是在8月生效的。但是,1919—1920

---

① 关于关税和商约的许多较小的问题,由于英国的建议,实际上是把他当作仲裁者由他来做决定,虽然有一些对于不合理的要求的让步,但似乎都是违反他的建议做出的。

② 这一讲演的摘要发表于《基督教纪事报》,1920年。

年他还在总统的工业会议工作,一直到 1926 年还在食糖平衡局工作。①

四、伟大的老人(1920—1940)

60 岁的时候,陶西格带着更高的声誉和威信,并且以简直是青年人的精神,回到哈佛来恢复他的教学和研究工作,显然决心要实现他早期的夙愿:"生活在剑桥为哈佛工作"到最后。

他的生活列车又在原来的轨道上行驶了。每天充满了愉快的工作,只是为几次短距离的轻快的散步所间断着,夏天在克图特的时候则为长时间的游泳和日光浴所间断着。在晚间,他偶尔欣赏一次音乐,而更多的是和朋友们在一起,大多数是男性朋友,并主要是从事科研工作的那些人——他的坚强个性左右这伙人到这样的程度,以至他的晚餐常常会带有某种课堂的风味。他的愉快而豁达的性格通过庄严而含蓄的外表表现出来,从而他就成为受人敬爱的领袖。他带着他的一切卓越优点和一切可爱的有点守旧的作风,活在我们的记忆当中。② 1918 年他和劳拉·费希尔小姐结婚了,她的和蔼可亲在以后的十多年当中使得他的家族十分安乐

---

① 为了完整起见,我们在这里要提到他获得了比利时皇家勋章和骑士勋章。

② 我们在这里提一提他从下列各大学接受的名誉学位:西北大学(文学博士,1920 年);密歇根大学(文学博士,1927 年);波恩大学(哲学博士,1928 年);以及剑桥大学(文学博士,1933 年)。最后这个名誉学位给予他最大的快乐。为了接受这一学位,他跨海到英国去;他非常享受在英国的那段生活,特别是那次授予学位典礼——典礼的严肃气氛被大学代表的愉快诙谐所解除了。1920 年,他当选为菲·白塔·卡帕的哈佛分会的会长。

活跃，并鼓舞着那些怀着崇敬、爱慕和敬畏的心情来拜访这位伟大学者的青年们。

在他的专业活动里，《经济学季刊》的编辑工作，比以往任何时候都占据着更重要的地位。因为《季刊》对他很重要，也因为他对《季刊》很重要，我们应当在这里暂时停一下，以便明确他的作用和成果。从1896年到1936年——除了他精神衰退那两年以来，只有几次短期的间断——他以永不减退的热诚埋头于阅读和鉴定文稿、组织稿源以及提供改进的建议。而且，在1929年A.E.门罗教授参加这一工作以前，除了秘书的帮助以外，他几乎是在没有任何帮助的情况下工作。他的成就是惊人的。关于他所维持的《季刊》的水平，或关于《季刊》对于全世界的科学的经济学发展的贡献，是不可能有任何疑问的。

这样的成就是罕见的。实际上在我们的领域中，能够达到陶西格水准的编辑，很不容易想到第二个例子。要说明他在这方面所以取得成就的秘密，就要说明他的性格，在他的性格中，能力和豁达形成极其美满的结合。他很有把握地领导《季刊》，而不让各个委员会来妨碍他的工作。他偶尔也征求意见，但他颇能独立于这些意见而自己做出决定。采取这种做法并坚决主张自己意见的人，易于失之偏狭和独断。但这两种缺点他一样也没有。他看到一个优点就能理解它，并坚决要取得它。他对于一位著者的方法和结论究竟是否喜好，这对他是没有关系的。这方面突出的例证是他对于有关数学的稿件的处理。他自己对于数理经济理论，即使不是讨厌，也是采取怀疑的态度。可是他欢迎亨利·L.穆尔把论文登到《季刊》上，并且在他担任编辑的最后一年，他愉快地接受了这方面前所未有的技术性最强的一篇作品。还不止于此。他以独特的巧妙方式,来处理出现于一种科学杂志的任何编辑面前的、关于具有现时重要意义的事物的论文这种问题。当然,他愿意使《季刊》和当时的问题相接触。但他更喜欢关于这样一些问题的论文:这些问题对于根据一般原理进行研究是有用处的。他力图得到,而且一般说已经得到了在这方面或在其他方面具有永久重要意义的著作。关于评论问题,他特别喜欢对于经过仔细选择的书籍的评论文章,从而避免了一个编者所面临的另一个困难。

树立标准而不是接受标准的这位严谨编辑,这样就成为这一行的导师了。但是,当我们回顾现在所观察的这些年月的时候,我们所想到的是作为哈佛学生的教师的他。我们自始至终都强调指出,他的思想和精神都集中于他堪称无与伦比的那种工作中。在形成思想学派方面,他不仅有——显然地——他的匹敌者,而且也有比他优越的人,虽然他自己在国际贸易领域里也形成了一个学派,虽然他关于经济问题的一般看法的影响可以看得出是十分深远的。但是,作为教学艺术的大师,在本国或在任何其他国家都无人可以和他相匹敌。现在是试图说明他的方法的时候了。

我们已经看到他教授各种各样的课程。他也当过导师,[①]他是一位起作用的和鼓舞人的讲课者。但他所以成为世界知名的教师,是和他教授理论相联系的,从1928年起他专门教授理论,特别

---

① 从1925—1926年到1931—1932年,陶西格和少数优等生进行了一些会谈,原则是一次会谈一个学生。大学一览表说他从1927—1928年到1934—1935年一直担任导师。

是他的心爱的（研究生的）课程"经济学Ⅱ"。这一课程形成了许多美国学者的思想，并在美国的大学和学院中广泛地被采用。在这里他个人的成就是通过课堂讲座方法取得的。这一方法和他选择的资料都非常适合于他所发现并帮助形成的科学经济学的情况。

他是最早认识到这一事实的人当中的一位：经济理论像任何其他学科的理论部分一样，不是处方的仓库或哲学，而是用以分析现实生活中经济模型的一种工具。因此，教师的任务在于传授某种观察事实的方法、思维习惯，阐述联系实际的问题的技术。但仅仅懂得这种工具是不够的，学生必须学习掌握它。陶西格自己喜欢把他完成这一目的的方法叫作苏格拉底的方法。在每次课堂讨论会上，他总是从他知道如何启发兴趣的某一问题上开始讨论，让他的学生们努力得出结论来；他以别人过去不曾有、将来也不会有的那种既和蔼可亲而又坚定的态度来指导会议的进行。有一次，他从他的课堂讨论会回来的时候告诉一位朋友说："我对于我今天的做法感到不满意，我自己说得太多了。"

在选择他的材料方面，他的惯例是在过去的学说和将来的学说之间，采取中间的路线。在他那个时候，往常所说的"古典经济学"（在1776年和1848年之间卓越的英国经济学家的观点和方法）正在渐渐地退出舞台。但是，虽然他基本上教授较多的现代理论，主要是马歇尔理论，但同时总是注意古典理论的背景。而且，到现在发展成为一种不同的经济学的一些新的趋势，在他那时候已经出现了。他谨慎地追随这些趋势的发展，但不超出他认为基础稳固的范围之外。这一方针和他作为一个教师的巨大成就很有关系。他避免只会使少数人发生兴趣的过度的精密，同时坚决摒弃肯定会过时的东西。

只说学生们喜欢他,他的授课具有很高的智慧和丰富的经验,那是不够的。远远超出了这句话所表达的,他成功地把他的宽宏气质和他的高度公共责任感,深深印到接近他的人的脑子里。

像从前一样,他的最后几十年的研究成果也分为三个部分。第一,我们可以看到,从 1920 年到 1934 年可以记在他的名下的将近 60 种的作品当中,很大一部分属于国际贸易问题。当然,隐约地呈现出来他在关税委员会工作和对战时与战后问题方面研究的结果——这些经验不仅提供了有意义的实践和验证他的观点的机会(顺便说一句,这些观点比"古典"学说的诽谤者习惯上所同意的要成功得多),而且也促成了新的发展。① 一本名为《自由贸易,关税和互惠》的论文集于 1920 年问世。② 1927 年他发表了他的杰作《国际贸易》,③ 他从此不再教授这门课程,可是他仍然对它抱有兴趣。

这部论著包括了一些新的东西,我们不能在这里加以讨论。但它主要是非常清晰而有力地总结了陶西格在这一领域中的大部分工作和主张。为了对这一作品的伟大结构做出恰如其分的估价,首先必须把那对现代理论家来说总是一种绊脚石的东西的重要性,说得恰如其分。国际贸易的纯粹理论毫无疑问现在处在根本改造的过程中,这必然要废除陶西格所使用的大多数工具。他甚至从劳动数量价值理论开始,他认为它在澄清一些基本问题方

---

① 特别要参阅"贬值纸币下的国际贸易"那篇重要论文(《经济学季刊》,1917 年)。
② 法文译本,1924 年。
③ 德文译本,1929 年;日文译本,1930 年。

面有用处；但除非使用许多具有最危险性质的辅助假定，它是难以站得住脚的。在许多人看来，这给他打上了"古典作家"的烙印。但他对这类技术从没有发生很大的兴趣。他使用手头上所发现的任何工具来补充他的科学看法；即使这种工具是李嘉图的，它的使用者在一些方面也远在他的时代之前——可参阅他关于原料国际分配的远大计划。他在他真正发生兴趣的实际问题方面的成功是惊人的。批评者应当惊奇过时的工具在这位大师手中居然能够起到这样大的作用，而不应当惊奇这位大师舍不得放弃过时的工具。

但是，理论不是成就的全部。它甚至不是成就的主要部分。即使我们不考虑他的广阔的视界、他的渊深的智慧和他对于政治关系的锐敏分析，而只考虑他的成就的纯粹科学方面，我们也不能不欣赏他自己的工作方法，和以计量经济学的精神领导他的许多学生去工作的方法："理论"要有"事实"的证明，或者用他所选择的表达方式说，"理论"要继之以"检验的问题"；在这里，时间数列分析产生出来了，虽然属于朴素的类型。但他所走过的远远超过计量经济学者所常到的地方。他使他的分析成为经济史的一种工具，从而引向充满着希望的将来，到那时候理论文盲将不再是经济史家所佩戴的勋章，历史文盲也将不再是理论家所佩戴的勋章。

第二，他在1932年发表的作品，《美国企业领袖的起源》（C. S. 约斯林博士同他合作），建立了另一个里程碑。我们已经看到，陶西格对我们叫作经济的社会学的兴趣逐渐增长。个人的行为和动机首先吸引着他。以后他转向另一研究方法。他是那些少数经济学家之一，他们认识到：一个社会，在按照对它的特殊结构来说是基本的社会职能——例如，封建社会里勇士的职能——选择它的领袖时所用的方法,乃是对于一个社会的最重要的事情之一,对于它的成就和它的命运都是至关重要的。他做了勇敢而富有创造性的努力来研究这一问题,通过征询表,搜集关于白手起家者或者他们的后代在美国工业中的作用究竟如何这一问题的广泛的材料。不管我们认为陶西格根据这样搜集到的资料得出结论时所使用的方法是好是坏,我们避免不了这样的事实:就给予这一尝试以真正意义的广阔方面来观察,这一研究是探索者的工作和天才的创举。

第三,从他的理论工厂所生产出来的另外两个贡献也应当提到。第一个应当记住的是"对于成本曲线的研究"(《经济学季刊》,1923年),这是因为近来这一课题取得了重要意义。它是在关税委员会工作的结果,提出了"粗条的成本曲线"理论。的确,这一特殊理论并未证明是成功的,但它也是一个开端。第二篇论文"市场价格是确定的吗?"(也发表于《经济学季刊》,1921年)给予了科学思想另一推动。据我所知,陶西格是第一个面对这一事实的人,即要想使经济理论在数量上可以运用的话,迟早必须用连续的行列而不是用点,用确定宽度的区域而不是用普通意义的函数来工作。这一倡导到现在为止还没有为人们所遵循,其突出的理由是它要求全新的技术。但是,终究能有一天陶西格的"半影"——他的最巧妙的名词——会得它应有的地位。

但当"不可避免的结局"——他这样叫它——开始投出它的影像时,这一天就为时不远了。1932年以后的任何一年都没有巨大的成就。在课堂上他的工作仍然是杰出的。但慢慢地他感觉到有失去兴趣的危险。对于他这样性格的人来说,对于认为生命就是工作的这样一个人来说，这一定是大的痛苦。但他没有踌躇。他在 1935 年辞去他的教授职位，在 1936 年辞去他的编辑职位。① 后来关于他的退休他写道："我的同事和朋友说他们感到遗憾，他们的恳切话语使我希望我已经成功地实现了我的夙愿——当人们还可以比较坦率地说'可惜'的时候退休，而不要等到他们可以完全坦率地说'是时候了'的时候退休。"

幸运得很，他决心要履行的一个责任正在等待着他，特别是当《经济学季刊》已经脱离他的生活的时候。他的《经济学原理》长期以来就是他极为关心的问题。第三版的修订（1921 年）是突击进行的，他从来没有感到满意。"由于 1914 年以来的巨大的经济和社会的变化，几乎任何题目的论述都不能和以前完全一样了。"② 他把他的剩余的精力致力于这一吃力的修订、部分是完全重写的工作，第三卷（货币和银行）和第五卷（分配）是完全重新塑造的。他得到了一些能干的合作者，成功地完成了这一最后的修订，在 1939 年 3 月，他就能够写出他的感谢的序言。一般结构、看法和研究方法都没有改变。理论结构的基础也没有改变。

这样做是明智的。陶西格作为一位经济学家的工作具有它的历史地位。它的这一地位是永远不可能消逝的。要想用毫无特征的折中主义来涂去它的鲜明特征是办不到的。如果我们从美国经济学的发展的角度来看这些特征，它们就更为突出。在开始的时

---

① 大学授予他亨利·李名誉教授的称号。1936—1937 年他当选为哈佛同学会会长。他的学生和朋友，为了庆祝他的第 77 个生日，献给他一本论文集，题为《经济学的探索》(1936 年)。

② 根据第四版的序言。

候,美国有很多有着丰富实际知识的老手——汉密尔顿和像他一样的其他人——但是,在这种环境里,人们有其他的事情要做,而不是进行哲理推究,自然土生土长的科学的经济学就没有繁荣起来。那时有丹尼尔·雷蒙类型的保护主义的斯密派,以后又有像亨利·凯雷这样有创造性但缺乏锻炼的思想家。在国内战争或左近的时间之后,经济学开始发展了,首先是缓慢地,其后就较快了。陶西格的名字,和任何其他人的名字相较,同造成这一变化的发展都是更分不开的。但在他成长的年代里,他像喜欢认真思考的其他任何人一样,首先必须按照穆勒提出的形式学习英国的著作。和马歇尔一样,他从穆勒那里得到基本知识。但是,任何思想敏锐的人在阅读穆勒的著作时,都不能看不到李嘉图的更伟大的形象在上面俯视着。在李嘉图那里有着一种陶西格认为能够接受它的指导的精神,但不是以模仿的精神来接受,而是一种创造性的精神来接受。在从李嘉图的工具出发的其他人——其中包括马克思——面前出现的同样困难,也一定会出现在他的面前。当他努力研习李嘉图的第一章中闻名的第四节时,他发现了庞巴维克的著作——它毫无疑问帮助他塑造了一种资本理论,这一理论同时是工资理论。像马歇尔一样(马歇尔的道路是不同的,但基本上是平行的),他也不喜欢效用分析——只是在程度上较小而已。但他在继续发展他的工资理论时,直到"劳动的经过折扣以后的边际生产力"这一成语所提示之点,并没有感到任何困难。这一点一旦达到之后,英国的和美国的马歇尔之间的相似之处,就更明显了。他们两个人都成功地建立了一种分析的研究方法;在"古典"这一名词适用于17世纪90年代的理论物理学这一意义上说——在它表示轮廓优美和简单以及有技术上的局限性这一意义上说——他们的研究方法是古典的。他们两个人都使这一研究方法为一种伟大的历史见解和解决当时迫切问题的热切愿望服务。正如他们所做的，他们彼此互相尊重是正确的，互不放弃任何论点也是正确的。

《原理》新版完成以后，给陶西格的生活留下来很大一段空闲时间，他不断努力要把它充实起来，可是没有办到。他不能闲着休息。他永远觉得还有需要他做的工作。实际上也有。很少有什么人的最后启示能像他的最后启示那样有价值。但他很快就不能坚持工作了，并且除了我们所引证的他关于他父亲的简单的描述以外，从他所继续进行的艰苦努力里没有产生出任何东西。他是这样一些人之一，他们将死在工作中，他们将永远不肯安然辞世。

但是，直到最后，他的老年生活是非常安适的。耳聪目明，还能够散步和游泳。他心里没有个人的忧虑，他在他的家族里是快乐的，1940年夏天，他的家族在克图特聚集在他的周围。他在往常学年开始的时候回到剑桥来。在那里他患了中风，使他一星期多失去知觉。他从此再没有恢复知觉，在1940年11月11日，他安静地、毫无痛苦地逝世了。

欧文·费希尔

(1867—1947)

欧文·费希尔的计量经济学*

一

已经离开我们的这位伟大美国人远不只是一位经济学家。但关于他所支配的广大领域,和孕育了他的思想的那个时代的学术气氛,在《计量经济学》①中已经有了很好的通盘考察;因此,我将只谈费希尔在我们这一领域中的纯粹科学工作。这将限制我们的主题,但不能使其降格——至少,只有由于我自己的错误才能使其降格。因为不管费希尔可能是其他什么人——社会哲学家,经济工程师,在他认为对于人类福利是十分重要的许多事业中热诚的改革运动者,教师,发明家,商人——我敢预言,他主要将以这一国家最伟大的科学经济学家的名义永垂青史。

---

* 原载计量经济学会的杂志《计量经济学》,第十六卷第 3 期,1948 年 7 月。版权为计量经济学会所有,1948 年。

① 参阅马克斯·萨苏里:"欧文·费希尔和社会科学",载于《计量经济学》第十五卷,1947 年 10 月,第 255—278 页。关于这个人和他的作品的其他评价以及关于他的各种事迹,请读者再参阅 R. B. 威斯特菲尔德和 P. H. 道格拉斯两位教授所写的"纪念",发表于《美国经济评论》,第 37 卷,1947 年 9 月,第 656—663 页。

我将进一步限制我的任务。费希尔的密切合作者萨苏里先生对于费希尔的统计工作已经做出一个生动而恰当的说明,特别说明了《指数的编制》一书和费希尔对于统计方法的最富有创造性贡献——"分布的差距"在历史上的重要意义。我将不再重复他已经写的东西。在以下的叙述中,我将只研究这位理论家,而不是研究这位统计家。虽然如此,这位统计家不可能完全被摒除于我所要研究的这部分费希尔的活动之外。因为自始至终,费希尔的目的就在于一种在统计上可以应用的理论,换句话说,目的不仅在于数量的而且也在于数字的结果。他的整个工作非常适合于"经济理论对统计学与数学的关系的发展"和"理论数量与经验数量的研究方法的统一"这一纲领。① 考虑到他的第一本书的日期,我们必须把他看作是威廉·配第以来计量经济学方面最重要的先驱者。如果有人要求我用一句话来说明我对于他的工作毫不踌躇地使用"伟大的"这一形容词的理由,我将用这一点来回答。基本上说,这一工作包括在六本书的范围之内:《数理研究》、《评价和利息》、《资本和收入的性质》、《利息理论》、《货币购买力》以及《繁荣与萧条》。②

---

① 计量经济学会会章第一节。
② 《价值和价格理论的数理研究》(他的博士论文;1892年,1926年重印);《评价和利息》,载于"美国经济协会出版物",第三辑,第十一卷,第四册,1896年8月;《资本和收入的性质》(1908年);《利息率》(1907年),这里是按照它的后来的形式,即《利息理论》(1930年)来考虑的;《货币购买力》(1911年,和 H.G. 布朗共同进行的修订版,1913年);《繁荣与萧条》(1932年)。我们将不考虑他写给一般公众的书(特别是《货币幻觉》,1928年;《稳定的货币》,1934年;和《百分之百的货币》,1935年)。也不考虑教学方面的杰作,如他的《微积分简介》和他的《经济学基本原理》。但在需要的时候,我们将提到他的大量论文中的一些论文。

二

当拉格纳·弗里希在美国统计学会为欧文·费希尔举行的宴会上,描述《数理研究》为具有"不朽的重要意义"的一部作品的时候,我肯定他必然使他的听众感到惊奇。① 因为,虽然1926年的重印以及其他原因使这部作品免于退出伟大著作的行列,但一般经济学界对于它从来没有做到充分的公正。即使很能干的理论家,也往往认为费希尔的主要优点在于,在1892年那么早的时候,就已经对于瓦尔拉的价值和价格理论,提出了一个简洁而雅致的叙述,并以精巧的具体模式加以说明。因此,有必要提醒读者这部著作的真正贡献是什么。

在试图解说这一贡献之前,我们必须负起另一任务。这就是对费希尔个人要做到公正。为了这一目的,我们必须不局限于他的作品中在客观上是新的那些点上,我们也必须考虑到其中在主观上是新的一切东西。也就是说,必须考虑到,在对他的作品以前的其他作品还无所知的情况下,他自己所发现的一切。我们在其他地方是这样做的,例如对于李嘉图和马歇尔,并且只有这样做,我们才可以希望,对于我们的科学中一些最伟大的人物的才能,能够得到一个真正的概念。把这一原则应用到费希尔的《数理研究》上,我们发现经常的评价,即使像它所做到的这种程度,也是不恰当的。在分析经济学的历史中,瓦尔拉以外任何人的名字都不应

---

① 参阅《计量经济学》,第十五卷,1947年4月,第72页。

当和全面均衡方程式相联系。但为了我们的目的,回想一下费希尔的说明(1892年的序言)是恰当的:"当他除了杰文斯以外未曾阅读任何数理经济学家的著作的时候",他在1890年发现了第4章第10节的方程式——它不能提出整个的瓦尔拉体系,但能提出它的核心。而且,只是在"在第二部分完成三天之后",他才"收到了并且第一次看到了埃季沃斯教授的《数理心理学》"。虽然各种各样的无差别和偏好方向以及其他和埃季沃斯的而不是任何其他人的名字有关,但当我们对于我们这位离去的朋友的思维能力要有所了解的时候,我们还是有权利回想一下他的这一说明。他从杰文斯、奥斯匹兹和里本的作品出发,并得到这些作品的帮助。但主观上他所做的,远远不止于重复阐述、简化和说明瓦尔拉的学说。

但是,在由于没有更好的表达方法,在我必须称之为效用理论——除非读者允许我使用我自己的名词,"经济潜势"——的领域里,完全是他自己的成就。关于这一成就,我发现非常难以说出我要说出的话,并且不仅是限于篇幅。这一领域里目前的情况,使我不可能陈述我的意见而能避免误解。更重要的是,费希尔的贡献奇怪地具有两面性。让我们分别地看看这两方面。

一方面使我们想起帕累托。在后者不承认效用是一种心理实体(不要说数量)的八年(至少)之前,费希尔在《数理研究》的第二部分里,就大体上预见到从帕累托到巴罗诺、约翰逊、斯拉茨基、艾伦与希克斯、乔治索并最后到萨缪尔逊所一直继续的这种理论。杰文斯的最后效用和埃季沃斯的各种各样的无差别,都混在边沁的(或贝卡理亚的)快乐和痛苦的计算法里,并且埃季沃斯越出他的轨道,不仅对功利主义表示敬意,还通过介绍费其纳的"刚刚可以看见的快乐的增加"来强调这一系统。费希尔认为"效用必然可以有一个定义,能够把它和它的实证的或客观的商品关系联系起来"(序言,第6页)。但在第二部分里,他走得更远。在探索了当每一商品的效用被看作是一切商品的数量的函数时就被打通的道路之后,他最终的结论(不完整地重述于第四章第八节)是趋向于完全不用任何种类的效用这种建议。剩下来的是一个缺乏任何心理内容的概念,它包含着跟在帕累托之后所出现的一切工具的萌芽。费希尔实际上是选择的逻辑的始祖,虽然他没有使用这一名词。即使在以后的讨论中起作用的具体问题——例如可积分性问题——也可以在这些篇幅中找到。

但还有另一方面使我们想起弗里希。在采取这样的道路——在它的逻辑终点上有着萨缪尔森的前后一贯的假定,或者像一些人可能说的,有着效用是既难以承认又多余的构想这种证明——之前,费希尔在任何一种或者至少一种商品的效用只决定于它自己的数量而和其他商品的数量没有关系这种限制之下来解说效用的单位,从而非常简单而卓越地,提供了关于衡量这一不存在的和多余的东西的理论。[①] 这一限制可能是难以承认的。所提出的方法的缺点可能和哥伦布的旗舰的缺点同样多,如果根据这一旗舰

[①] 读者知道费希尔如何通过他的一切教学杰作中最引人注目的论文,即他发表于1927年出版的《纪念约翰·B.克拉克经济论文集》中的"测量边际效用",把这一理论贯彻到底。进行实际测量的方法,可能在统计上不算是令人满意的。但它完善地描述了这一观念,并且也做了一些其他的事情:在独立的条件下,它提示一个张弛的可能性,这一可能性在另一情况下由A.瓦尔德所发展了("运用恩格尔曲线所得到的无差别面的近似决定",见《计量经济学》第八卷,1940年4月,第97—116页)。关于弗里希的众所周知的著作和费希尔的著作的关系,参阅前者对于他的《边际效用测量新法》的引言,1932年。

和现代邮船的比较来鉴定的话。虽然如此,它是初期的计量经济学的最伟大的成就之一。我希望《计量经济学》的读者都熟悉主要和弗里希的名字相联系的其后的发展。但我愿意回到这一问题:一位能够写出《数理研究》第二部分的人,如何会认为测量边际效用是计量经济研究的正当目标?他从一个门把这种概念赶出去——他在第二部分里就是这样做的——只是为了让它从另一个门进来吗?答案似乎就是这样。[①] 实际上,他完全把心理效用赶出去——在第一部分里也是如此——从来没有让它再进来,虽然像帕累托一样,他保存了倾向于取消这一点的口吻。但是,和帕累托不一样,他认识到一个有意义的测量问题也发生于选择的逻辑之内,或者换一个方式说,基本效用和心理效用并不像我们大多数人所仍然相信的那样密切地结合在一起。当然,整个观念现在被乌云所笼罩着,几乎没有人对它发生兴趣。但它会卷土重来的。

三

瓦尔拉体系提出来(或者扩大到最大限度)体现选择逻辑定理的行为方程式。这种选择是受到限制的,其中一部分进入行为方

[①] 这一部分是由弗里希"关于一个纳粹经济问题"(《挪威数学联合杂志》,第16期,1926年)里的原则所提供的。这一论文远远超出费希尔。但奇怪的是,费希尔和弗里希都没有进一步深入研究他们两个人显然都极感兴趣的一个问题。特别是,考虑到费希尔对于机械类比的偏爱,人们有理由认为他会抓住(虽然是试验性的)由于下一事实所引起的问题:进入任何令人满意的效用理论的那些关系,除了是非全名的(包括着不必须是可以积分的商品等类物的微分之间的程式,费希尔是第一位指出这一点的人)以外,肯定是流动名的(显然包括时间)。

程式，另一部分则包括在这一体系的平衡方程式中。这一体系是极其一般的，可以有不同的解释，换句话说，可以根据我们对于用作典型的现象进行概念化的情况，使它产生不同的"理论"。因此，为了具有一种独特的意义，①必须对它补充一些东西。这些东西在严格的意义上说，只是关于语义的法典。但对于经济学家来说，它牵涉到他对于他要分析的经济宇宙的结构的整个看法，并且它使得从他的分析所产生出来的许多结论带有偏见。但概念包含关系，并且因为理论就其要建立起合理图式来说，基本上是经济计算法的理论，我们也可以说瓦尔拉体系预告假定经济计算的图式，而不说它以解决概念化问题为先决条件。我们根据老的和新近的经验知道，这一概念化或计算图式集中于资本价值和收入价值理论。这是为什么瓦尔拉在他的《纯粹政治经济学要义》中包括了几段可以叫作会计学基本原理的东西的原因。并且这也是为什么欧文·费希尔用一本《资本和收入的性质》来补充他的《数理研究》的原因。根据我所能够看出的，这部著作也只是通常的成就。大多数人认为其中除了继续了使人们完全有理由感到厌倦的关于这两个概念的为时已久的讨论之外，再没有什么东西。但少数人十分欣赏它，帕累托也在其中。②

---

① 当然，这一意义的独特性是和满足它的那套价值的独特性没有关系的，也就是说，和以后引起极大注意的这种体系是否独特地被决定的问题没有关系。费希尔成长时代的理论家们和他自己，习惯于比较轻易地对待后一问题。他们所担心的是在这一体系中是否有朝着独特一套解决办法发展的趋势问题，如果这一套存在的话。他们更多地注意这一套的存在问题。

② 我不知道帕累托对于这本书是否曾经在出版物上发表过好评，但他在谈话中曾经表示过。

首先，费希尔完成了一项过时已久的任务。我不知道别人对于经济学家往往忽视利用明显的机会和采取明显的路线这种历史事实，是否和我一样有着深刻的印象。D.贝努里的建设性短论的命运正是一个例证。经济学家没能做到同工程师会师是另一个例证。但没有比19世纪的经济学家忽视从会计的和保险统计的实践中学习，然后再试着根据经济理论的观点加以合理化的这种态度，更能说明问题了。试图做这两件事是比较晚近才开始的，其中比较重要的一件是遵循费希尔的例子，虽然毫无疑问是下意识的。来自会计师的反应只有一部分是有利的，坎宁教授的作品是突出的例证。别人批评了他。但是不要紧。主要的事情是费希尔已经开辟了道路。

其次，费希尔在这一领域中的成就可以和他在指数理论领域中的成就相比拟。当他研究后者的时候，从卡里起大约已经有一个半世纪，或者从弗里特沃德起将近两个世纪。大量的工作已经投入这一学科。费希尔的贡献一方面是系统化，另一方面是合理化，那就是建立了指数应当满足的许多标准。他在资本和收入问题上也是同样进行的。从这些概念实际上打算服务的目的开始，他合理地求出了关于财富、财产、劳务、资本和收入等一套定义。这一套只是由于它适合了一个合理的图式才是新的。其结果并不是每个人都喜欢的。但有关系的事情又是这一示范的办法，尤其是它造成了现代对于源和流的差别的重视。它也产生了这一定义：赚到的收入等于实现的收入减去资本的减值或加上资本的增值；每个名词若是按照费希尔的意义的话，这一定义是和人们讨论很多的储蓄不是适当的所得税对象,或征课储蓄税会引起重复课税这种主张相联系的。①

再次,这一作品扫清了向利息理论前进的道路。当然,所涉及的原理是庞巴维克的,或者,或是你愿意这样说的话,是杰文斯的。但为了得到这本书所阐述的关于资本和收入价值之间的关系这一概念,我们只需要观察并分析商业实践的折现过程。这一关系又提示这种观念:利息不是对于特殊种类的生产手段的报酬,而是可以应用到(作为逻辑原则问题)一切生产手段的这一折现过程的结果。像"土地的地租"和"资本的利息"不应当等同起来这样的问题,虽然马歇尔没有用许多话把它叙述出来,但他已经看到它了,他的"准地租"概念就是指向这一方向的。费特尔明显地叙述了它。但贯彻了它的一切涵义,并在这一基础上建立自己结构的是费希尔。

---

① 我们不能希望极其不孚众望的一个观念安排能够受到经济学家的欢迎。更重要的是着重指出费希尔为它提出了突出的例证(特别参阅第 14 章第 10 节)。还有,如果我们接受他的心理收入概念(它的观念和它的名词来自 F. A. 费特尔),这种不孚众望的结果是不可避免的。由于费希尔的逻辑没有缺点,在这一课题所引起的争论中,他常常是胜利的。但我觉得很奇怪,他为什么能够相信(像他显然相信的那样)这一逻辑会转变任何一个愿意看到储蓄被课税的人,或为不愿意看到储蓄被课税的任何人所需要。人们关于赋税的意见是爱好和憎恶的观念上的合理化,并且即使它们不只是如此,我们肯定应当提出这种问题:是否征课储蓄决定于定义的逻辑含义以外的其他考虑(例如在萧条中储蓄课税的补救影响和在通货膨胀时期储蓄免税的补救影响)。我提到这一点是因为,相信理智——即使是形式逻辑——乃是这一现代帕西伐尔(帕西伐尔是瓦格纳所著歌剧《帕西伐尔》中的武士。——译者注)的特性。他的心理的这一趋向,以及他按照口号、方案、政策、制度(例如国联)的表面价值来接受它们的习惯,也许使他成为关于国家事务或世界事务的一个坏的顾问。但这也使他比一个更俗气的费希尔,成为更可爱的人。

四

这样,由于《资本和收入的性质》在某种意义上说,是《数理研究》的姊妹篇,因此《利息率》(1907年)是二者的产物,当然也是《评价和利息》的产物。下列的评论只是就它的修正形式说的①——在1930年以《利息理论》为题发表的——就它自己的结构范围内的完善程度来说,这本书是极好的作品,是利息文献中最高的成就。② 首先,但是最不重要的,这一作品是教学方法的杰作。它教导我们如何既满足专家又满足一般读者的需要,而不把数学赶到注解或附录中去,并且教导我们如何运用适当的摘要和能说明问题的例证,引导外行从巩固建立的基础到最重要的结论。据我所知,还没有其他作品能够做到这一点。第二,这一作品显然有些部分是计量经济学的。把它和任何其他关于利息的理论进行比较,就可以使这一点所形成的差别更为突出。第三并且是最重要的,这一作品是关于整个资本主义过程的几乎完整的理论,存在于利息率和经济制度的一切其他因素之间的相互依存关系都表现出来了。可是这一无数的因素的相互作用是很好地安排在两根解

---

① 这并不是说这位专家能够完全摆脱那部旧的著作。例如,在第五章《利息率》的附录和这一章第三节的附录中关于评价和利息理论史纲,在后一著作中就没有了。

② 如果在整个这一节里,我根据在费希尔的杰作中发展到顶点的思想体系的观点来说,并且不去说根据我的观点我所要说的反对它的话,读者将可以理解和欣赏它。因此我就希望读者帮我个忙,不要把自己读到的内容解释为可以推翻我关于这一课题所写的东西。

释支柱的周围的,这两根支柱是无奈性(时间折现)和投资机会(超过成本的边际报酬率)。① 这本书是"为纪念约翰·雷和欧根·方·庞巴维克而写的,我在他们建立的基础之上曾经努力有所建树"。确实是这样。但不会每个人都这样说。也不是每个人都肯在原则方面否认自己的创造性。让他们在这里对于费希尔的品格表示敬意,但同时也要承认他在这些基础之上所建立的结构的创造性。

这一作品的核心是第三部分,它极其清晰地实现了下列主张所包括的方案:利息理论实际是和整个的"价值和分配"理论完全一致的;利息并不是工资、地租和利润之外的另一种收入,而只是一切收入中的一个方面。为了不懂数学的读者的便利,第二部分涉及了相同的领域。第一部分把这一理论同《资本和收入的性质》一书中所发展的概念工具联系起来。第四部分是那些会阻碍部队进军的辎重的仓库,它包括着十分重要的第 15 章(这一章,而不是第 21 章,是这本书的理论的真正总结),显著地具有创造性的第

---

① 凯恩斯勋爵明白地指出(《通论》,第 140—141 页),费希尔"使用他的超过成本的报酬率,其意义和目的和我使用资本的边际效率是一样的"。虽然凯恩斯的一些门人有不同的看法,我认为这种说法是站得住脚的。但更重要的是,凯恩斯自己也接受(同书,第 165—166 页)时间折现因素,即费希尔的整个的理论。他几乎以他认为他的资本边际效率和费希尔的超过成本的边际报酬率完全一致的同样方式,认为时间折现和他自己的储蓄倾向完全一致(因此也和他的消费倾向完全一致)。只是作为一个修正,并且因为"只是知道这两个因素还不可能求出利息率"(在短期间?),他另外引用了灵活偏好。就它本身来说,这没有很大的差别。但实际上由于凯恩斯和他的追随者对于这一因素给予越来越多的重视,它是要造成很大差别的。其后它又为使利息率成为货币数量的函数这一目的服务,但费希尔总是拒绝这种办法。这种差别的理由之一是,费希尔的模型不是一个就业不足的模型。

16章("发现和发明与利息率的关系",在这章里费希尔开辟了新的领域)以及第19章,正如已经说明的,这一章提供了具有同样创造性的统计工作的结论。① 这一切都是精华,其中只夹杂着极少的糟粕。②

就把可以交替利用的各种收入之间的选择原则,看作是一般经济分析的枢纽这一意义上说,费希尔的利息分析基本上是收入分析。这一收入分析基本上是按照实物陈述的,货币因素被看作是及时转移收入的工具,而不是被看作流动资产。但是,任何愿意这样做的人,可以把后者插入;至于其他方面,如果我们已经选择费希尔的作品作为我们自己的作品的基础的话,我们应当沿着这条道路前进。但是,这一点没有做到多大的程度。

五

这样,一个完整的经济理论体系,在《利息率》中部分地完成了,部分地描绘出了梗概,特别是那里具有货币理论的一切主要内容。但是,像大多数伟大的体系创建者一样,费希尔虽然具有一个堂皇的中心理论,他感到有必要研究货币问题。在《货币购买力》

---

① 不论由于后来统计理论的发展,我们对于它的方法有什么看法,作为拓荒的著作来说,这一章仍然保持它的历史重要意义。而且,它包括着关于建立动态模型(参阅以下第6节)的建议,其中有些至今还没有被利用。

② 在第20章第6节里,对于庞巴维克论"现在财货的技术优越性"这一学说的批评,我恐怕必须算作糟粕。在那个时候应当已经很清楚,不管我们关于庞巴维克的方法有什么样的看法,在原则方面他和费希尔之间是没有真正差别的。但是,其他的批评,例如,关于把等待看作成本的批评,都是极好的论证。

中他做了这一工作。让我们再首先看一看这一作品的明显的历史重要意义：它是费希尔在计量经济学方面另一个伟大的探索工作。这是他关于物价指数的早期作品。这里出现了他的交易量指数，和在当时是新的其他创造，其中有他的天才的估计货币流通速度的方法。① 同时也精心地做了对于结论的统计检验。② 这一切研究成果都属于早期计量经济学的经典作品。但是，真正重要的是，这本书的整个论证都是和统计应用可能性这一标准相联系的，它避免了不适合于统计计量的任何概念或主张。再一次，不论是好是坏，费希尔把他的旗帜固定在计量经济学的旗杆上。

要说明这本书是较旧的货币理论和今天的货币理论之间的最重要的链环，那是不太容易的。正如他的习惯，他没有说这本书中有他新创造的东西。这本书是献给纽康和可以提到的其他先辈的。可是作为这本书中心的第4、5、6章，却不只是一种综合而已。费希尔毫无疑问地接受了在那时仍然是银行信用的一个新理论。他给予信用循环中利息率的落后情况以中心的任务。他明显地承认速度的变动性——必须注意的是：不变速度这种假定曾经被认为，并且即使现在有时也被认为，是"旧的"货币理论的主要特征和缺点。他对于有助于决定购买力的许多因素（其中有些合并于"生产和消费的条件"的标签之下）都给予适当的考虑。这一切不等于把货币理论同价格和分配份额理论完全合而为一，更不

---

① 费希尔的第一篇关于这一问题的论文——它溯源于配第，但又由凯末勒接续下去——在1909年12月发表于《皇家统计学会杂志》。继之而来的金莱的著作，大部分是由于费希尔的著作的鼓舞。

② 费希尔随后发表了对于在许多年里进入交易方程式的项目的估计。

等于把它和就业理论完全合而为一。但它构成了货币和就业之间的踏脚石。

如果是这样的话,为什么《货币购买力》的朋友和敌人都认为它只是在统计上加以美化的、最旧的数量理论的另一表述即老早就十分陈腐的一个陈腐理论的纪念物呢?答案很简单:因为费希尔自己就这样说——在序言中已经是这样说,以后在各个要害之处又重复地这样说。而且不止于此。他把他的力量都放在要实际达到数量理论的结论这一任务上,也就是说,至少货币数量增加的"正常影响之一"是"一般物价水平确切地按比例地增长"。为了这一理论,他放弃了他对于货币数量的变动可能("暂时地")对速度发生影响这一事实的认识,并在后者是一个制度的不变数这种假定之上进行论证。为了同一理由,他假定存款通货趋向于和法偿(准备金)货币按比例地变动。在货币过程中相互作用的各种各样的因素,在五种因素(基本货币和存款的数量,它们的两个速度和贸易量)之后被弄得消失了——作为"间接"影响。他给五种因素保留了"直接影响"物价水平的任务,这样,物价水平在著名的交易方程中就成为因变量了。对于这一理论他以不能再多的例证加以精心阐述,而把他的真正有价值的见解狠心地放到第 4、5、6 章,并且半轻蔑地把它们当作只是当数量理论"不十分正确"的时候,在"过渡时期"中所发生的波动来处理(第 8 章第 3 节)。为了抓住他的成就的核心,我们必须首先丢掉对他和对他的推崇者与反对者都很重要,并且他曾经浪费他的劳动的正面建筑。

但他为什么这样地破坏了他的作品?他自己的验证虽然被认

为是满意的,却不能证实他的阐述是比较确切的(可参阅,修正版第307页关于1896—1909年的结论)。在《利息理论》和在他关于商业循环的一些作品中,他自己的几个论证是和它们相冲突的。人们不能极力主张,他的理论或任何数量理论,实际上大部分可以由于把它严格地解释为一种均衡命题而得到拯救①——就好像马歇尔的长期趋势典型之类那样确有根据。因为,根据费希尔自己的说法,这一均衡不可能通过只是用他的五种因素就能充分理解的一个机构来达到。它只能被总合起来,但不能用这些因素给予它以"因果的解释"。而且,他一年又一年地应用交易方程式,从而也就把它们应用到肯定远不符合于任何均衡的条件上。我不能不认为这位学者被改革运动者引上错路了。他曾经对于补偿美元寄予极大的希望。他的改革者的血液高涨起来了。为了说服难以驾驭的人类,他的稳定购买力的计划必须是简单的——就像他以后所要采取的一些观念:盖印货币和百分之百的美元一样——从而它的科学基础也必须是简单的。为了对于在我看来总是一个谜的这一问题提出我自己的解决办法,这就够了。② 我不想再进一步研究经济学家的改革运动这一课题。但是,让我问一问读者:即使不说别的,至少在这个事例上,费希尔自己,或者经济学,或者美国,或者全世界从这一改革运动中究竟得到什么好处呢?

---

① 为了对于费希尔做到公正,我们永远不能忘记,现行大多数的反对意见是来自属于费希尔的过渡时期的现象。如果把这一点考虑在内,看来验证问题也或多或少地更有希望。

② 当然,他的思想基本上是"机械论的"这一事实也是有关系的。

六

货币改革者也毁损费希尔对商业循环研究的贡献的科学的和实际的价值。但就这些贡献本身来说,它们比我们大多数人所似乎认识到的要重要得多。[①] 它们也是计量经济研究的典范,并且也许影响了它的标准程序的发展。费希尔的计量经济学在这里带有明确的动态性质:1925年的那篇论文提示了一个明显的动态模型(参阅最末的注释),那是在这种模型还没有十分繁荣的前几年。最后,他以令人赞赏的直觉,列举了循环运动的一切比较重要的"开始者";为了提供一个满意的解释纲要,只需要搞出来它们的运动方式就行了。

但为了认识这一点,我们必须再进行一次"抛弃正面建筑"的手术。"开始者"并没有处于它们所属的位置,那就是,在开头的荣誉地位。它们被推入第四章里。在表层上,我们得到的是过度负债和它的紧缩过程,"几乎是一切罪恶的根源"。或者,换句话说,所有的东西都归之于可以机械地控制的表面现象,结果是费希尔

[①] 费希尔在这一领域中的第一批贡献见于《利息率》和《货币购买力》。以后又有几篇重要的论文,主要包括"商业循环主要是美元跳舞"(《美国统计学会杂志》,1923年12月)和"我们的不稳定美元和所谓商业循环"(同上杂志,1925年6月)。我相信后一篇论文是提出动态图式——$T(t+w)=a+m^2P^4(t)$——的第一篇经济著作,在这一图式中,波动表现为是由本身不变动的因素("振动者")造成的。我不知道我的理解是否正确。因此,当费希尔在1932年说(《繁荣与萧条》,序言)商业循环这一领域是"我从前几乎从来没有进入的一个领域"的时候,那是一个奇怪的错误。即使在1925年他就不再写作了,他的名字在这一领域的历史中仍然会站得住脚的。

实际上反对使用应用于任何实际历史事实上的"循环"这一名词。债务的扩张和紧缩,因为它们是同上涨和下降的物价水平相联系的,又使我们陷入货币改革中,这是当费希尔写这本书的时候,他实际上很感兴趣的一个问题。在这时补偿美元虽然仍被推荐,但未受到很大的重视。不像我们在《货币购买力》中所看到的那样极力主张这一特殊计划,在《繁荣与萧条》的第三部分里(题为"事实的"),我们找到了关于货币控制手段的简单而通俗的概述,在那里几乎任何经济学家都不能够找到很多不赞同的事情,它实际上包括着以后若干年中采用的或建议的一切"通货再膨胀"政策。我不想缩小费希尔在那里所写的几乎每一件事的优点,或怀疑其明智。与此相反,考虑到发表的日期,我认为他应当享受到比他已经得到的更大的荣誉。但我愿意着重指出,这不是这本书的唯一优点,在正面建筑的后边朦胧地出现一些更大的和更深刻的东西,虽然论述得还不完全。[①]

七

《数理研究》、《评价和利息》、《资本和收入的性质》、《利息理论》、《货币购买力》和《繁荣与萧条》,是从来没有修建的一个大教

[①] 从他的"大萧条的债务紧缩理论"这篇论文(《计量经济学》,第 1 卷,1933 年 10 月,第 337—357 页),还可以更令人信服地证实这一点。就债务紧缩本身而言,它只是一件机器,即我们大家都很了解的熟悉的螺旋。如果这就是一切,这篇论文就不值得注意。但这不是一切。实际上,"开始者"理论和它的含义,比它们在这本书里所占的地位要显著得多。

堂的圆柱和弓形结构。它们属于一个堂皇的结构，作为一个建筑单位，建筑家从来没有提出过。从坎提隆经过亚当·斯密、J. S. 穆勒和马歇尔，经济思想的领袖都用系统的论著对于当代和后代给予影响。费希尔从来没有运用这种方法来详细叙述他的思想。这位繁忙的改革者没有时间做这种事情，虽然这会是使他的美国同辈经济学家集中到他的学说周围的唯一方法。不管是由于什么理由，他好像没有形成一个学派。他有许多学生，但没有门人。在他的改革运动中，他和许多派别和个人协力合作。在他的科学工作中，他几乎是孤立的。这样，他必须在没有各学派所给予它们的优秀领袖的一切便利的情况下进行工作——这些学派保护、解释和发展它们的领袖的每一句话。没有像过去的李嘉图学派或马歇尔学派，以及现在的凯恩斯学派这种意义的费希尔学派。就这样目的单纯、这样获得广泛社会同情和这样无条件地信服于当时占统治地位的一个口号——稳定化——的人来说，他总是处在潮流之外，并总是既没有说服他的同辈的人也没有说服继起的后代，这似乎是奇怪的。但这些圆柱和弓形结构本身将会站得住脚。当流沙把控制今天舞台的大部分东西掩盖了以后很久，人们还是可以看得到它们的。

韦斯利·克莱尔·米契尔[*]

(1874—1948)

米契尔于1948年10月29日逝世——他一直到最后都是积极的,"死于工作中",正如他有一次写信告诉我他将会的那样。[①]我们哀悼这位性格特别单纯的人,这位信仰坚强但同时又非常谦虚的同事,这位全心全意恪尽职守的教师,这位正直的真理的仆人;他没有受到任何引诱,即使来自热情而高尚的社会同情的那些微妙的引诱。他是一位通过示范和行为来领导的领袖,他从来不诉诸他的权威或者确属于他自己的任何权利。这样一个人格的灵气,能够并且已经被一切接近他的人所感觉到,但用文字把它描述出来是很困难的,就像把他的广泛兴趣或者他对许多事业——对于这些事业,他都十分严肃,但这种严肃性从来没有使他眼睛中的幽默闪光消逝——的有效贡献描述出来同样困难。我们喜欢他,并且知道我们将不会再遇到像他那样的人。

---

[*] 这篇论文是在熊彼特教授逝世即1950年1月8日之前两个星期才写成的(编者)。原载《经济学季刊》,第六十四卷第1期,1950年2月,版权为哈佛大学校长和评议会所有,1950年。

[①] 在他逝世的时候还在写着的题为"在商业循环时期发生些什么事情"的未完成的手稿,被油印出来并分发给1949年11月25—27日在纽约召开的国家经济研究局关于商业循环的会议的参加者。

这是我关于这个人所要说的一切。此外,这篇纪念文将完全致力于研究他的著作,并阐述它对当代科学经济学的意义(如果在这位学者的最伟大贡献是他在他的著作每一页向我们说出的精神启示这种情况下,我们可以把著作和人分开的话)。①

一

一个人在若干"世代"中的地位决定于他在20多岁时所受到的影响,这一说法有什么内容吗?如果有的话,我们应当在1903年米契尔转到加利福尼亚大学之前的10年中去寻找形成的因素。这一科学青春期的10年,他都在芝加哥工作;在那里他于1899年获得了博士学位。但他是刚强的人而不是柔弱的人:他的精神性格——如果你愿意的话,可以在他的新英格兰背景和在他父亲培育下的健康的少年时代寻找根源——大概是太强了,不能受他的经济学教师的影响,虽然关于英国经济史的一个很好的课程和劳伦斯·拉夫林在货币和通货政策问题方面的指导也留下了可以看得出的痕迹。凡勃伦更适合于生来就脱俗不羁的人的口味,更适

---

① 关于在这篇纪念文里没有提到的东西,请读者参阅已经发表的许多逝世悼词。我愿意特别提到阿瑟尔·F.伯恩斯教授所写的几篇纪念文——特别是包括在国家经济研究局第29届年度报告里的那一篇——和弗雷德里克·C.密勒斯在美国经济学会第61届年会上的纪念演说(参阅《美国经济评论》,1949年6月),关于各种各样的报道我感谢这两篇纪念文(我也感谢伯恩斯教授给我的几篇通讯);还有J.道尔夫曼教授(《经济杂志》,1949年9月)和库兹奈茨教授(《美国统计学会杂志》,1949年3月)所写的纪念文。而且,现在这篇纪念文应当和阿尔文·H.汉森于1949年11月在《经济学和统计学评论》上发表的纪念文对照阅读。国家经济研究局编辑了一份参考书目。

合于讨厌教条和沉闷比任何其他东西都厉害、偏爱牧场胜过马房，并完全能够欣赏但极少制造讽刺和怪论这样思维敏捷的人的口味。但是，不久他也衡量了凡勃伦的长短，并且，即使在以后的一生中他继续强调赚货物和赚货币之间的差别，他很快就讨厌了比较可疑的凡勃伦宝石的光芒。可是约翰·杜威和雅克·洛勃开辟了永远令人感兴趣的新的展望。他们为社会科学所开辟的林荫大道比他所流连忘返的专业经济学广泛得多。为了理解米契尔的经济学和他个人贡献的性质，这是很重要的。为了比较详细地加以叙述，让我们在这里耽搁一下。

19世纪90年代是可以叫作马歇尔时代的三个十年当中的第一个。但是，因为不是每位读者，特别不是每位美国读者，都会同意这一说法所包含的一切意义，所以请让我说出我的意思是什么。有三个趋势在那时候成熟了，并产生了1900年的新经济学。首先是人们对于社会改造问题有了一个新的专心致力和一个新的态度，最好的例证是德国的社会政治学。第二是经济史在轻微风浪中、在学院经济学领域里确立了它自己的地位。第三是经济理论的一个新的原则——要在人们所给予它的名字，即边际主义、新古典主义等当中，决定哪一个是最不使人误解的名字，确实是困难的——在经过25年的斗争之后取得了信誉。但是除了英国这一可能的例外而外——在那里，马歇尔的领导地位在某种程度上成功地把它们都统一在一起——这三个趋势在任何地方都互相冲突着，不仅在它们彼此之间，而且同前一时期的全国同行的大部分所墨守的观点和方法也在斗争。特别是在美国，虽然经济学这一行已突飞猛进，但回顾过去几乎只有过时的教科书——毫无疑问曾被 F. 沃克等人的著作所改进,但仍然是过时的——其余的就是混乱了,也许是肥沃的混乱,但仍然是混乱。并不是不尊重被遗忘的或半被遗忘的名人,我们可以很容易地理解到一个青年在 1895 年左右进入芝加哥的经济系,会发现在那里并没有人把在马歇尔的《经济学原理》的平滑表层之下所存在的丰富的观念和研究方案指示给他。在那时候,《原理》是可据以学到马歇尔学说而不必去到剑桥听他讲课的唯一著作。① 而且在 1895 年或者更晚一些时候,需要一个极有能力的教师,才能以实际有用的方式来表明 J. B. 克拉克的学说。因此,社会政治始终没有遇上敌手,经济史仍然处于次要的地位,新的理论原则轻易地被处理为"边际主义"或"新古典主义",而极其干燥的教科书——或多或少是按照穆勒的典范形成的——成功地把思想比较活泼的人驱逐到"制度主义者"的叛变中去。②

米契尔自己的工作所沿着前进的曲线,我相信可以毫不勉强地解释为两个平面的交叉线:一个代表这些环境条件,另一个代表他自己的心理倾向。像他这样有能力的人肯定对于他所看到的事物状态是不会满意的。具有像他这种能力的人肯定会在社会事实的海洋中寻找解救办法,而在他看来经济学家似乎只注意那里的少数可怜的海湾。他要游泳而不要步涉,要探索而不要在一小块不毛之

---

① 关于这一点——现在有多少人知道,马歇尔对于"最大限度满足理论"的批评性陈述对于放任主义的科学基础起到什么作用? 或者马歇尔在为现代计量经济学铺平道路方面做了多少工作?

② 就米契尔来说,他曾中断他在芝加哥的工作,到哈勒和维也纳学习一年。但这没有留下看得出的痕迹。这是我们应当料到的——又一次对于任何人的遗芳没有不尊重,特别是对于伟大门格尔的。

地上转来转去。再有两点就可以完成这一画面。第一,他像小马疑惧笼头和马鞍那样怀疑逻辑的严格性,并很快地在那块不毛之地的耕种者的作品后边,不仅窥探出为方法上方便而构造出来并可以随意抛掉的不实际的"假定",而且也窥探出奴役研究工作者而不是服务于他的"先入之见"(观念形态)。① 第二,与这一点毫无关系,他的思维类型生来不是为了享受或欣赏他所谓的拿假定来"游戏":建立于这一不毛之地之上的作品被政治偏见或形而上学信仰所毁损了;但即使它没有被毁损,对他来说,它仍然是没有用的。

　　如果这能说明制度主义者的立场,那么,米契尔过去是并将永远是制度主义者。我不愿意讨论这一难于捉摸的概念的确切意义。这一讨论仍然不时地热烈起来,并产生这样一些宝贵的说法:凡勃伦要么根本不是制度主义者,要么他是唯一的一位。因为参加上面所提到的"叛变"的每个人,都以他自己的积极的方案,填充了由于这一叛变的基本上消极的批评所留下来的空白,所以进行这种讨论就会是更为不利的。但米契尔自己的方法学的立场可能并必须加以细致的研究,这一方面是因为他的作品具有突出的重要性,另一方面也因为人们一再地(甚至在最近)以一种在我看来似乎是不完全令人满意的方式对它加以讨论。我们必须考虑三种不同的东西:米契尔关于科学经济学家对于"政策"的正当态度的观点;他关于保护科学结论免于被观念形态所毁损的正当方法的观点;和他关于"理论"的观点。在他的整个成年期,他关于这三个问题的意见变化极少。现在我们可以方便地通盘考察它们。

---

① 关于能够表明特征的引语,参阅密勒斯,前引书,第734页注4和注5。

二

关于这一点，他的实践对于我们所有的人都是光辉的榜样。和其他制度主义者一样，他憎恶他的成长年代里的经济学和放任自由主义之间所存在的政治联盟。但他是为了正当的理由而这样做的少数人之一。虽然社会同情和关于纯粹放任主义方案实际上不恰当的感觉，可能和他厌恶这一特殊联盟有关，但更重要的是，他认为经济学家是没有进入任何这种联盟的权利的。经济学应当是客观的科学，它建立着由慎重确定的事实和从这样的事实进行的推论所组成的仓库，供任何愿意使用它们的人的支配。这并没有使他把自己关在象牙塔里。与此相反，他总是随时准备着在有必要的时候为公众服务。1908 年他在移民委员会里的工作，第一次世界大战期间在劳动统计局和战时工业局里的工作，以及后来他作为胡佛总统的社会趋势委员会主席（1929—1933 年）的工作，作为国家计划局、国家资源局、联邦紧急公共工程管理局成员（1933 年）的工作，以及作为生活费委员会主席（1944 年）的工作，都充分地证明了这一点。但这种工作的性质只能有助于证实我的论点；它总是和他关于他的科学使命的概念相一致的——总是在于观察和解释一种形势中的事实，并客观地陈述实际上正在发生的事情。在结局可以臆断的事例中，他也不避免提出实际的建议。但他从来不超越一定的限制，对于像他这样埋头于分析家的任务，并且从来不传播任何秘诀，从来不为"政策"辩解的人，我认为这种限制是恰当的。

关于第二点，观念形态的危险。我认识到这种危险，这本身就必须看作是一个显著的优点。在这一点上所能引起的仅有的问题是，一方面，他对于在方法上和结论上他不同意的那些著者，是否过分倾向于怀疑观念形态（"先入之见"）；另一方面，他所祈求的补救方法是否正当。在李嘉图的分析中有许多缺点；但如果我们不考虑他的政策建议，而考虑他沿着前进的抽象水平，我们没有发现许多在观念形态上受到毁损的主张——像卡尔·马克思毫不犹豫地承认的那样。并且米契尔的补救方法——对于事实的谨慎的和"客观的"研究——的确会摧毁许多但不是一切的先入之见；无论如何注意，也难以防止存在于研究者灵魂中并从来没有为他所察觉的那些罪恶精神，对于研究所给予的不良影响。但这没有什么关系——这不能变更这一事实：米契尔是极少数经济学家之一，他们彻底地看透了问题，他们认识到在我们领域中的先入之见不仅是政治偏见的问题，也不仅是作为某些特殊利益的保证人的问题。

第三点，"米契尔和经济理论"这一问题，产生了比其他两者都大得多的困难。部分地，这些困难来自字义的含混。米契尔在他关于商业循环的主要著作里，在列举了关于这一现象的大量理论，并宣称他随时准备利用它们所可能给予他的任何启示的同时，十分清楚地表示他自己不打算同其中任何一个理论结成联盟，也不为了他自己的目的而建立相同类型的一个理论来束缚自己，他清楚地在"说明的假定"这一意义上使用"理论"一词。他的意思可以用这一无可争辩的说明表示出来：这样一个假定应当是具体事实研究的结果或根据具体事实的研究而得到的启示,而不是在这种研究的开头就确立下来的。公正地说,这种主张是站得住脚的,特别是不能以这样一种方案在逻辑上是不可能的为理由而加以反对;因为在任何情况下,我们必须首先鉴定要研究的现象,而这样做必然不可避免地要引用对于我们的实际研究会发生某种指导性影响的因素;换句话说,没有任何"理论"的实际研究,特别是没有任何"理论"的"计量"是根本不存在的。这也是确实的;但当我们说它的时候,我们就会理解到这一事实,现在我们是在不同的意义上,即在"概念工具"这一意义上使用"理论"这一词。在这一意义上,米契尔肯定并不愿意把"理论"排除于他自己的或任何其他人的工作的任何阶段。这一点我们将予以说明。但它不是一切。

虽然米契尔从来没有犯过在原则上反对使用概念工具或图式这种荒谬的错误,他却曾反对过在"古典"文献——他把在他的成长期里有采用价值的古典著作以后的文献也包括在内——里实际上使用的概念工具。① 这有两个理由,一个是和他作为经济思想的一位领袖的个人成就密切相关联的,另一个则指出了阻止他成功地把他的领导地位扩展到更广大的范围的一个限制。

毫无疑问,他曾经努力扩展经济学的边疆,以便把最好叫作经

---

① 我所说的古典文献是指从 1776 年到 1848 年主要英国读者的著作。关于在他的成长期里有采用价值的文献,我们一定不要忘记,瓦尔拉对他来讲几乎是不存在的(也许围绕瓦尔拉著作核心的可疑哲学除外),马歇尔的教导,正如上面所指出的,对他来说从来没有成为活生生的现实。

济社会学——社会制度或"流行的社会习惯"的分析[①]——的这一领域包括在内。"货币"(资本主义)经济制度不是作为来自其他学科的论据——虽然是可以改变的论据——加以接受,而是作为经济学家的研究材料的一部分。但主要问题是,他认为这种材料,或由之而来的原则,不是传统理论的补充,而是它的代替。经济过程理论本身仍然是一个理论,但它要成为一种根据仔细观察实际行为和——因为他在原则上没有排除反省或由反省而得到的心理解释——动机的结果而建立起来的理论。我们将很容易地理解,为什么这一研究方法会使米契尔把经济生活看作是变化的过程,为什么根据这一观点商业循环的分析对他来说会似乎是走向一般经济过程的现实分析的第一步。我们将不怀疑,反而是赞美他总是强调事物的连续,这自始至终是他的思想的特点。并且我们将把他——1913 年以前的米契尔——看作是现代动态经济学的先驱而加以欢呼。但在称赞他的前提之后,我们将怀疑他根据这些前提而得来的结论之一,即他和别人都同意叫作新古典理论的经济逻辑会因此而失败。

当我们研究他的著名的关于经济思想史的油印讲义——《经济理论的类型》,我希望有一天能看到它的出版——的时候,我们对于这种事实感到惊奇:他很像反对这些著者的"先人之见"那样

[①] 把各种社会制度同被它们所控制并控制着它们的、在它们里边发生的经济过程一起加以讨论这一实践,可以追溯到经院哲学学者和亚里士多德。J. S. 穆勒把他的《经济学原理》的大约 1/3 的篇幅用在我在上面所称作的经济社会学方面。但当米契尔在凡勃伦的影响之下企图给这门学科注入新血液的时候,它已经成为枯燥的和不进步的东西,至少在美国是如此。

反对他们的"假定"。到某一点为止,他又一次是对的:十分明显,逻辑的图式或模型根据他的理解不是经济学的全部,也不是经济理论的全部;并且,除此之外,这些模型被建立起来的方式和对于它们是极其基本的假定或假设,也有许多可以批评之处。但米契尔没有为了用其他假定加以代替而反对各个假定——或完全的模型。他就作为假定或典型的资格而反对它们,并对把这类问题看作是已经确定和毫无矛盾而加以关心的人耸耸肩膀。他认为"我的祖母的神学;柏拉图和魁奈;康德、李嘉图和卡尔·马克思;凯因兹、杰文斯甚至马歇尔,在很大程度上是同一类的"[1]。在今天这个时候还详细地研究这里所犯的错误,或确切地指出一个基本上正确的方法上的直觉在什么地方使他犯了错误,这是多余的。简单的事实是:需要各种类型的人来建立一门科学;这些类型的人几乎从来都不彼此理解;并且,偏爱对一个人有益的著作,很容易会转变为对当时还没有严肃地加以对待的其他著作做出贬低价值的判断。但指出这一态度对米契尔的著作及其影响范围所给予的损害,却不是多余的。他厌恶把他的理论图式弄得十分明确,这就使除了最热心的、同情的解释者以外的任何人都难以看到它们的存在——他1913年的那本书的基本观念可以形成甚至是享有"完整性"优点的动态图式——并且,像他把均衡的静态理论处理为"梦乡"的那些章节,很容易使任何不太同情的批评者由于显然没有抓住它的意义或一般模型的性质和意义,而不承认他的领导资格。

---

[1] 引自密勒斯,前引书,第733页注释。

他从来不会听信这种理论:合理的图式目的在于描述盛行于和追求金钱利得相联系的一切经济中某种行为方式的逻辑——这是他极其了解的一个概念——并且完全不意味着这一合理的描述的主人公本身合理地感觉或行动。我将永远不会忘记,当我试图向他表明,他的1913年伟大的书,要只就它的论证的骨骼来说,是动态均衡理论的一种运用的时候,他表现出了沉默的惊奇。① 我不是为了贬低我所喜欢和推崇的人的荣誉而写这些话。我只是为了消除我所认为的各方面存在的误解,并为他开辟便于招徕更多的潜在追随者的道路,才写这些话的。

三

现在我们转到他的作品的核心。使我们感到惊奇的第一件事情是它的明显的一致性。拉夫林建议他把绿背纸币事件作为他的博士论文的题目这一事情,可能是巧合。但是,不管这一固执的候补人接受建议这一事实的含义如何,我们似乎可以假定,不管米契尔选择什么作为他的出发点,他总会找到通向他的罗马的道路。在他的手里,这一题目成了他对绿背纸币事件的经济过程的研究——关于这种过程反作用于战时财政的冲击的方式,和绿背纸币发行本身的影响只是通向这些方式的门径。在拉夫林的教导之

---

① 因为他一再谈到的"重复发生的价格再调整",如果不是经济制度朝向均衡状态的不完全的运动,还能是其他什么呢? 如果他没能利用均衡理论的工具,那么,均衡理论的建立者(的继承者)也没能利用他的事实。

下,他对于数量理论——他很快就修正了它①——给予很坏的评价这一事实是一个小问题。在从这一论文发展出来的两部作品中,②应当注意的真正重要的事情是他对于货币——或"资本主义"——经济的看法。一方面,他把货币现象同其他现象统合成为一体,从而预见到以后才表现出来的趋势;另一方面,他分析了"在一个通过时间的反应体系里把价格联系在一起"③的关系,这就十分自然地引导他去研究商业循环,作为研究今日货币经济一般理论——他的整个成年时期所研究的真正问题——的第一步。④

1913年问世的《商业循环》一书,从1905年就开始酝酿了,虽然有意识地对这一题目写一部论著似乎只是在1908年才做出的决定。⑤ 它是美国经济学史上的一个界标——虽然它对于学者的影响远远地扩展到美国之外——并且是极其有价值的。这是它的著者壮年的产品,是当朝气和勇气还没有受到挫伤但已经有了分析的经验和广泛的知识的那些年代的产品。按杰作这个词的原来意义——中世纪工匠通过它来证明他自己是他那一行的能手的一

---

① 在我所认为的米契尔的最早的著作里——当他还是一个学生的时候,在1896年3月投到《政治经济学杂志》的"货币价值的数量理论"——提出了关于这一"理论"的几乎无条件的否定观点。那是这个人的特点,他不久就修正了这一观点,并谴责他关于这一问题的早期见解("数量理论争论中的真正问题",载同刊物,1904年6月)。

② 《绿背纸币史,特别论到它们的发行的经济后果:1862—1865年》,1903年;和《绿背本位下的黄金、物价和工资》,1908年。

③ 参阅伯恩斯,前引书,第13页。

④ 这一重要论点最好能得到证实。为了这一目的,参阅伯恩斯的著作就足够了(前引书,第20—22页)。米契尔设计了一种货币经济理论,并在1905年12月就开始解决它的"骨骼"问题。伯恩斯教授从那个时候的一封信中引证的话使问题十分清楚:他以真正的米契尔方式进行这一工作,这使商业循环的研究——彭斯恰当地说——成为这一大计划的必然的初步工作。

⑤ 参阅伯恩斯,前引书,第22页。米契尔那时候是34岁。

件作品——说,这是他的杰作;按体现一切作品必须遵循的法律的这种法典的意义说,也是他的杰作。① 这本书的要旨又重见于1927年的那部书。即使《商业循环计量》一书(1946年),也只是在更高和更广泛的水平上,完全属于在1913年首先公之于世的观念的一部分。就连全国经济研究局的大部分作品实际说来也是它们的引申出来的影子。② 1913年的方法和结论都经得住后来对它们的大量研究的检验,虽然米契尔,按照他的献身于真理的单纯思想,总是随时准备修正它们。③

在尽可能确定《商业循环》在米契尔个人发展过程中的地位之后,现在我要确定它在这门科学发展过程中的地位。我执行这一任务时是相当没有自信心的。第一,正如前面所指出的,米契尔的创造性努力不是单纯地指向循环现象本身,而是指向受"在商业波动的研究中所发展出来的观念"所鼓舞的一个新的经济学——或者像他自己所说的,一个新的经济理论。④ 这使他的作品和大多数商业循环研究者的作品难以互相比较。第二,像大多数创造性工作者一

---

① 读者会理解到,这意味着只适用于他的主要作品,而不适用于他的一切次要作品。但它适用于比人们乍一看来可能认为的更广泛的范围。我们马上就可以看到两个最重要的例外,即米契尔关于指数的著作,和在经济思想史领域里的著作。前者是以纲要形式列出的总方案的一部分——并在1913年那本书里,在某种程度上实际上已经实行了。后者是他的创作的批评性补充。并且,就连大多数的次要作品也是这一伟大的镶嵌细工中的因素。

② 这一用语是密勒斯教授的说法的一个稍微改变的说法,"……全国经济研究局,老实说是韦斯利·米契尔的引申出来的影子机构"(F.C.密勒斯,前引书,第735页)。

③ 方法上最重要的变动在于人们所知道的全国经济研究局的时间数列分析方法。结论上最重要的修改在于,他越来越不强调递增成本最后带来繁荣和递减成本刺激复兴的作用。

④ 《商业循环问题及其调整》,1927年,第452页。

样,米契尔很难领会那些在态度上或方法上同他(或者在他看来同他)相差很远的人的作品。他是最宽宏大量的人。他博览群书。但是,由于他专心致力于自己的任务,长期狂热地工作着,对于不属于他自己的理论结构就很难深入到一定水平之上。为了对于他的思维能力做到公正,这就有必要借助于一个区别,即主观的和客观的占先权之间的区别。在我研究经济分析的历史的时候,我常常感到这种区别的必要性。第三(像微积分的发现——或发明——的例子,和许多相仿的例子),有这么一种事实,即人们的思想,在任何一定的时间,很容易集中于相仿的见解,但是其方式却会使这些人——和他们的学生——对于彼此之间次要的差别比对于主要相同之处看得更清楚。在我们面前的这一例证中,工作者认为,不同的"说明"的数目越来越增多,其实事实是:他们关于这一问题的概念即关于循环对"恐慌"的概念,他们的方法(包括越来越多地依靠统计资料)以及他们的结论(例如强调我们现在叫作加速原理的一个概括化的形式)的某种近似之处,是越来越明显了。在这一运动中,没有一位著者起带头作用,并且没有一位著者似乎受到其他著者很大的影响。但米契尔的著作的日期保证了它在这一运动史中的卓越地位。[①]

[①] 只提一提少数其他作品:阿夫塔里昂的作品,虽然在少数解释性预测方面和米契尔的作品不同,但关于方法却是以极类似的精神写的,也在1913年问世;斯皮特浩夫的作品,虽然在20世纪前年间所发表的一些论文里已经显露出一些兆头,但一直到1925年,没有以任何完整的形式出现,也没有揭示出来它据以建立的广泛事实基础;庇古一直到1927年才肯定地显示出他和米契尔的研究方法的极其近似;D. H. 罗伯逊一直到1915年;卡塞尔(他的解释后来取得了不同的特点)一直到他发表了关于普通经济学的论著。哈勃勒教授把杜干-巴拉诺夫斯基叫作斯皮特浩夫的前驱者(《繁荣与萧条》,1941年,第72页),但我倾向于把他排出于这些人之外。要着重指出的是,我不是企图缩小他们之间的理论差别。他们在精神上和研究方法上的近似是我愿意强调的一切。

诚然,对所有这些著者来说,有一位先驱克雷蒙·朱格拉——这位伟大的门外汉可以说是创造了现代商业循环分析。就米契尔来说,朱格拉在理论上和方法上都是他的先驱。他不仅写了一部"伟大的实际的书",推进了当代的理论,并弄清了由"恐慌"过渡到"循环"的必然性,①他还以真正的米契尔式的含蓄指出了重要的说明原理。他认为这一说明原理直接产生于观察,并登峰造极于这一著名的断言:萧条的唯一原因是繁荣;或者说,萧条是对于繁荣中所发生的事情的反作用,如果我没有错误地理解这句话的话。在我看来,这似乎是下面这种理论的第一个(虽然是部分的)有系统的阐述:经济过程的每一阶段都产生着下一阶段,而且特别是,在繁荣期间这一制度中所积累的压力会导致衰退(衰退又创造着新的导致繁荣的条件)。米契尔,他独立地采取了相仿的图式,毫不犹豫地称它为"理论"(参阅《商业循环》第 583 页,或伯恩斯的摘要,见前引书,第 26 页),并且,这正是它的本质,如果我们采取这个词的正当的——那就是有用的——意义的话:"在用它来说明经济行为的不断消长的一个独立努力中",一个图式一定会引出正当的理由来,如果它是正当的话。他阐述了两派——只有两派——基本上不同的循环理论当中的一派。有这样的"理论",即经济过程基本上是不波动的,因此必须在扰乱这一平稳之流的特殊条件(货币的或其他的)方面寻找循环的或其他的波动的解释。马歇尔在代表这一"假定"的一大群人中处于突出的地位。也有这样的

---

① 参阅米契尔在 1927 年那部著作的第 11—12 页上的说明,在那里米契尔也看到了韦德、奥维尔斯顿和其他人,他们但不是马克思,为这一步骤铺平了道路。

"理论",即经济过程本身基本上是波浪式的——循环是资本主义的发展的形式。米契尔赞成后者。我认为可以说,他比这还进了一步:由于资本主义经济是一种利润经济,在这一经济里,经济行为决定于影响现在的和预期的金钱利润——我认为等于凯恩斯的资本的边际效率——的因素,所以他宣称利润是对于商业波动的"线索",这似乎不仅同凯恩斯《通论》的第 22 章里所描绘的"理论"基本上相符合,[①]而且也同一派商业循环研究者的理论基本上相符合,这一派几乎和把循环看作是内在于资本主义过程的那一派同样大。除此之外米契尔什么也没有主张。特别是他没有进一步说,利润显然是——不晓得为什么,但总是密切地——和投资过程相联系的。但即使如此,在我们面前也有一个处在他的实际著作的后面的确定的(即使只是叙述性的)图式。如果这一图式在他的作品的最后阶段似乎还不明显,这是因为他在中道就逝世了,这就是说,在他的作品的"实际"阶段中,在他还没有来得及把他的劳动果实完全调整之前就逝世了。

和 1927 年那部著作完全一样,1913 年这部著作也从对于现存的各种解释的简短考察开始。在这两本书里,至少说,他简洁地并以令人惊异的超然态度把它们叙述出来。米契尔认为它们都是"表面上讲得通的"但又都是"纠缠不清的"。他把它们加以分类,但没有企图系统地批评它们。虽然他在这里或那里提出反对的意见,但读者得到这样的印象:他认为它们是关于局部真理的许多说

---

① 毫无疑问是有差别的,而且这种差别由于一位著者的含蓄和另一位的锐利而被加重了。但循环波动的"线索"或近因,对他们两个人来说,都是在利润这一因素中。

明,其中每一个都和任何其他的同样地,而所有这些都必须在共同的水准上等待事实法庭的审判。这一超然态度也提示了上面所提到的米契尔的方法学的特点之一:对他来说,在解释性假定和事实之间没有什么东西,或无论如何没有什么重要的东西;特别是,一个理论在经过事实审判之前,没有任何逻辑标准可以排除它。但是,在米契尔对"新古典"经济学不信任的假定下,这样的超然有它的优点。并且,正如一再所说明的,它没有使他在统计事实海洋的航行中失去指南针。

也像1927年的那部著作一样,1913年的这部著作其次提示了米契尔对于货币经济的看法。在这两本书里,这些章节实际上正如他所认为的,是关于一般经济理论的一些概论。它们密切地结合在一起,但未加修饰并缺乏有效的概念化,它们从来没有享受到应有的评价。提一个例子就行了:有多少人知道,这些章节所启示的而不是陈述的货币流通理论,预见到现代收入计算和总量分析中许多最好的东西呢?当然在这里我们得到很多批评家所没看到,而在1913年这部著作第三部分里曾加以进一步发展的"理论背景"。① 毫无疑问,这一背景叙述需要扩充,同时还需要一位专业理论家的编辑工作。但无论如何它都是伟大的成就。

但是,1913年这部著作的第二部分不需要任何人的编辑工

---

① 这一第三部分,在"商业循环及其原因"的标题下于1941年重印。它包括几个论点,米契尔后来不再相信它们,或不再相信它们的重要性。虽然如此,在写它的时候,他也几乎等于对他的商业循环理论做了一个充分明显的描述。前面所提到的没有发表的手稿(本书第260页注①)不仅是不完整的;它也是对于难以处理的大量资料尽快进行的辛苦战斗的产品。

作。它是一种珍品,是拓荒者的成就。米契尔不仅知道如何使用统计资料,并且也知道如何发展它——如何取得他所需要的资料,即使它不是现成摆在那里。理解来自全面看法的一种需要;识别满足这种需要的可以利用的手段;以及攻研问题——这些事情在1908—1913年间,一定是以闪电的速度,一个接着一个地发生。许多人具有全面的看法。许多人对于具体问题富有热情。但他是这样的少数人当中之一,就他们来说,他们的看法是专心致志地服务于他们的具体工作,他们对于具体问题的热情又专心致志地服务于他们的看法。

四

关于1927年这部著作,除了它比1913年那部著作更明确地是一种对于已做过的工作的考察,和对尚待进行的工作的一种方案以外,其余就没有更多需要说的了。① 从1908年到1913年,他的劳动使他认识到,他所企图完成的重大任务不是他独力所能办到的。在以后的若干年里,他的活动,尤其是②引起他研究物价和生产指数问题③的活动,使他认识到,他(很少有人是这样)被赋予

---

① 请读者参阅我在1930年11月《经济学季刊》上发表的一篇评论,题目是"米契尔的商业循环"。

② 我们在这里应该但不能注意到的最重要的一种研究,于1937年在名为《落后的花钱艺术》一书中被约瑟夫·道尔夫曼教授重印出来。

③ 特别参阅劳动统计局公报第173期和656期。战时工业局丛刊《战时物价史》是米契尔编辑的,他自己对于公报所投的稿子是"国际物价比较"以及"总结"。后者包括他的生产指数。

领导一个团体的任务。在这一团体里,虽然他知道如何进行领导,但他总是以工作伙伴的身份亲自参加工作——他全心全意投入共同的工作,并发扬知识界互相协作的精神。这样,极其自然地在 1920 年这一工作就成了全国经济研究局的工作。他是这一研究局的创始人之一,并且一直到他逝世,他都是其中最活跃的人和和蔼的领导。他领导而从不强制,鼓舞人而从不破坏他的同事的积极性。这一"勇敢的实验"是一个自觉的行动。它的极大成功是他的智慧和品德的不朽功业。

研究局进行了,并从一开始就计划要进行一系列的研究。这些研究从关于国民收入的大小和分配这一著名研究开始,在外表上它们远远超越商业循环和与商业循环密切相关联的问题的范围之外。① 但米契尔关于这一现象的概念包含了整个经济过程,从而使那里所发生的一切都与商业循环"理论"有关。关于手段和机会的考虑,只决定个别计划时序的先后,但所有这些个别的计划都在他的全面计划中占有它们的地位。要对伯恩斯和米契尔的《商业循环测量》(1946 年)进行任何评价,必须把这一点记在心里。

这部著作的著者们并没有说他们写了一部关于商业循环的论著,而只是说提供了一个"商业循环测量计划",或者毋宁说是运行中的经济过程测量计划。这一"宣布的宗旨"对于前八章比其余四章(它们研究结论问题而不只是测量)更为适合些。但我愿意多少不同地阐述这本书的内容:此书的目的是使这一现象在我们面前

---

① 关于具体的内容,参阅年度报告或者至少是伯恩斯教授的简短叙述,见前引书,第 31 页及以后。

显现出来，并且通过这样做来向我们表明有什么要说明的问题。这一努力被一些分析的决定所统驭着，这些决定构成了我们在1913年那部著作里所见到的那些说法的改进了的说法，但它们难以被叫作定义。它们是这样的："在把国家工作主要地组织于商业企业的那些国家里，商业循环是在国家总经济行为中可以看得见的变动类型：一个循环是这样组成的，在许多经济行为里大约在同一时间发生扩张，继之以相仿的一般衰退、收缩和复苏，这一复苏又进入下一个循环的扩张阶段；这一连续变动是重复发生的，但不是定期的；就时期长短而言，商业循环从1年多到10年或12年长短不等；它们不可能再分为同样性质的和它们自己的幅度近似的更短的循环。"（第3页）除了预见到几个随后发现的事实以外，这里边还包括许多"理论"。特别是最后一句勇敢地采用了单循环假定，这使不同种类的波动难于区分，而这些波动的存在不是进行假定的问题，而是直接观察的问题。[①] 但是，这一论点和其他论点，在某种程度上说，是个人判断和叙述方便的问题，我们将不进一步深入讨论它们。

根据米契尔的一般观点看来，分析全国经济研究局的统一力量所能够发掘出来并加以处理的一切时间数列——超过一千以

[①] 第二句话似乎暗示在某一点上承认四个循环阶段。我们将会看到，这一暗示没有包括在随后采用的循环阶段的模型中。读者会认识到，米契尔早就厌恶使用均衡概念——甚或厌恶商业界中它的对应物，"正常的贸易状态"，他在1927年这部著作的第376页把它叫作"虚构的东西"——这可能是这一点的原因，或原因之一。因为，除非我们把扩张（繁荣）和收缩（萧条）解释为脱离于，把衰退和复苏解释为趋向于比较均衡的（在这一意义上而不是在其他意义上是"正常的"）条件的运动，否则四个阶段的模型实际上是没有什么价值的。

上——是正确的和适合的。因为被看作资本主义过程的形式的商业循环，必然是"一堆一堆的互相关联的现象"，这些现象和这一过程本身同样广阔。即使可能想象出一个因素，它本身和循环没有关系，人们仍然需要研究它是怎样受到循环运动影响的。[①] 虽然如此，并不管所牵涉到的关于理论考虑方面的一切谴责，如果证明有必要进行选择的话——就像在《商业循环测量》的最后四章里——那么，这是对于可以运用的手段的局限性的让步，而不是原则问题。但是，米契尔充分知道，即使最完全的统计也不能满足他的要求。因此，为了核对和弄清他的统计资料和从这种资料得出来的推论，他想出了搜集他所谓商业记录的想法，并且要年代尽可能地久远，国家尽可能地多。W. L. 索普所著的众所周知的书（1926年）就是它的结果。在一个统计时代里，这一承认非统计的历史资料的重要性的方法学上的优点，是再重要不过的了。虽然随着时间的推移，米契尔对于这一报道来源的信任似乎是减少了，虽然从一开头它就被不恰当地利用了，它还是把他的著作从威胁着要淹没这一领域的统计主义里拯救出来。

现在每个人都熟悉被叫作全国经济研究局方法的内容了。然而，我们应当把构成这一循环行为的表述的基础的天才观念再复述一遍。一方面，每一经过季节变动的校正之后的数列是单独论

[①] 米契尔关于循环情况的概念，我认为可以用一个比喻描述出来。一个家族的成员创造出某种精神气氛，它在某种意义上说是他们的个人行为的结果。但虽说如此，这一气氛一旦创造出来，它本身就成为一个客观事实，又会影响这一家族的成员的行为：全国经济研究局的时间数列的家族的成员，联合地产生着这种循环情况，但所有这些成员又被现存的循环情况所影响。

述的,在它自己的扩张和收缩期间的平均行为这样地表现出来了(特定循环)。用划分数列中的最低点和最高点的方法加以鉴定的每一个这样的循环,被区分为期间或阶段,这些阶段的数列的价值是以每一循环的它的平均价值的比率来表示的——在消除趋势和把它留在里边之间的一个合适的折中办法——然后就可以用这些比率的平均数画出这一数列的典型特定循环的画面。另一方面,为了表示出每一个别数列在整个经济制度中扩张和收缩期间的行为,从所包括的一切数列的近似"一致"和商业记录中所提供的非数字的材料,求出一般商业活动的最高点和最低点的日期。然后在这一"参考循环"所划分成的每一期间或阶段(共九个)里研究每一数列的行为,这一数列在它的参考循环的每一阶段里的"地位",也是以它在整个参考循环中的平均价值的一个比率来表示的。这一数列的典型参考循环是由平均这一数列在所涉及的一切循环的每一阶段中的地位而求出来的。比较每一数列的特定循环和参考循环也许是在这一图式里边可能有的最有启发意义的运算或测量。为了在不事先假定商业循环事实之间的任何特殊关系的情况下来调整它们,关于(潜在的)每一点点统计资料的这一双重表述确是极其完善地加以计划的。即使如此,许多困难问题还必须用快刀斩乱麻的办法加以解决。自然,这一机器在最后四章里的工作障碍就更大了。在这里,七个相对长的时间数列的例子担负着具体推论的沉重负担。但是,提供事实以便使它能够和理论相对照这一目的,自始至终是十分显著的。

当然,这一部著作只是一个开头。即使米契尔能够完成他的未完手稿,这也不过只是一个开头。这一类工作没有自然的止境,必然总是指向无限远的将来。这对于米契尔生平的整个工作来说也是正确的。这使他的工作伟大,并奠定了它在现代经济学史中的独特地位。他是这样一个人:他和我们其余的人不一样,有勇气说他没有给出一切的答案;他按部就班地进行他的工作,既不操之过急,也不停滞不前;他不喜欢摇旗呐喊;他对于人类的命运充满着同情,可是超然于尘寰扰攘;他用实际行动而不用言语来教导我们一位学者应当是什么样的。

约翰·梅纳德·凯恩斯[*]

（1883—1946）

一

在他的论伟大的维利尔斯亲属那篇卓越的论文里,[①]凯恩斯显露出重视遗传能力的感觉——用卡尔·皮尔逊的话来说,重视能力和遗传有关这一伟大真理的感觉。这不完全适合许多人似乎设想的关于他的智慧境界的情况。关于他的社会学的明显推论,被下面这一事实所加强了：在他的传记论文里,他往往非常小心地强调祖先的背景。因此,他会理解到我由于没有时间不能调查凯恩斯亲属的过去而感到的遗憾。我们希望别人来做这件事,而我们自己只满足于钦佩地回顾他的双亲吧。他生于1883年6月5日,是神学博士约翰·布朗牧师的女儿弗罗伦

---

[*] 原载《美国经济评论》第三十六卷第四期,1946年9月。版权为美国经济学会所有,1946年。

[①] 这是一篇评论 W. I. J. 根"遗传能力研究"的论文,1926年3月27日发表于《国家与雅典庙宇》；重印于1933年的《传记论文集》一书里。这部著作比他的任何其他著作都更能说明凯恩斯这个人和凯恩斯这位学者。因此,我将不止一次地提到它。

斯·亚达·凯恩斯和剑桥大学注册主任约翰·内维尔·凯恩斯的长子——母亲异常能干,曾任剑桥市市长,父亲是我们大家都知道的一位卓越的逻辑学家和著者,特别是一部最好的经济学方法论的著者。①

让我们注意这篇纪念论文的主人公的科学研究工作的背景。当我们加上伊顿公学和剑桥大学皇家学院这两个名字的时候,这一背景的含义——它的卓越的英国品格和它的高贵成分——就会更清楚了。我们大多数人都是教师,而教师是惯于夸大教育的塑造影响的,但没有人能使它等于零。而且,没有任何迹象可以表明,约翰·梅纳德对这两个地方的反应不是正面的。他似乎享有一个彻底成功的学者的生活。② 1905年他当选为剑桥大学同学会会长。同年,他成为第12个数学学位考试的一等及格者。

理论家会注意到,没有一定的数学才能再加上勤劳的工作——勤劳到足以使一个经过这种锻炼的人,很容易获得他所愿意掌握的任何比较高深的技术——是不可能获得后一称号的。他们将会看出作为凯恩斯著作纯粹科学部分的基础的数学素质,也许在他的著作里也会看出一些半被遗忘的锻炼的痕迹。有些理论家可能怀疑:当他最初进入这一领域的时候,数理经济学正在聚集

---

① 《政治经济学的范围和方法》(1891年)。这一令人钦佩的著作是十分成功的,这从晚至1930年人们还要求重印它的第四版(1917年)这一事实得到证明;实际上,在半个世纪的关于它的问题的争论的风浪中,它都能保持它的声誉;即使在现在,方法论研究者也最好是以它作为指南。

② 伊顿对于他总是意义很大的。他后来所接受的荣誉,极少能像他被教师们选举为他们在伊顿管理委员会的代表那样使他高兴。

力量，那么为什么他要超然于这一潮流之外呢？这还不是一切。虽然他从来不明确地敌视数理经济学——他甚至接受计量经济学会的会长职位——但他一向不以他的权威支持它。他所提出的忠告几乎千篇一律地是反面的。偶尔，他的谈话也流露出他似乎不喜欢它。

理由不必到远处去找。高级数理经济学是属于在一切领域中被叫作"纯粹科学"的东西。其结论对于实际问题几乎没有什么关系——无论如何现在还没有。凯恩斯的卓越才能完全都用在政策问题上。他受的教育太多了并且他太聪明了，不能蔑视逻辑细节。在某种程度上说他喜欢它们；在更大的程度上说他容忍它们；但在他很容易达到的一定限度之外，他对于它们就失去耐性了。为艺术而艺术，不是他的科学信仰的任何部分。不管他在其他什么地方可能是进步的，在分析方法方面他不是进步的。我们将看到，这在和高等数学的使用没有关系的其他方面也是如此。他不反对使用像托马斯·孟爵士的那些粗疏的论证，如果目的证明这种使用是正当的话。

二

一个从伊顿和剑桥进入成年生活的英国人，他对于他的国家的政策具有浓厚的兴趣，他在标志着一个时代过去和另一个时代来临的1905年赢得了剑桥大学同学会会长的职位——为什么这样一个英国人没有开始一种政治生涯？为什么他反而走进了印度部？在做出这一决定时有许多正面的和反面的理由，特别是金钱；但是关于它有一点是基本的，必须抓住。任何一个和凯恩斯谈上一个钟头的人，都会发现他是最不适合搞政治的人。政治游戏作为一个游戏来说并不比赛跑——或者就这一问题来说，并不比纯粹理论本身——更能引起他的兴趣。他具有十分特殊的辩论天才，并对于策略价值具有锐利的眼光，可是似乎感受不到政治机关的魔力圈的诱惑——这种诱惑在任何地方也不像在英国那么强。政党对他来说极少有或毫无意义。他随时准备同支持他的建议的任何人合作，并忘掉任何过去的争论。但他不准备在任何其他条件下同任何人合作，更不用说接受任何人的领导了。他的效忠是效忠于措施，而不是效忠于个人或学派。并且他不仅不是个人的崇拜者，更不是教条或观念形态或旗帜的崇拜者。

因此，他对于一个理想公务员的任务，即那些天生要成为伟大的政府常任副部长——他们的周密考虑对于英国最近历史的形成极有影响——之一的公务员的任务，就不适合了吗？他丝毫也不适合。他对于政治没有兴趣，但他对于耐心的例行工作，和以温和的手段来驯服难以驾驭的野兽——政客，就不只是没有兴趣了。这两种消极倾向，即对于政治舞台的厌恶和对于例行公事的厌恶，驱使他朝着他天生适合的那种任务前进，对于这种任务他很快地找到了完全适合他的形式，并且他终生没有离开这种任务。不管我们可能认为他所要阐述的心理法则是什么，我们不能不感觉到从早年他就完全理解他自己。实际上这是他取得成功的秘诀的主要钥匙之一——也是他取得幸福的秘诀的主要钥匙之一。除非我犯了很大的错误,否则他的生活是非常幸福的。

这样,在印度部待了两年(1906—1908年)之后,他回到他的大学,接受了皇家学院的特待校友的地位(1909年),并且在他的剑桥同事经济学家这一范围以内及以外很快地建立了声誉。他讲授纯粹的马歇尔学说,以《经济学原理》第五卷为中心。极少有人像他那样精通这一学说。在以后的20年,他仍然拥护这一学说。他那时候在一个偶然到剑桥去的客人眼中是怎样的一幅形象,迄今还存在我的记忆中——这一青年教师具有瘦瘦的体格、苦行者的面色;他那闪烁的眼光,显得很专心而异常严肃,让人看来似乎有些由于勉强忍耐而微微颤动;还有那没有人能够忽视、每个人都尊重而有些人很喜欢的雄辩者的风度。① 他越来越高的声誉,从他早在1911年就被委派为《经济学杂志》的编辑来接替埃季沃斯这一事实得到证实。直到1945年的春天,他一直非常热情地担任这一经济学界的重要职位。② 考虑到他担任这一职位时期之长,以及在他任职期间的一切其他兴趣和工作,他的编辑成就的确是惊人的,事实上几乎是令人难以置信的。这不仅是由于他制订了《经济学杂志》的和他担任秘书的皇家经济学会的总方针。他所做的远不止于此。许多篇论文是由于他的建议而写出的;所有的论

---

① 我自己和凯恩斯认识只是从1927年才开始,但这时他给我的印象完全不同。

② 从1918年到1925年埃季沃斯又来共同担任编辑工作。后来D. H. 麦克格里哥尔接替了他的职位,从1925年服务到1984年。其后E. A. G. 罗宾逊先生又接替了麦克格里哥尔(罗宾逊在1933年被委派为助理编辑)。

文，从观点和事实一直到标点符号，都受到最精细而锐利的注意。① 我们都知道这种结果，并且我们每个人——毫无疑问——关于它们都有自己的观点。但当我说，总的来看，凯恩斯作为一位编辑，是杜邦·德·奈穆尔主编《公民评论》以来无与伦比的一个编辑的时候，我确信这是代表我们大家说的。

在印度部的工作不过是学徒而已，它对于一个思想还不太丰富的人几乎不会留下什么痕迹。但它不仅高度地显示出凯恩斯的勇敢，还显示了凯恩斯的天才，这种天才产生了效果：他的第一本书——并且是第一次成功——是《印度通货与财政》。② 这本书于1913年问世，这时他也被委派为关于印度财政和通货的皇家委员会的委员(1913—1914年)。我认为把这本书称为关于金汇兑本位的最好的英国人著作是公正的。但是，人们把更多的兴趣放在和这一成就本身的优点关系不大的另一问题上。我们能够在它里面看到指向《就业、利息和货币通论》的任何东西吗？在后者的序言中，凯恩斯自己只是宣称，他的1936年的学说在他看来似乎是"他已经遵循了许多年的思想路线的自然发展"。关于这一点我将在以后提出一些评论。但现在我愿意大胆地说，虽然1913年这本书没有包括被认为是极其"革命的"1936年那本书的任何典型的主张，但1913年的凯恩斯对于货币现象和货币政策所采

---

① 有一次他向一位外国投稿者很有耐性地解释说，把 exempli gratia 缩写为 e.g. 是可以的，而把 for instance 缩写为 f.i. 是不可以的——著者会同意这种改动吗？

② 在1910—1911年他在伦敦政治经济学院进行了关于印度财政的授课。参阅 F. A. 哈耶克："伦敦政治经济学院，1895—1945年"，载《经济学》(1946年2月)，第17页。

取的一般态度,清楚地预示了写《货币论》(1930年)时的凯恩斯的一般态度。

当然,货币管理在那时候不是什么新鲜事物——这正是为什么在20年代和30年代不应当把它叫作新鲜事物的原因——研究印度问题特别易于使人注意它的性质、需要和可能性。但凯恩斯不仅明确地估计了它对于物价、出口和进口的影响,而且也清楚地估计了它对于生产和就业的影响,这却是新鲜的东西,这虽说不能单独决定,但却能制约他自己的前进路线。而且,我们必须记住,战后时期他的理论的发展,和他据以提供实际建议的、他与任何其他人在1913年都没有预见到的特殊情况,是如何密切相关联的;把20年代英国经验的理论含义加到《印度通货和财政》的理论上去,人们就会得到1930年的凯恩斯观念的基本内容。我这一说法是保守的。若是不怕陷入传记者所常犯的错误的话,我可能稍微再前进一步。

三

1915年,这位穿着学术服装的潜在公务员变成了实际的公务员:他到财政部工作去了。第一次世界大战期间的英国财政是十分"健全的",并且有着第一流的精神成就。但它在创造性方面并不显著;可能这位才气焕发的青年官吏就是在那时候产生了后来变得十分明显的对于财政部思想和财政部观点的不满意的感觉。但是,他的工作是受到重视的,因为他被选为派到和平会议去的财政部的主要代表——这可能是一个关键职位,如果在劳埃德·乔治的势力范围之内有这样一种东西的话——并在最高经济委员会担任财政部长的代表。比这更重要的,从传记者的观点来说,是他在 1919 年 6 月的突然辞职,这可以表明他这个人和他这个公务员的特色。别人关于和约也具有同样的忧虑,但当然他们不可能说出来。凯恩斯是由不同的材料所做成的。他辞职了,并告诉全世界为什么辞职。从而他就一跃而成为国际知名的人物了。

《和约的经济后果》(1919 年)所受到的待遇使"成功"这个词变得令人觉得平凡而乏味。那些不理解幸运和功绩是怎样交织在一起的人,毫无疑问地会说凯恩斯只是写出存在于每个有常识的人嘴边上的话;说他处于极有利的地位使他的抗议能够传遍全世界;说是这种抗议本身而不是他的特殊论证使他赢得了每个听到的人和成千上万人的心;说这本书问世的时候,正是形势对它有利的时候。在这些说法里面都有真理。当然,有一个极好的机会。但是,如果凭借这一点我们就否认这一功绩的伟大性,那么,我们最好把这一用语从历史上完全删去。因为任何伟大的功绩事先都有着伟大的机会。

这一功绩主要是由于勇敢而得到的功绩。但这本书是一部杰作——充满了实践的智慧但从不肤浅;具有严格的逻辑性而不冷酷;有着纯正的人道感但没有感情冲动;摆出一切事实,既不表示无益的惋惜,也不表示绝望。它是建立在健全分析之上的健全建议。它是艺术的作品。形式和内容彼此完全相适应。每件事物都恰到好处,在它里面没有任何事物不是恰到好处的。没有任何无用的修饰来破坏它的严紧的结构。优美的表达方法——他一直没有再写得这样好——使它非常简洁。在凯恩斯试图用登场人物来解释产生这种和约的目的的悲剧性失败的章节里，他达到了极少人曾经达到的高度。①

这本书以及作为它的补充并且在一些方面改正它的论证的《和约的修订》(1922年)的经济学是非常简单的，不需要任何精密的技术。虽然如此，其中有些值得我们注意的东西。在凯恩斯从事他的伟大劝说事业之前，他对于他就要通盘观察的政治事件的经济和社会背景描绘了一个轮廓。除了很少一些词句的更改之外，这一轮廓可以简括如下：放任自由的资本主义这一"非常的插曲"，在1914年8月已经结束。技术改进以及一系列的新食物与原料来源的获得所不断创造出来的丰富的投资机会，以及人口的迅速增长所造成的企业领导能够取得一个接着一个的成功这种条

---

① 参阅再发表于《传记论文集》第25—50页的"四巨头会议"；它是连同一个重要补遗即"劳埃德·乔治的片段"一起发表的。说起来是令人痛心的，那时候凯恩斯观点的一些反对者，在他的胜利的逻辑面前完全撤退的时候，似乎常常嗤笑他关于一些事实的陈述和他关于动机的解释，他们断言，这两点凯恩斯都无从判断。由于最近在发表于一份美国杂志的一篇随笔又重复了这种对于凯恩斯的责难，因此首先要请读者弄清：凯恩斯的分析的任何结论，以及他的任何建议，都和他关于克雷孟梭、威尔逊和劳埃德·乔治的动机和态度所描绘的画面的正确与否完全无关。但是，其次，由于描绘性格也是这一纪念文的目的的一部分，因此有必要进一步证明下面这种诽谤是完全没有根据的。这种诽谤说凯恩斯耽迷于"诗人的幻想"，说他假装极其了解他所不可能知道的"秘密"——这往好处说会宣判他有无聊的虚荣心，往坏处说就更甚于此了。但有关的证明是不难提供的。如果读者参阅那篇杰出的概述的话，一定会像我所希望的那样，发现凯恩斯并没有宣称和那三个人亲近，而只是同劳埃德·乔治相识。他对于四巨头(第四个人是奥尔兰多)秘密会议没有提到任何事情，而只是描述四巨头会议的例行会议的情况。根据他的行政地位，他在通常情况下，必然和一切其他主要专家一起列席这种会议。而且，他对于在导致灾难后果的道路上所采取的步骤的个人方面的描述，得到其他各种证明的广泛支持。他的精辟的叙述只是关于人所共知的事实的合理解释。最后，批评家最好心中记着，这一解释显然是宽大的，并且丝毫没有凯恩斯可能感到的(即使是正当的)任何愤慨的痕迹。

件,正在迅速地消逝。在从前那些条件之下,吸收"不是为了吃饼"而继续烤饼的资产阶级的储蓄,并没有什么困难。但现在(1920年)这些刺激快要没有了,私人的企业精神正衰退着,投资机会正消逝着,因此,资产阶级的储蓄习惯已经失去它们的社会作用;坚持这种习惯实际上会使事情更糟。

这样,在这里我们看见了现代停滞论——和我们可以从李嘉图那里找到的那种停滞不同——的根源。我们也在这里看见了《就业、利息和货币通论》的胚芽。任何一个关于社会经济情况的全面"理论"都是由两个互相补充但基本上不同的因素所组成的。第一是,理论家关于这一社会情况的基本特征,关于在特定时刻为了理解对它的生活来说什么是和什么不是重要的事物的观点。让我们把这叫作他的看法。第二是,理论家的技术,即他用以把他的看法概念化,并把后者变成具体的主张或"理论"的工具。在"和约的经济后果"的这些章节里,我们找不到《通论》的理论工具的任何迹象。但我们看到了关于社会和经济事物的整个看法,对它来说,这种工具是技术的补充。《通论》是使我们时代的看法可以在分析上运用的长期奋斗的最后结果。

四

当然,对于具有"科学的"风格的经济学家来说,凯恩斯是写《通论》的那个凯恩斯。为了对于由《和约的经济后果》引向《通论》的直线发展,以及由《货币管理短论》和《货币论》所标志着的它的主要阶段说一些公道话,我必须大刀阔斧地去掉许多应当记载下来的东西。但是,《后果》的三个山麓小丘①在下面的注解中提到了,并且对于他在1921年发表的《概率论》必须说几句话。虽然凯恩斯对于概率发生兴趣是很久以前的事了(他的特待校友地位的论文就是关于这一题目的),但凯恩斯对于概率理论的贡献,我认为是不会有多大问题的。对我们有兴趣的是:概率理论对于凯恩斯的意义是什么。在主观上,对于这样一个从由于公共责任感也同样由于偏爱而用去他的大部分时间和精力的领域中不能完全得到满足的人来说,这似乎是他的精力的出路。他对于经济学的纯粹知识的可能性并不抱有很大希望。每当他愿意呼吸高空空气的时候,他不是转向我们的纯粹理论。他在一定程度上说是哲学家或认识论者。他对于维特根斯坦很有兴趣。他是那位在壮年就逝世的卓越哲学家弗兰克·拉姆西的一位好朋友,为了纪念这个人

---

① 这些是:他关于人口的论文和继之而起的他和威廉·贝佛里季爵士的争论(《经济学杂志》,1923年);他的小册子《放任主义的终结》(1926年);和他在《经济学杂志》(1922年3月)中发表的"德国划拨问题",及随后对于欧林与鲁夫的批评的回答。第一篇论文企图祈求于马尔萨斯的鬼魂——拥护(在大量食物和原料卖不掉的时期的开始!)这样的主张:自从1906年左右,自然对于人类努力的报偿开始不那么大方了,人口过剩是我们时代的大问题或最大问题之一——这也许是他的一切努力当中最不恰当的,并表示出在他性格当中存在着轻率的因素,即使最喜欢他的人也不能完全否认这一点。关于《放任主义的终结》需要说的一切是,我们不要希望从这篇著作里找到它的题目所暗示的内容。它和韦伯夫妇所写的使人们和凯恩斯的书相比拟的那本书完全不同。关于德国赔偿问题的这篇论文揭露了他的性格的另一方面。它显然是被最宽大的动机和被毫无错误的政治明智所指挥的;但它不是好的理论,欧林和鲁夫对付它是很容易的。凯恩斯如何能够看不到他的论证中的弱点,这是难以理解的。但是,为了对于他所相信的事业服务起见,他在异常仓促中有时会忽视他用以造箭的木材的缺点。详细研究题为《劝说集》(1931年)的这部文集,也许是研究在他的作品的不太专门部分中他的论证特点的最好方法。

他写下了一篇不朽著作。① 但仅仅接受别人的态度是不可能使他满足的。他必须有他自己的思想飞跃。他为了这一目的选择了概率这一充满逻辑细节但不是完全没有功利主义内涵的课题,这很可以看出来他的思想。不管专家,特别是非剑桥的专家可能说些什么,他的不屈不挠精神会产生出毫无疑问是卓越的成就。

　　让我们利用这一机会稍微更深入地来看看他。他回到了皇家学院,恢复了他的战前生活方式。但这一方式是发展和扩大了。他仍然是一位活跃的教师和研究工作者;他继续编辑《经济学杂志》;他继续使公众注意他自己。虽然他由于接受了会计员这一重要的(费劲的)职务而加强了他和皇家学院的联系,可是位于戈登广场46号的伦敦住宅不久就成为第二大本营了。他对于《民族》周刊发生了兴趣,并成为它的主席——这一杂志在1921年接替了《发言人》,吸收了《雅典庙宇》,并于1931年同《新政治家》合并(《新政治家与民族》)——他给它拉来了源源不绝的稿件,这在别人就会需要全部时间来工作。并且,他成为全国互助人寿保险协会的主席,对于它他花费了很多时间;还管理一个投资公司,从这一营业活动中赚到了相当多的收入。对他说来无所谓无聊的东西,经商和赚钱就更不是无聊的事情了。他坦白地赞美一所漂亮住宅的舒适;并常常同样坦白地说(在20年代),他永远不会接受教授委任状,因为这样他无法维持生活。除了这一切之外,他积极地服务于

---

　　① 见于《新政治家与民族》,1931年10月3日,再发表于《传记论文集》,对于他所写的这篇最热情的论文,他附加了来自拉姆西的语录。当然,这些语录表示拉姆西的观点,而不表示凯恩斯的观点,但是,在这样情况下,没有人会选择意见不相同的那些章节。这样,从拉姆西的语录可以看出来凯恩斯的哲学了。

经济顾问委员会和财政与工业委员会(麦克米伦委员会)。1925年他和一位杰出的艺术家丽第阿·罗波科娃结婚,她终生是他情意相投的伴侣和忠实的配偶——"在病中和在健康的时候"。

从事这样一些活动并不是出奇的事情。使它出奇,并令人看起来是一件奇事的是这一事实:他对于其中每个活动所使用的精力之多,就好像那个活动是他唯一的一个活动。他的欲望和他的有效率地进行工作的能力是令人难以置信的,他专一于手头上那件工作的能力真是格莱斯顿式的。不管他做什么,他都丝毫不为任何其他事物所分心。他知道什么是疲倦。但他似乎不知道什么是意志颓丧和忧郁的死亡时刻。

对于企图鞠躬尽瘁的那些人,上苍常常加给两种不同的惩罚。其中一种惩罚凯恩斯毫无疑问是受到了。他的工作的质量受到它的数量的损害,而且不仅在形式上。他的许多次要作品表现出来仓促的迹象。他的一些最主要的作品也表现出来损害它的成长的不断干扰的迹象。没有意识到这一点——没有意识到他所看见的作品还没有来得及成熟,还没有受到最后完成的笔触——的人,对于凯恩斯的能力将永远不能做出公正判断。[1] 但另一种惩罚凯恩斯被豁免了。

---

[1] 关于这一点最明显的例子,是他在研究方面最有野心的著作——《货币论》。它是把几种很好的但没有完成的作品极其不完整地凑在一起的一个外框(参阅本书第271页)。但最能表达我的意思的例证是关于马歇尔的传记论文(《经济学杂志》,1924年9月)。他显然很喜欢和重视它。实际上,它是我从来所读到的一位从事科学工作的人的最辉煌的成就。可是,它的读者不仅能得到许多快感和利益,也能理解到我所说的意味着什么。它美妙地开头,它美妙地结尾;但要做到完美无缺,它还需要两个星期的工作。

在一般情况下，充分地使用他们的每一盎司燃料的人类机器总有一点不合乎人情。这样的人在他们的私人关系上大多数是冷淡的，难于接近的和有偏见的。他们的工作就是他们的生活，他们并没有其他兴趣，或者只有一些最不重要的兴趣。但凯恩斯正好和这一切相反——他是你可以想象到的最愉快的人；他愉快、和蔼、朝气蓬勃，就像那些心中怡然自得、他们的一个原则是不让他们的任何事业变为工作的人完全一样。他感情很丰富。他总是随时准备以友好的热情来了解别人的观点、兴趣和困难。他是慷慨的，而且不仅在金钱方面。他长于社交，喜欢谈话，并且在这方面很出色。和广泛流传的观点相反，他很讲究礼数，而且是花费时间的旧世界拘泥于形式的礼数。例如，虽然有电报和电话的劝告，可是在他的被雾耽搁在海峡上的朋友在下午四时来到之前，他不肯坐下吃午饭。

他的业余兴趣很多，他对于其中每一种都快乐踊跃地从事。但这不是一切。那些虽然从事消遣，但以被动的方式来享受一些消遣活动的人，并不是少见的。凯恩斯的特点是，对他来说消遣也是创造性的。例如，他喜爱古书，传记争论的细节，过去人物的性格、生活和思想的详情。许多人也有这种嗜好，这可能是他们的教育中的古典因素对于他们培育的结果。但每当他耽迷于这种嗜好的时候，他总是拿它当作工作毫不放松。关于文学史上几个并非不重要的问题的澄清，我们要感谢他的爱好。[①] 他也是一位绘画

[①] 哲学和经济学文献最能吸引他。在这一爱好方面，彼罗·斯拉法教授是他的很被欣赏的同盟者。我能提供的有成果的最好的例证是附有凯恩斯和斯拉法所写的序言的休谟《人性论》的摘要版，1938年。这一序言是富有语言热情的一个不朽之作。

的爱好者,在某种程度上是一位很好的鉴定家,并在适当的程度上也是一位收藏家。他非常喜欢好的戏剧,创立并慷慨资助剑桥艺术剧院,每个到过这个剧院的人都不会忘记这一点。有一次,他的一位朋友接到他的一个短柬,显然是兴高采烈一气写成的:"亲爱的……,如果你想知道此刻什么事情完全占据了我的时间的话,请看一看信封里所装的东西。"①信中附件是"卡玛科芭蕾舞"的节目单或程序表。

五

现在我回到公路上。正如上面所说的,我们的第一站是《货币改革短论》(1923年)。因为就凯恩斯来说,实际建议是分析的目标和灯塔,我要做一件对其他经济学家来说我会认为是冒犯的事情,那就是,请读者首先看一看他所主张的是什么。它实质上是,为了稳定国内商业情况而稳定国内物价水平,对于减轻外汇短期波动的手段也附带给予注意。为了达成这一目的,他建议把由于战争需要而创造出来的货币制度带进和平经济里。这是人们所提供的各种建议中最大胆的一个——凯恩斯表现出很不像他所应当有的明显的动摇——那就是把钞票发行同他愿意保持并极为强调

---

① 这位朋友是一位最缺乏秩序的人,他不保存信件。因此,凯恩斯的短柬的确切措辞是无法证实的。但我可以肯定它包括一个简短的句子,并且这一句子的内容正如上面所述。这一定是大约10年或15年以前,甚至更多年以前的事——在他的晚年,这些艺术活动和爱好使他被选为国家美术馆的保管委员和音乐与艺术促进委员会的主席。还有更多的工作!

其重要意义的黄金准备分开。

在这件建议当中有两件事情值得仔细留意:第一,它具有英国的特征;第二,考虑到英国的短期利益和这位建议者是怎样一类英国人,它具有清醒的智慧和保守主义。① 必须强调指出,凯恩斯的建议最先总是英国的建议,即使向其他国家提出的建议也和英国问题有关。除了他的一些艺术爱好以外,他带有惊人的岛国居民的偏狭性,即使在哲学方面也是如此,在经济学方面更为严重。他是热情的爱国主义者——他的爱国主义并不鄙俗,而是非常纯正以至成为下意识的,并因此特别有力地使他的思想发生偏见,不能充分理解外国(美国也在内)的观点、情况、利益,特别是信条。和老的自由贸易主义者一样,他总是把在某些时候对英国是真理和明智的东西夸奖为对一切时间和地点都是真理与明智的。② 但我们不能停留在这一点上。为了找出他据以提出建议的立场,还需要进一步记住他是英国的高级知识分子,不属于任何阶级或政党,是一个典型的战前知识分子,他正确地宣称永远是洛克—穆勒这一系的精神亲属。

那么,这一爱国的英国知识分子所看到的是什么呢?那就是我们在《和约的经济后果》里已经看到的梗概。但英国的情况比那更特殊。它在这次战争以后所出现的情况和在拿破仑时代的战争以后所出现的情况不同。它贫弱了;它暂时失去了它的许多机会,并且其中有些机会永远失去了。不仅如此,它的社会结构也被削

---

① 没有一个人会感到奇怪,他终于(在1942年)被选为英格兰银行的董事。
② 这也解释了为什么他的反对者说他是前后不一致的。

弱，并成为死板的。它的赋税和工资率同健康的发展不相适应，但是想不出什么办法。凯恩斯没有陷于悲观失望。他不习惯于哀叹不能变更的事实。他也不是那种把他的全部思想都用于煤、纺织品、钢、造船等个别问题的人（虽然在他的时论当中，对于这类问题也提供一些建议）。他尤其不是宣传革新的信条的人。他是英国知识分子，看到了最不愉快的情况，有点爱刨根问底。他没有儿女，他的人生哲学基本上是短期哲学。因此，他坚决地转向似乎留给他这个英国人的唯一的"行动的路径"——货币管理。也许他认为它可以恢复经济。他肯定知道它会减轻病状——并且肯定知道按照战前平价恢复金本位是他的英国所支持不住的。

只要人们能理解到这一点，他们也会理解实际的凯恩斯主义是不能移植到外国土壤上的幼苗。它会死在移植的地方，并在它死去之前就变成有毒的东西。但此外他们还会理解到，这根幼苗留在英国的土壤里是好东西，将来能够结果和提供荫凉。让我们只说这一次：这一切适用于凯恩斯提供的每一个建议。就其他方面说，《短论》中的货币管理主张没有任何革命性的东西。但是，对于货币管理有了新的强调，把它看作是一般经济的治疗手段。并且，在序言的一开头和整个第一章[①]都谈到储蓄—投资机构。这样，虽然著者眼前的任务使他对于这些问题不能进行极其深入的研究，这本书却指出了朝着《通论》继续前进的道路。

[①] 例如，参阅第10页的极其典型的一些段落，和第8页关于"投资制度"的描述，它们预示出《通论》的分析的一些不恰当之处。即使在那时候，并且从始至终，凯恩斯都表现出非常不愿意承认一个很简单和明显的事实，也不愿意以同样简单和明显的用语来表示它。这一事实是：工业通常由银行供给资金。

在分析上,凯恩斯接受了数量理论,认为它"是基本的。它和事实相符合是没有问题的"。对我们尤其重要的是要认识到:这一建立在数量理论和交易方程式之间极其普通的混淆之上的接受,所表示的意义比它似乎表示的意义少得多,正如凯恩斯以后放弃数量理论所表示的意义比它似乎表示的意义少得多一样。他打算接受的东西是交易方程式——在它的剑桥形式上——不管它被界说为恒等式或被界说为均衡的条件,都不意味着在严格意义上的数量理论的任何特有的主张。因此,他认为可以自由地使流通速度——或 k,它在剑桥方程式中的相等物——成为货币问题的变数,并把"研究这一问题的传统方法的发展"恰当地归功于马歇尔。这就是胚胎形式的灵活偏好。凯恩斯忽略了这一理论至少可以溯源于康提隆,并且它曾被凯末勒①所发展(虽然是概略地),凯末勒说:"大量货币继续被囤积起来"并且"囤积起来的流通手段的比例……不是不变的"。我们不能研究《短论》中许多很好的东西,例如,关于期货交易市场那一杰出的一节(第 3 章第 4 节)和关于英国的那一节(第 5 章第 1 节),那是不能再好的了。我们必须赶赴通向《通论》的道路上的"第二站",即《货币论》。

---

① E. W. 凯末勒:《货币和信用手段》(1907 年),第 20 页。但在《短论》的 193 页,凯恩斯使自己陷入这一站不住脚的主张:"国内物价水平主要决定于银行所创造的信用的数量",他从来没有离开这一点。一直到最后,这一信用对他来说始终是一个自变数,决定了经济过程,虽然不像从前决定于黄金生产,但决定于银行或"货币当局"(中央银行或政府)。但是,这——认为货币数量是"既定的"——是在严格意义上的货币数量理论的特点之一。因此我在正文里说,他从来没有像他所认为的那样完全放弃货币数量理论。

除了《概率论》这一例外,凯恩斯从来没有写过劝说目的比《货币论》更不容易看出来的另一部作品。虽然如此,就是在这部书里,而且不限于最末一卷(第七卷),我们能够看到布雷顿森林体系的一切要点①——这是多么大的成就! 但是,毫无疑问,这部两大册的书是凯恩斯最为抱负不凡的真正科学研究,是十分卓越而又极其扎实的科学研究。因此,在它没有成熟之前就收获入仓,未免太可惜了。若是他能够从马歇尔的渴望"不可能的完善"学到一点东西,而不是在这一点上倒转过来给马歇尔上课就好了!(《传记论文集》,第 211—212 页)②而且,缪尔达尔教授对于"那种盎格鲁—萨克森的不必需的创造性"的温和嗤笑,被广泛地认为是公正的。③ 虽然如此,这部书在当时和在它的领域里都是突出的成就。

---

① 1943 年 4 月,英国政府发表凯恩斯负责拟定的关于国际清算联盟的某些建议。美国方面有一些专家也同时提出一种普遍性国际货币的想法。美国财政部经与若干国家政府讨论后,发表了一项"专家联合声明"。接着,罗斯福发起召开联合国货币金融会议,会议于 1944 年 7 月在美国的新罕布什尔的布雷顿森林举行。会议的结果,通过了国际货币金融协定,规定成立"国际货币基金组织"和"国际复兴开发银行"。前者于 1945 年 12 月在美国成立,后者也于 1945 年 12 月正式成立。——译者注

② 《货币论》序言里一段半辩解的话表明,他不是没有注意到他提供了半生不熟的面包这一事实。

③ 根纳尔·缪尔达尔,《货币均衡论》(英文译本是布赖斯和斯托尔诺尔翻译的(1939 年),根据 1931 年发表于瑞典《经济学家杂志》的瑞典原文的译文译本转译),第 8 页。当然,缪尔达尔的抗议不是为他自己提出的,而是为维克塞尔和维克塞尔派提出的。但同样的抗议也应当为庞巴维克和他的追随者,特别是米塞斯和哈耶克提出。诚然,后者的《货币理论和商业循环理论》只是在 1929 年才发表出来。但庞巴维克的作品可以在英文中找到,而陶西格的《工资和资本》在 1896 年就发表了。虽然如此,凯恩斯在写第六卷资本理论的时候,就完全像它们从来没有存在似的。但在这里并没有不正当的意图。他只是不知道。他对于他所了解的一切著者包括庇古和罗伯逊在内,所给予的巨大的荣誉,是他的诚实的证明。

但是，我所能做的一切是搜集指向《通论》的最重要的路标。①

第一，这里有要在《通论》里加以充分发展的作为整个经济过程理论的货币理论的概念。第二，这一概念被嵌进关于当时的经济过程情况的看法或判断之中，从《和约的经济后果》起它从来没有变更。第三，储蓄和投资决定像在《通论》里一样被截然分开了；私人节约已经确立了它在戏剧中反面角色的任务。表彰"J.A.霍布生和其他人"的作品（第一卷，第179页）在这方面是具有重要意义的。我们还看到节约运动不是使利息率降低的方法（例如，第二卷，第207页）。概念化方面的差别——有时只在名词上——只能掩盖而不能消除著者所努力表达的观点的基本一致性。这样，第四，大部分理论是以维克塞尔的"自然"利率和"货币"利率之间的脱离来表达的。的确，后者还不是唯一的利息率，同时前者或利润也还没有转变为"资本的边际效率"。但这一理论清楚地提示了这两个步骤。第五，对于预期的着重，对于从投机动机来说还不是灵活偏好的"看跌"的着重，以及下面这一理论：在萧条中货币工资率的下降（"有效所得率的降低"），如果并且因为它通过减少工业流通的需要会作用于利息（银行利率），它趋向于重新建立均衡——这一切和许多别的东西读起来好像《通论》中的命题的不完全的和混乱的初步说明。

---

① 当然，这对整个作品来说有些不公正，特别是对于前两卷：传统的但仍然是卓越的引论（货币的性质，第一卷）和关于物价水平的几乎是独立的论著（货币的价值，第二卷），它充满了建设性意见。必须记住——并且这是《货币论》和《通论》之间最基本的差别——这一作品宣称是物价水平的动态，即"物价水平波动实际上经由的道路"（第一卷，第152页）的分析，虽然实质上它远不止于此。

六

《货币论》的失败，不是就失败这个词的普通意义说的。每个人都看到了它的论点，并不管有什么样的保留条件，都对于凯恩斯的巨大努力表示尊重。即使损害性的批评，就像汉森对于基本方程式的批评，[①]或者哈耶克教授对于凯恩斯的基本理论结构的批评，[②]都照例掺杂着应有的颂扬。但从凯恩斯自己的观点看来，它是个失败，而且不仅是因为它所受到的待遇没有达到他的成功的标准。由于某种原因，它不能引起人们的兴趣——它实际上没有成名。此中理由是不难找到的：他没能表达出他自己的理论的基本内容。他写了一部论著，为了系统完整的缘故，书中包括了过多的物价指数、银行利息率的运用方式、存款创造、黄金等资料，这一切，不论它们有什么优点，是和现行的理论相近的，从而对于他的目的来说是不够有特色的。他把自己放在一架机器的齿轮中，在他每次试图使它磨出自己意见的时候，它就坏了。企图在具体方面改进这一作品是没有意义的。企图和批评做论战也是没有意义的，他必须承认许多批评是公正的。除了放弃整个的东西，无论是船身或所载的货物，割断和它的联系，并重新开始之外，别无其他

---

① 阿尔文·H.汉森："凯恩斯《货币论》中一个基本错误"，见《美国经济评论》，1930年，以及汉森和杜特："商业循环理论中的投资和储蓄"，见《计量经济学》，1933年。

② 哈耶克："关于凯恩斯先生的纯粹货币理论的感想"，Ⅰ和Ⅱ，见《经济学》，1931年和1932年。哈耶克甚至说到一个"巨大的前进"。虽然如此，凯恩斯的回答也带有些激怒情绪。他自己在另一处提到，这是难以使著者们感到满意的。

办法。他很快地了解到这一点。

　　他坚决地割断自己和这只被遗弃的船的联系,勇敢地从事另一努力,他生平最伟大的努力。他以卓越的精力抓住了他的理论的要旨,并把他的思想用于锻铸能够表达这些要点而——尽可能地——不表达其他任何东西的概念工具这一任务上。他很满足于他的成就。当他一做到这一点——在1935年12月——他就穿上了新的铠甲,拔出他的利刃,重新进入战场,勇敢地宣称他将领导经济学家摆脱持续150年的错误,进入上帝赐予的真理之国。

　　他周围的人都被迷住了。当凯恩斯修改他的作品的时候,在他的讲课中、在谈话中、在皇家学院他的房间里经常聚会的"凯恩斯俱乐部"中,他常常谈到它。他说:"……我得助于R.F.康恩先生经常的建议和建设性的批评。如果没有他的建议,这本书很大一部分不会出现它现有的形式。"(《通论》,序言,第8页)考虑到康恩早在1931年6月发表在《经济学杂志》的"国内投资对失业的关系"这篇论文的一切含义,我们肯定不会怀疑这两句话言过其实。在同一地方,他也提到罗宾逊夫人、霍特里先生和哈罗德先生。①

---

　　① 霍特里先生和这本书的关系只是一个了解的关系,并且到某一点为止是一个同情的批评者。当然,他从来不是凯恩斯学派的人。从《短论》到《货币论》,凯恩斯是霍特里学派的人。哈罗德先生可能朝着离开凯恩斯的目标不远的目标独立地前进,虽然在凯恩斯的旗帜升起之后,他毫不自私地加入了它。公正迫使我提出这一点。因为这位卓越的经济学家,在关于凯恩斯主义方面和关于不完全竞争方面,在某种程度上有失去他在经济学说史上应有地位的危险。我同样觉得必须提到罗宾逊夫人的权利。她被排除出上面提到的讨论会(至少在我在这个讨论会讲演那一次她没有被邀请)这件事,极可以揭露出来研究人员对于妇女的态度。但她是"个中人"这一点的证明是她的"关于储蓄和投资的寓言"(《经济学》,1933年2月),这是在掩护从《货币论》撤退的后卫战中打得最有技术的一篇论文;在《通论》的发展中她的任务就更重要了,她的"货币理论和产量分析"早在1933年10月就在《经济研究评论》上发表了。

还有其他的人——一些最有希望的年轻剑桥人也在其中。他们都发表过意见。英国人和美国人都瞥见这一新的光辉。学生们沸腾了。一个预期的热情波浪席卷了经济学界。当这本书终于问世的时候,哈佛的学生急得不能等到书店卖书。他们凑在一起办理直接邮购手续。

七

在《和约的经济后果》中第一次提示出来的社会见解,即关于投资机会减退而储蓄习惯仍然坚持这一经济过程的见解,在《就业、利息和货币通论》中通过三个概念——消费函数,资本效率函数和灵活偏好函数,在理论上加以补充。[①] 这些概念和假定的工资单位以及同样假定的货币数量一起"决定"着收入,并实际上决定着就业(如果并且只要后者是由前者所单独决定的话),即需要"解释"的重要的因变量。用这样少的材料能做出这样好的调味

[①] 不同的术语能帮助著者弄明白他所提出的观点,并吸引读者的注意力。这一点(虽然没有另外什么东西)就足以证明,给费希尔的超过成本的边际报酬率——它的优先权是凯恩斯充分承认的——再起一个名字,和使用灵活偏好这一用语,而不使用窖藏这一传统的用语是正当的。消费函数,对于凯恩斯的主张来说,比他也使用的马尔萨斯用语"有效需求",肯定是一个更好的外壳,因为在供给和需求概念带有严格确定意义的领域(局部分析)之外,使用这两个概念的时候,只会带来混淆。留意一下凯恩斯把他关于消费和灵活偏好函数的假定叫作心理法则,也不是没有兴趣的。这当然是另一个加强语气的方法。但它不能具有任何可以站得住脚的意义,甚至还没有"欲望饱和法则"所具有的意义多。在这方面,和在一些其他方面一样,凯恩斯显然是过时了。

品,这是何等的第一流厨师!① 让我们看看他是怎样做的。

(1)使模型简单化的第一个条件,当然是使它所要完成的见解简单化。见解的简单化一部分是天才问题,一部分是愿意支付把一些因素排除出画面之外这种代价的问题。但如果我们把自己放在凯恩斯的正统的立场上去,并愿意接受他对于当代经济过程的见解,作为能通过混乱的表层现象看到下面存在着的简单要素的天才赐予,那么,对于产生他的结论的他的总量分析,就极少有什么可以反对的了。

因为给变量选择的总量,除了就业而外,都是货币数量或货币表现,所以我们也可以说是货币分析;并且,因为国民收入是主要变量,所以又可以说是收入分析。我认为坎提隆是第一个人,他简单地叙述了总量的、货币的和收入分析的一个全面图式,也就是魁奈在他的《经济表》中所苦心完成的那个图式。这样,魁奈是凯恩斯的真正先驱者;并且看来也很有趣,他关于储蓄的观点和凯恩斯的观点完全是一致的。关于这一点读者看一看《原理》就可以

---

① 把凯恩斯的成就变成它的逻辑结构的光光的骨骼,并在这些骨骼之上进行论证,好像它们就是一切,这对于他的成就是不公正的。然而,人们对于把他的体系铸成确切的形式发生了巨大的兴趣。我要特别提到:W. B. 雷达维在《经济记事》中的评论,1936年;哈罗德:"凯恩斯先生和传统理论",见《计量经济学》,1937年1月;米德:"凯恩斯先生的体系的一个简化模型",见《经济研究评论》,1937年2月;希克斯:"凯恩斯先生和'古典经济学'",见《计量经济学》,1937年4月;奥斯卡·兰格:"利息率和最适度的消费倾向",见《经济学》,1938年2月;萨缪尔森:"均衡的稳定",见《计量经济学》,1941年4月(附有动态的重新阐述);以及斯密西斯:"过程分析和均衡分析",见《计量经济学》,1942年1月(也是对于凯恩斯图式的动态的研究)。在那些比较不同情于凯恩斯经济学的精神的著者手里,这些篇论文所提出的一些结论可以变成严重的批评。莫迪利安尼在1944年1月在《计量经济学》上发表的"灵活偏好和利息与货币理论"更是如此。

很容易地弄清楚。但是,我们还应当补充说,《通论》中的总量分析,在现代文献中并不是独立的;它是一个迅速成长的家族的一个成员。①

(2)凯恩斯通过尽可能地避免在过程分析中所引起的一切复杂情况来进一步简化他的结构。如果使用拉格纳·弗里希创造出来的名词的话,凯恩斯体系的确切结构属于宏观静态学,而不属于宏观动态学。这一局限性一部分应归之于阐述他的学说的那些人,而不应归之于他的学说本身,这一学说包括许多动态因素,特别是预期。但他讨厌"时期",并集中注意力来考虑静态均衡却是事实。这排除了一个取得成功的主要障碍——像水怪的脸一样还在影响经济学家的一个差分方程式。

(3)而且,他把他的模型——虽然不永远是他的论证——局限于短期现象的范围之内。在人们共同强调第(1)点和第(2)的同时,似乎没有充分认识到他的模型是如何极其严格的短期性的,以及这一事实对《通论》的结构与一切结论是如何地重要。关键性的限制是:不仅生产函数与生产方法,而且厂房与设备的数量与质量,都不许变动,这一限制凯恩斯在他的道路上的枢纽转折点总是不厌其烦地向读者说明(例如参阅第 114 页和第 295 页)。②

这就使不如此则难以被承认的许多简化成为可能。例如,它允许把就业看成为大致和收入(产量)成比例,从而后者一旦确定

---

① 了解总量分析在《通论》发表之前已经进展到何等地步,最好的方法是阅读廷伯根在 1935 年 6 月在《计量经济学》上发表的论文。
② 严格地说,设备数量方面的一些变动是必须予以承认的,但凯恩斯认为在任何特定的时刻它的变动是极小的,它对于现行工业结构及其产量的影响是无足轻重的。

了,前者也就被决定了。但它把这一分析的应用限制在充其量只有几年的范围之内——也许是"40个月的循环"的期间——并且,就现象来说,限制在如果工业机器维持不变的话,将会支配这种机器的较大或较小利用的那些因素上。这样,随着这一机器的创造和变动而发生的一切现象,也就是说,统驭资本主义过程的一切现象,就不在考虑范围之内了。

作为一个真实的画面,这一模型在萧条时期是最接近于正确的,那时候灵活偏好在它的权限范围之内也最接近于一个有效力的因素。因此,希克斯教授把凯恩斯的经济学叫作萧条的经济学是正确的。但从凯恩斯自己的立场来说,他的模型从长期停滞论得到补充的辩解。虽然他企图用短期模型来完成一个基本上是长期的见解,这仍然是事实,但他由于(几乎)完全论证一个静态的过程,或者无论如何也是论证一个停止在(或波动于)静态的充分就业均衡是它的最高限度的那种水平的过程,从而在某种程度上取得了这样做的自由。在马克思看来,资本主义发展的结果是崩溃。在 J. S. 穆勒看来,它发展的结果是毫无波折地运行着的一种静态情况。在凯恩斯看来,它发展的结果是经常有着崩溃的危险的一种静态情况。虽然凯恩斯的"崩溃理论"和马克思的很不相同,但它同后者有一个重要的共同特点:在两个理论中,崩溃是由内在于经济机器的运行的原因所推动的,而不是由外在的因素的作用所推动的。这一特点很自然地使凯恩斯的理论取得了违反资本家意志的"合理化者"的角色的资格。

(4)凯恩斯十分自觉地不肯超越那些作为收入(和就业)的直接决定因素的要素。他自己很坦率地承认,这些"有时"可以看成为"最后的自变量"的直接决定因素,"还可以对它们做进一步的分析,它们不是我们的最后的原子独立要素"(第 247 页)。这种口吻似乎只是说,经济的总量从组成的"原子"得到它们的意义。但它还不止如此。当然,我们能够大大简化我们的世界画面,并得到极其简单的主张,如果我们满足于下面这种形式的论证的话:假定了 A、B、C……,那么 D 将决定于 E。如果 A、B、C……是我们研究领域以外的东西,就没有更多可说的了。但是,如果它们是要解释的现象的一部分,那么由此而来的关于什么决定什么的命题,可以很容易地成为无可否认的,并取得新的外观,可是没有很多的意义。这就是里昂惕夫所谓的盲目论证。① 但对于凯恩斯,正像对李嘉图一样,②这一类型的论证只是强调的方法:它们有助于选出一个特殊关系并从而强调它。李嘉图并没有说,"在像我所理解的现在英国的条件之下,食物和原料方面的自由贸易,根据各方面的考虑,有提高利润率的倾向";而是说,"利润率决定于小麦的价格"。

(5)大力强调在凯恩斯看来既重要而又没有受到适当重视的少数论点是《通论》的主旨,除了刚才提到的这一方法之外,我们还发现了其他强调的方法。我们已经看到了两种方法。③ 另外一种,批评家常常叫作言过其实——而且这种言过其实不能成为可以辩护的东西,因为结论完全建立于这种夸张之上。但人们不仅

---

① 参阅他在《经济学季刊》(第 51 卷,第 337—351 页)用这一题目发表的那篇论文。
② 凯恩斯和李嘉图在知识上极为近似这一点值得注意。他们的论证方法是极其相像的,但由于凯恩斯赞赏马尔萨斯的反对储蓄的态度,以及他因而不喜欢李嘉图的学说,这一事实被模糊了。
③ 参阅上面第 305 页脚注①。

必须记住,从凯恩斯的立场来看,这些言过其实只不过是从非主要的地方进行抽象的手段,而且还必须记住,它们的部分罪过责任在于我们,因为除非从一面使劲用锤子把一个论点敲进去,我们简直是不肯听从的。假定为了论证的理由,有关论点确实是足够重要值得用锤子敲进去,并且记住这些毫无限制的言过其实的宝石不发生于《通论》本身,而发生于凯恩斯的一些追随者的作品中,我将赞赏我描述为调味品的这种调味方法。

三个例子就够了。第一,每位经济学家都知道——如果他不知道,他也不可能不从同商人的话中了解到这一点——货币工资率的任何充分的一般变动会在同一方向影响物价。虽然如此,经济学家的实践不是在工资理论方面考虑这一点。第二,每位经济学家应当知道,杜阁—斯密—J. S. 穆勒的关于储蓄和投资机构的理论是不恰当的,特别是储蓄和投资的决定过于密切地联系在一起。可是,即使关于它们的真正关系凯恩斯提出了一个适当的叙述,他从我们所能得到的也不过是大意如下的咕噜:"是……是这样……在某些循环情况下具有一些重要意义……这有什么用呢?"第三,请任何读者查一查《通论》的第165页和第166页,即关于《利息通论》的第13章的前两页。他会发现什么呢?他会发现,利息率使投资对于储蓄的需求和由时间偏好("我把它叫作消费倾向")所支配的储蓄的供给均等这一理论"崩溃"了,因为"只是知道这两个因素还不可能推论出利息率"。为什么不可能呢?因为决定储蓄并不必然意味着决定投资。我们还必须考虑到这种可能性,即后者可能不跟上去,或可能不立刻跟上去。我将完全同意这种说法：如果他把这一问题停留在这一点上，则对于现行学说的主旨的这一完全合理的改进不会给我们留下极大的印象。但为了使我们吓一跳，放在显著地位的必须是灵活偏好——而利息只是放弃货币的报酬——以及在众所周知的系列当中的其他等等。我们的确有点被吓了一跳。因为现在比起 35 年以前来，我们当中会有更多的人相信利息是一个纯粹货币现象这种主张。

但在这本书里有一个词不能根据这些说法而予以辩护——就是"通"这个词。这些强调的方法——即使在其他方面不例外——只能使极其特殊的情况具有特色。凯恩斯学派可能认为这些特殊情况是当代的实际情况。他们的主张不能再多于此了。①

凯恩斯愿意不借助于死板因素而得出他的主要结论，就像他不理睬他从竞争的不完全性可能得到的帮助一样，②这似乎是很明显的。但是，在有些方面他做不到这一点，特别是在下降的方向中利息率必须是刚性的这一点上，因为在这一点上灵活偏好对货币的需求弹性是无限大的。在其他点上，当第一线论证不能令人信服时，他也随时准备借助于刚性。当然，人们总是能够表明，如果经济制度的足够数量的适应性机构瘫痪了，它就会停止运行。凯恩斯学派的人并不比其他理论家更喜欢这一太平门。虽然如

---

① 这一点首先由兰格所指出，见前引书，他对于过去有过的唯一真正的通论——里昂·瓦尔拉的理论——给予适当的推崇，他简洁地表明，后者把凯恩斯的情况作为一个特殊情况包括在内了。

② 但是，后一因素被哈罗德先生所插入了。

此,它不是没有重要性的。典型的例子是均衡下的就业不足。①

(6)最后,我必须说到凯恩斯在铸造个别分析工具方面的杰出成就。例如,看看他如何巧妙地运用康恩的乘数,或者看看他如何巧妙地创造使用者成本概念,这一概念在界说他的收入概念方面帮助极大,可以算是具有一定重要意义的新的创造。在他的这些和其他概念安排方面,我最欣赏的是它们是那样地适当:它们就像做得很好的上衣适合顾客躯体那样适合他的目的。当然,正因为这一点,它们在和凯恩斯的特殊目的无关方面只具有有限的用途。一个水果刀用于削梨皮是最好的工具。用它切牛肉的人,对于由此而产生的不满意结果只能责备他自己。

八

《通论》问世以后立刻取得了成功,并正如我们所知道的,得到了持续的成功。不利的评论当然很多,但只能帮助它的成功。一个凯恩斯学派形成了,而且不是像一些经济学史家所说的法国学

---

① 我有时奇怪,凯恩斯对于证明在完全竞争的完全均衡下可以有——并且在他的假定之下一般会有——不够充分的就业,为什么如此重视。因为有这么多的可以证实的解释因素来说明我们在任何时候所看到的实际的失业,所以只有理论家的雄心才能诱使我们希望有更多的解释因素。在完全竞争的完全均衡下可以出现非自愿失业这一问题——这一情况即使凯恩斯称为"古典经济学家"的稻草人也从来不认为是现实的——毫无疑问具有巨大的理论兴趣。但实际上,凯恩斯对于永远不均衡的情况下可能存在的失业会同样地顺利。而究其实,他显然没有证实他的例证。但在下降方向中,工资的刚性随时提供援助。理论问题本身是由于参加者没能区分开有关的各种理论的争论点而受到损害的一个讨论课题。但我们不能深入研究这一问题。

派、德国学派或意大利学派那样一个广义的学派，而是一个真正的学派，是一个社会学上的实体，即有一派人效忠于一位领袖和一个学说，并且有它的内圈、它的宣传家、它的口号、它的秘传弟子和它的通俗学说。这还不是一切。在正统的凯恩斯主义的范围之外，还有广泛的外围的同情者，而且除此之外，还有许多人以这种或那种形式，欣然地或被迫地吸取了凯恩斯分析的一些精神或一些个别论点。在整个经济学史上只有两个类似的情况——重农主义者和马克思主义者。

　　这一点本身就是伟大的成就，它无论从朋友或从敌人那里都可以赢得赞美，特别是从在自己课堂上体验到这种活生生影响的每位教师那里。不幸的是，除非分析中的冷钢从分析家启示中的真正的或想象的政治含义那里取得了本来不属于它的温度，否则经济学中这样的热情——以及相应的强烈的憎恶——绝不可能燃烧起来。因此，让我们看一看这本书的观念形态方面的意义。大多数正统的凯恩斯主义者在某种意义上说都是"激进论者"。著述关于维利尔斯亲属论文的这个人，不是在任何普通意义上的激进论者。那么在他的书里有哪些使他们喜欢的东西呢？莱特教授[①]在《美国经济评论》上发表的一篇杰出论文中甚至说："一个保守的候选人很可以根据来自《通论》的引语进行政治宣传运动。"确是如此，但只有这一候选人知道如何使用傍白和保留条件才能如此。

　　[①]　D. McC. 莱特："凯恩斯经济学的将来"，载于《美国经济评论》，第三十五卷，第3期(1945年6月)，第287页。这篇论文，虽然有一些不同的观点，但在许多论点上很有用地补充了我自己的观点。由于篇幅的限制，我不能研究这许多论点。

毫无疑问,凯恩斯是一位太能干的首倡者,他从来不否认明显的事实。在某种程度上,虽然可能只是在很小的程度上,凯恩斯的成功正是由于这一事实:即使在他的最勇敢的冲锋中,他也从来不让他的侧翼有隙可乘——他的政策或他的理论的轻率的批评者往往在吃了亏以后才发现这一点。① 门人们不去看保留条件。他们只看一件事情——对于私人节约的谴责以及这一谴责在管理经济和收入不平等方面所具有的含义。

为了了解这意味着什么,有必要回顾一下这样的事实:由于长期理论发展的结果,储蓄已经逐渐被认为是资产阶级理论的最后支柱。实际上,老亚当·斯密除这一点外在其他各方面已经论述得极多了:如果我们仔细地分析他的理论——当然,我只是说他的体系的观念形态方面——它等于全面地责骂"懒惰的"地主和贪婪的商人或"雇主",再加上对于极度省俭的著名颂扬。而这在凯恩斯以前始终是大多数非马克思主义的经济观念形态的主旨。马歇尔和庇古都在这一条船里。他们,特别是后者,认为不平等,或现

---

① 这是为什么给凯恩斯主义文献中经常出现的下面说法留有这么多余地的原因:"凯恩斯实际上没有说这一点"或者"凯恩斯实际上没有否认那一点"。在《通论》中,大多数明显的保留条件出现于第18章和第19章。但对于所有含蓄的保留条件,唯一可能指出的是到处都有。古典体系的逻辑实际上没有受到抨击(第278页)。甚至萨伊的法则(在第26页所说的意义上)也没有被完全抛掉;即使一种使储蓄和投资的决定趋于均等的机构的存在——以及在这一机构中利息率的任务——和货币工资的下降会刺激产量这一可能性,也没有被完全否认;虽然的确只是在应用于极其特殊的情况上,第一点的确实性和其他两点的存在才偶尔被承认。因此,批评者经常有被宣称为"完全弄错"的危险,正如马尔萨斯的第一版《人口论》的轻率批评者总是大量引用第二版的语句一样——在那里,马尔萨斯实际上是巧辩地解释马尔萨斯主义。但在这里不可能研究这一切。在提到的这篇论文里,莱特教授提供了有益的例证。

有程度的不平等当然是"讨厌的"。但他们没有研究这一支柱就停下来了。

在20年代和30年代进入教学或研究领域里的许多人,都拒绝效忠于资产阶级生活方式,即资产阶级价值结构。其中许多人嗤笑利润动机和资本主义过程中的个人成就因素。但只要他们没有全部接受纯粹的社会主义,他们还必须重视储蓄——经受着在他们自己的眼里看来是损失社会地位的惩罚,并把他们自己列入凯恩斯所极其生动地称作的经济学家的"底层社会"。但凯恩斯打碎了他们的枷锁,从而最后出现了理论的学说,这个学说不仅消灭个人因素,不仅是可以机械化的(如果它本身不是机械化的话),而且也把这一支柱粉碎了;这个学说可能实际上没有说出,但很容易使它说出下列两句话:"打算储蓄的人会毁损实际资本",和通过储蓄,"收入的不平等分配是失业的最后原因"。① 这一点就是凯恩斯主义革命的实质。这样明确一下,这一说法不是不适当的。这一点,而且只是这一点,解释了并在某种程度上辩护了凯恩斯对于马歇尔态度的改变。这一改变根据任何科学理由是无法理解的,也不能被认为是正当的。

但是,虽然这一吸引人的外衣使凯恩斯给予科学经济学的礼物对许多人来说更为容易接受,可是必须不把注意力从礼物本身引开。在《通论》问世之前,经济学发展得越来越复杂,越来越不能

---

① 看一下《通论》的第372—373页和第376页,任何人终归会相信,凯恩斯极其接近于承认这两种说法。人们必须像莱特教授那样拘泥于良心,才能说他实际上没有这样做。

对简单的问题给予简单的回答。《通论》似乎又把它还原于简单，使经济学家又能提供每人都能理解的简单建议。但正如李嘉图的经济学一样，它具有足以吸引，甚至鼓舞饱经世故者的内容。和没有受教育的人的想法很好地联系在一起的这一体系，在最杰出的青年一代理论家面前证明是令人满意的。他们有些人曾经认为——也许现在仍然认为——"理论"方面一切其他作品都应当报废。他们大家对于使他们有一个界说完善的模型来掌握、批评和改进的人都表示敬意——对于其作品至少象征着（即使它可能不体现着）他们所希望看到的东西的人，表示敬意。

即使以前就确定了他们的方向，在他们的成长年代里《通论》没有给予他们以冲击的那些人，也感觉到一种像微风那样有益健康的影响。一位卓越的美国经济学家在给我的一封信里写道："它（《通论》）过去有并且现在也有补充我们的思想和分析方法的一些东西。它没有使我们成为凯恩斯主义者，它使我们成为更好的经济学家。"无论我们同意与否，这极其完善地描述了凯恩斯的成就的核心。特别是，它说明了为什么敌意的批评，即使对于个别的假定或命题的抨击是成功的，可是仍然丝毫无力给予整个结构以致命的损害。尽管人们可以认为他对社会的看法是错误的，他的每一个主张都是使人误解的，但仍然可以推崇凯恩斯，就像对于马克思那样。

我不是要给《通论》评定等级，好像它是一份学生的考试卷子。而且，我不认为可以给经济学家评定等级——我们为了进行比较，可以想到他们的名字的那些人，是太不相同了，是太不能比较了。不论关于这一学说发生了什么事情，这个人会活在人们的记忆中，比凯恩斯主义以及对于它的反应还要长寿。

到这里就要结束了。每个人都知道这位英勇战士为他的最后作品①所进行的惊人的战斗。每个人都知道在战争期间他又进入了财政部(1940年)，并且也知道，和丘吉尔的影响在一起，他的影响增长到没有人想和它挑战的地步。每个人都知道他曾经给予上议院的荣誉。当然也知道凯恩斯计划、布雷顿森林体系和英国贷款。但这些事情将要由掌握一切资料的有学识的传记家来撰述了。

---

① 那是他的最后的伟大作品。他写了许多小的作品，几乎到他死的那天为止，他都在进行写作。

附　　录

乔治·弗雷德里克·克纳普[*]
（1842—1926）

克纳普教授在2月20日的逝世，使德国科学界失去了可以名为德国政治经济学第三期——第一期是"官房学派"，它的最出名的人物是赛肯道夫和朱斯提；第二期和英国的古典时期相同，登峰造极于屠能和赫尔曼的那些作品，它的突出特点是"社会政治"和"历史方法"——中一位最显著的人物。乔治·弗雷德里克·克纳普在许多方面和施穆勒、瓦格纳、毕扯、布伦坦诺当中的每个人都不相同，但他和他们一起将永远同第三期的一切优点和一些缺点联系在一起。

关于他的变故不多的生平说几句话就够了。他在1842年3月7日生于吉森，他的父亲是一位教授和一本极其成功的工艺学教科书的著者。他在慕尼黑、柏林和格廷根学习，努力锻炼成为一位统计家，就那时来说，他在数学方面的造诣是非常出众的。1867

---

[*] 原载《经济学杂志》，第三十六卷，第143期，1926年9月。

年他当上了莱比锡市政府统计局局长。在随后的若干年里,他由于有效地管理了这一机关——从他领导下的统计局发表的出色的出版物中可以得到广泛的证明——而受到了应有的赞扬。1869年他当上了莱比锡大学的"额外"教授——一个同"副教授"不完全相等的名称。1874年他从那里被调到斯特拉斯堡并晋升为正教授。在那里他一直工作到退休——实际上还长些,一直到1919年当他必须离开这个已经成为外国城市的地方的时候。

他无论做什么事情,总是彻底集中他所有的精力全心全意地做。因此,追溯他生平工作的梗概,比在通常情况下对于具有这样丰富思想力的人进行这一任务时要容易得多。一直到1874年他只是——如果我们不管他的两篇次要的论文,即他关于屠能的博士论文和关于赋税问题的论文——一位统计家。除了他在这一领域的实际工作之外,他对于这一课题的理论也做出了贡献。下面所指出的他的一些贡献,[1]即使现在也值得仔细研究。只是他在其他方面的成就,阻止我们详细讨论单是由于这一理由而应属于他的光荣地位——如果不是第一流的话,至少是接近于它。

但作为一位经济生活的历史家,和作为一位"制度"情况的经济学家,他的确是伟大的。他在1887年关于普鲁士原有领域的农民解放和农村劳动者起源所发表的两卷书,是他的杰作,也是关于这一问题的标准作品。它们有助于许多追随者思想的形成,并创造了相当于经济科学中一个特殊部门的东西。此中理由不在于任

---

[1] 《论如何根据人口统计推断死亡率》,1868年。《关于道德统计学的新观点》,1871年。《人口变动理论:应用数学论》,1874年。

何新的历史方法,也不在于掌握了任何特殊困难的资料。在这些方面,克纳普赶不上迈岑或汉森这样一些人。但他在其他方面具有不能比拟的、较高的和较罕有的才能。他关于事物的本质具有清楚的(我愿意说是热情的)卓见,它能穿过表层深入事物内部。他认识到历史的过程和问题,他对于它们的掌握比大多数人对于其周围事物的掌握更为牢固。他把他的历史分析建立在对于当代事实全面了解的基础之上。像他在1891年发表的"农奴制下与自由制下的土地劳动者"和"土地所有权和骑士采邑"这样一些短论的来源,只有一部分是历史的;另一部分来自对于德国土地所有者和他们的劳动者、他们的心理和方法以及他们的生活的目前实际情况的研究。我所努力说明的这种才能和他能为历史家大有关系;但对于不寻找奇迹而只探索历史问题的他,这就是一切。

像农民通过倒茬来保持地力一样,克纳普在1895年左右搁下了这一工作,又开始研究另一类完全不同的问题。从某方面说,他就是在这时进行了最成功的一击。在皇家经济学会赞助之下最近译成英译本的他的《国家货币理论》,第一次出版于1905年。毫无疑问,它把他提高到享有国际声誉的地位。许多门人聚集在它的周围,推崇者和反对者对于这一显著的成功给予了同等的贡献——后者通过愤怒的抨击所给予的贡献不亚于前者的颂扬。而且,和这本书有值得推崇之处——伟大的概念、独立的手法、鲜明的风格——一样,人们不可能否认它在处理经济理论的基本问题方面陷于错误,它对于德国货币科学的影响基本上是不幸的。但是，如果它表明，不管经济理论的缺点可能是什么，人们不能轻率地蔑视经济理论，那么它也再一次有助于表明这位卓越的人的能力，他使很多人信服他无法证明的事物，并且甚至在他并没有使人信服的问题上常常使人心荡神逸。

弗雷德里克·方·维塞尔[*]
（1851—1926）

被称为奥地利学派的三位创始人当中的最末一位，在刚满75周岁以后几天，当身体和精神还都很好的时候，就在1926年7月23日与世长辞了。

弗雷德里克·方·维塞尔男爵生于1851年7月10日，是枢密顾问利欧波尔得·方·维塞尔男爵的儿子，在维也纳受教育，1872年在那里取得了学位。一直到这时候他喜欢学习的是历史方面的东西，但是在1872年他无意中发现了门格尔的《国民经济学原理》，由于对它的钻研，他的兴趣转到经济理论方面来。随后，他在海德堡、耶拿和莱比锡等大学学习期间，他在1883年成为维也纳大学的"不领薪俸的教师"[①]之前短期充当公务员期间，以及他在1884年被调到布拉格大学，1903年又从那里回到维也纳来接替卡尔·门格尔的时候，他始终沿着这样在他面前展开的道路继续前进。我要略去他的事业当中小的事情，只提

---

[*] 原载《经济学杂志》，第三十七卷，第146期，1927年6月。

[①] 一个年轻的杰出的大学毕业生被承认为大学教师，但不领薪俸。——译者注

到他在 1917 年以终身议员的资格进入了上议院,并在同年作为商业部长加入了内阁。在他辞职之后,他又回去做教授并恢复科学研究工作。

要使任何不认识他的人,对于这位走到哪里都使人迷惑的卓越的人,有一个确切的印象,那是不容易的。他的堂堂仪表,他独特的非凡的魅力和庄严的态度,能增加他的每句话的重量的一些东西,关于他的性格的难以形容的艺术性的另一些东西,在他的任何言行里所表现的胸襟广阔的伟大修养——这一切都难以描述。也许我所能做的唯一的事情是叙述:当我们庆祝他的 70 诞辰的时候,包括我在内的三个祝词人,不约而同地把他和歌德相比。他总是活跃的,但总是很沉着;对每件事情都有兴趣——他尤其是一位卓越的美术鉴定家和经常的赞助人——但不为任何事情所扰乱。在他的内心深处具有某种魔力,任何公共的或私人的不幸似乎都无法打动它。他的每一荣誉和成功都是水到渠成的而不需要特殊努力,他接受它就像本来就有它似的——这对于他似乎并不算什么重要的事情。他从来没有为争取或反对任何东西而斗争——但在他面前似乎一切困难都让路了。老年是别人的摧毁者,对他来说就好像只是增加完成的一笔,来改进这幅人们看到它永远感到快意的画面。

用短短一两页来说明他的科学著作的特点,特别是对英文读者来说明,那就更困难了;因为他表明自己的方式显然不是英美式的。恐怕就是斯马特教授对于他的部分作品所做的著名翻译和解释,也没能使英美公众对于他的真正重要意义具有深刻的印象。他的技术是不完善的,他是思想清楚但写作并不简洁的少数人物之一。到现在为止所发表的最好的逝世纪念文章里的一个附录，就是哈耶克在1926年的《国民经济和统计年鉴》上所发表的那篇附录，它包括着他的全部作品的清单，总计62种。我们必须只限于简短地说明他的思想的一般趋向。

他首先是一位理论家。门格尔为他所做的事情，与其说给予他一个观念，毋宁说推动他发展自己的观念。很少有人像他那样对于价值理论基本问题思考得这样深刻，也很少有人像他那样对于经济学的基础具有这样清楚的卓见。他壮年精力的大部分都致力于完成在他的《自然价值》（1889年）那本书里所总结出来的观念和方法。他在1884年发表的《经济价值的起源和基本法则》是《自然价值》的前驱。它包括着关于他的"边际效用"理论，他的用"间接效用"解释的生产成本理论（这一理论曾被潘塔里昂尼叫作维塞尔法则）和他的"转嫁理论"的第一次说明。这一切东西都是众所周知的。但我愿意坚持说明的，不是他的任何一个工具或理论的重要意义，而是通过论证一个共产主义社会的方法所表现出来的关于整个经济生活的概念的丰富和伟大性。从那时起，在价格均衡理论方面曾有很大进展。但是（如果我不是太错的话），近来发生着一些问题，它们可能迫使我们再度回到我们当中许多人现在认为过时的那些基本观念。

他在发表《自然价值》之后，放下了这一思想线索约有20年。但在1909年他再一次拾起它来，并于1914年在《社会经济基础》那部百科全书里发表了他的《社会经济学理论》。这是他关于纯粹理论最后的和最成熟的说明。由于战争的关系，这本书现在才开始产生它的影响。

和瓦尔拉等人极其相像，他同时转向货币理论，慢慢地并发自内心地——不看别人所写的东西——建立起永远会同这一领域中当代最杰出的成就并列的理论。他关于这一问题的第一次发言，是在被选接替门格尔的教授席位之后在1903年所做的就职演说。他的最后一次发言，即在《政治学辞典》中关于货币的那篇论文，是在他逝世不久以前完成的。他用研究货币购买力的历史变化的方法来研究这一问题，并打算像他的价值理论为成本法则打基础那样，给予数量理论以同样的基础。真正的理解货币理论的人是不太多的。可以庆幸的是，在他们中间有极多共同之处，余下的差别几乎不过是爱好和技术方面的差别。因此，维塞尔的研究道路的很大一部分必然同其他人的道路是平行的。但在一些论点上——后来被魏斯和米塞斯等人所发展了——照我看来似乎比任何其他人钻研得更为深入。

但是，他的晚年的主要工作集中于社会学。这是在这一意义上说的，即可以把它界说为历史的分析，或者像他自己以他所具有的创造特别词汇的能力所界说的"没有名字的历史"。历史的社会学，或社会学的历史，曾是他最早的爱好，也是他最后的爱好。在把若干年的青年精力用于钻研它之后，他在74岁的时候发表了题为《论权力法则》的伟大社会学著作——这样就完成了当他还在学生时代心里所要做的事情，并收获了他在这一领域中的思想成果。

因此，他的生平并没有什么没准则的、不完全的、迷失方向的或歪曲的东西。每一因素都构成一个和谐整体的一部分，它慢慢地开展，并有机地成长到堂皇高大。

拉地斯劳斯·方·鲍尔特凯维兹*
（1868—1931）

方·鲍尔特凯维兹，截至现在是累克西斯以来最卓越的德国统计家。他在一些重要方面是后者的学生。他不是德国人的后裔。他是同波兰的俄国统治者妥协的波兰家族之一的子孙。他出生于圣彼得堡，在那里上了大学，并且后来还在那里教了一个时期的书。他由于长期在德国居住而在当地建立了联系，1895年成为斯特拉斯堡大学不领薪俸的教师，从而导致他在1901年被委派为柏林大学的"额外"（助理）教授。十分特别地，这位卓越的人从来没有被考虑为任何一个大教授席位的候选人，不管是柏林大学还是其他大学。一直到了1920年，当由于一种目的在于使科系"民主化"的办法，所有额外教授都成为正教授的时候，他才取得这一席位，但他仍然是完全孤立的。

此中有几个理由。他是一个外国人。虽然他不是一个拙笨的演说家和作者，但他也不是一位善于讲课的教师。他对于讲课努力准备讲稿，并对于细节也都专心致志，可是据说听课的人寥寥无几。他的批评眼光敏锐，使人们害怕他，但却无助于使人们喜欢他。有责任向教育部推荐他的那些同事，都不能理解他的贡献。他似乎并不在乎，而是淡泊自安，享受着每个人所给予他的尊重和一个安静的科研生活。这一生活，在他精力充沛的时候被突然的

---

* 原载《经济学杂志》，第四十二卷，第166期，1932年6月。

死亡所打断了。就我所知道的来说,奥斯卡·安德森教授对于他全部发表的作品编制了一份目录,①请读者参阅它。

他是一位天生的——女神并不常是如此坚决地决心使他如此——批评家。即使是他的创造性著作也采取批评的形式,而且批评已成为他的生命。这一批评的能力,或者应当说批评的热情,在许多例证上对于小的疏忽也不放松,而在他作为经济学家的工作上特别突出。在经济学方面他不是一位创造者。我认为他正是由于拒绝充分使用他手中所掌握的数学工具而失去伟大性;在他的壮年时代,他所掌握的数学工具本来是可以使他与埃季沃斯或巴罗诺齐名的。但是,他在一个几乎没有人肯听人讲经济理论的国家和时代里,高举了经济理论的旗帜——教授马歇尔的信条——并以他的有力的武器扫清了许多战场。他的最重要的成就是他对于马克思体系理论结构的分析(《社会科学文库》,第二十三卷和第二十五卷,以及《康拉德年鉴》,1907年),这是关于这一问题以及附带地关于它的其他批评者的最好的作品。一篇相仿的杰作是他关于罗贝尔图和马克思的地租理论的论文(《社会主义历史文库》,第一卷)。即使是疏忽是次要的、基本论点还正确的地方,像对于瓦尔拉·帕累托和庞巴维克的情况一样,这位严厉的批评家也不放松。作为一位货币理论和政策的著者,他在德国著者当

---

① 《国民经济杂志》,第三卷,第2期。在写一个诚实典型的人的时候,我也许可以允许自己遵循一次他所树立的榜样,指出在第279页上他的经济论文清单第二类所发生的印刷错误;在对于帕累托的《教程》的评论里,他没有谴责边际效用学派鼓励一个"极端激进的"经济政策,而谴责它鼓励一个"极端自由的"经济政策。

中的地位是很高的。他对于金本位制、银行信用和流通速度等问题贡献很大。但是,他在这一领域中最好的作品是他关于指数的作品(《挪威统计杂志》,1924年),即关于欧文·费希尔著作的一篇杰出的评论,在验证问题上它是一种创造性贡献。

在统计方法领域里,他在德国人中间取得"最勇敢者的奖赏"自然是毫无疑问的。作为"小数法则"的发现者(1898年)和累克西斯学派的领袖,他赢得了将会流芳后世的国际声誉。他的唯一的"书"——他极不愿意出版它,使得他对一些高度创造性观点失却了要求权——即他关于概率的书(《多次重复》,1917年);即使看的人对于它所根据的概率的基本概念没有任何偏爱,它也是一部很好的作品。在一本经济杂志里,要列出鲍尔特凯维兹关于统计理论著作的长长的清单,那是不可能的,也是不合适的。指出几个特别重要的例证,对于经济学家就足够了。在澄清不平等收入的测量方法这一重要问题上,没有人比他做得更多了(国际统计局第十九次大会)。我们大多数人阅读下述这些杰出的论文都会受益和感到愉快:关于经验曲线求积法的论文(《斯堪的纳维亚保险统计师杂志》,1926年);关于统计的共同性和稳定性的论文(同前刊物,1918年);关于郭深法则下的变化性的论文(《挪威统计杂志》,1922年);关于一切误差法则的共性的论文(《柏林数学会会议记录》,1923年),或关于偶然事件的时序的论文(《国际统计局公报》,1911年)——更不要说关于死亡率或保险的任何一篇论文,其中一些乃是这类著作的珍品。

但是,为了说明他的思想范围,有必要指出他的另外一篇小作品,虽然它距离经济学很远。那就是《作为概率理论研究对象的放射性光线》,柏林,1913年。在浏览这篇副业作品的时候,我们似乎可以看出写作它的那位经济学家的思想的轮廓,并且我们会开始怀疑,我们是否可以根据他所发表的东西来衡量他的能力。

人名对照表

三画
门罗 Monroe
门格尔 Menger
马歇尔 Marshall

四画
孔贝 Combes
戈森 Gossen
韦伯 Webb, Max
韦德 Wade
瓦尔拉 Walras
瓦尔德 Ward
瓦格纳 Wagner, Adolph
比希尔 Bücher
巴罗诺 Barone, Enrico
贝努里 Bernoulli
贝卡理亚 Beccaria
贝佛里季 Beveridge

五画
边沁 Bentham
兰格 Lange
卢梭 Rousseau
古尔诺 Cournot
弗里希 Frisch, Ragner
汉德森 Henderson, Gerald

卡里 Carli
卡内基 Carnegie, Andrew
卡塞尔 Cassel, Gustav
艾伦 Allen
艾威林 Aveling
布斯克 Bousquet
布兰戴斯 Brandeis
布伦坦诺 Brentano
布鲁克斯 Brooks, Helen
皮尔逊 Pearson, Karl
皮鲁吉诺 Perugino
皮特里-图奈利 Pietri-Tonelli
加雷尼 Galliéni

六画
休夫 Shove
乔治 George, Lloyd
迈岑 Meitzen
托马斯 Thomas, Theodore
约斯林 Joslyn
米德 Meade
米塞斯 Mises
朱格拉 Juglar Clémont
朱斯提 Justy
西尼尔 Senior

西季威克 Sidgwick, Henry
伊斯纳德 Isnard
亚里士多德 Aristotle
亚当·斯密 Smith, Adam

七画

李 Lee, Henry
李布图 Ribto
李嘉图 Ricardo
纽康 Newcomb
辛格 Singer, Hans
里本 Lieben
里德 Reed
贝卡里亚 Beccaria
苏尔茨 Schultz
希克斯 Hicks
廷伯根 Tinbergen
马志尼 Mazzini
佛拉拉 Ferrara, Francesco
伯恩斯 Burns, Arthur
沃克 Walker
沃拉斯 Wallas, Graham
克尼斯 Knies
克拉克 Clark
克纳普 Knapp
克隆比 Crombie, Catherine
克雷孟梭 Clemencean
坎宁 Cannin
坎提隆 Cantillon
坎斐尔德 Canfield, Cass
庞巴维克 Böhm Bawerk
吴尔帕尔 Wuerpel, Adele
库兹奈茨 Kuznets
麦克格里哥尔 MacGregor

杜威 Dewey
杜普伊 Dupuit
杜干-巴拉诺夫斯基 Tugan Baranowski

八画

欧林 Ohlin
金莱 Kinly
杨格 Young
法哥 Faguet
杰文斯 Jevons
舍累尔 Scheler, Max
帕尔逊 Parson, Talcott
帕累托 Pareto
拉夫林 Laughlin, Laurence
拉文顿 Larington
拉弗勒 Laveleye, Emile de
拉姆西 Ramsey, Frank
阿德勒 Adler
阿莫罗索 Amoroso, Luigi
阿夫塔里昂 Aftalion
罗卡 Rocca
罗伯逊 Robertson
罗宾逊 Robinson
罗得斯 Rhodes, Cecil
罗贝尔图 Rodbertus
罗波科娃 Lopokova, Lydid
波林汉 Burlingham
波宁舍尼 Boninsegni
季诺维什 Genovesi

九画

柯尔 Cole
洛勃 Loeb, Jacques
洛伦兹 Lorentz

费尔顿 Felton	笛卡儿 Descarte
费希尔 Fisher, Itving	基尔德 Guild
费其纳 Fechner	陶西格 Taussig
费特尔 Fetter	曼海姆 Mannheim, Karl
哈特 Hart	米契尔 Mitchell
哈伯勒 Haberler, Gottfried	密勒斯 Mills, Frederick
哈罗德 Harrod	缪尔达尔 Myrdal
哈耶克 Hayek	累克西斯 Lexis
汉密尔顿 Hamilton	累维-布律尔 Lévy-Bruhl
茜肯道夫 Seckendorff	康恩 Kahn
查森浩斯 Zassenhaus, Herbert	康德 Kant
施穆勒 Schmoller	康德拉季耶夫 Kondratieff
施皮尼迪 Spinedi	维克秋 Vecchio, Del
施皮恩贝格 Sternberg	维塞尔 Weiser
威尔逊 Wilson	维利尔斯 Villiers
威斯特菲尔德 Westerfield	维克赛尔 Wicksell

十画

	维克斯提德 Wicksteed
莱特 Wright	维特根斯坦 Wittgenstein

十二画

索普 Thorp	
索雷尔 Sorel	登巴尔 Dunbar
涂尔干 Durkheim	塔尔德 Tarde
哥白尼 Copernicus	凯雷 Carey, Henry
哥宾诺 Gobineau	凯末勒 Kemmerer
爱因奥地 Einaudi	凯因兹 Cairnes
埃利奥特 Eliot	萨伊 Say
埃季沃斯 Edgeworth	萨缪尔森 Samuelson
莫斯卡 Mosca	道布 Dobb
莫迪利安尼 Modigliani	道尔夫曼 Dorfman
桑巴特 Sombart	道格拉斯 Douglas
桑嫩菲尔斯 Sonnenfels	鲁夫 Rueff

十一画

	鲁宾斯坦 Rubinstein
梅林 Mehrin	斯拉法 Sraffa, Piero
屠能 Thünen	斯马特 Smart

斯维济 Sweezy, Paul
斯本格勒 Spengler
斯拉茨基 Slutsky
斯密西斯 Smithies
斯皮特浩夫 Spiethoff
斯托尔培尔 Stolper, Wolfgan
琼斯 Jones
温尼奥斯基 Winiawski

十三画

雷 Rae, John
雷蒙 Raymond, Daniel
雷达维 Reddaway
詹金斯 Jenkins, Fleeming
福格尔 Fugger
鲍尔 Bauer
鲍莱 Bowley
鲍温 Bowen, Francis
鲍尔特凯维兹 Bortkiewicz
奥皮 Opie, Redvers

奥尔劳多 Orlaudo
奥斯匹兹 Auspitz
奥维尔斯顿 Overstone
奥斯特瓦尔德 Oatwald

十四画

魁奈 Quesnay
赫尔曼 Hermann
熊彼特 Schumpeter

十五画

摩根 Morgan
德雷福 Dreyf
潘塔里昂尼 Pantaleoni, Maffeo

十六画

穆尔 Moore, S.
穆勒 Mill, James
霍布生 Hobson
霍特里 Hawtrey
霍特林 Hotelling

图书在版编目(CIP)数据

熊彼特文集.第3卷,从马克思到凯恩斯十大经济学家/(美)约瑟夫·熊彼特著;宁嘉风译.—北京:商务印书馆,2022
ISBN 978-7-100-19909-4

Ⅰ.①熊… Ⅱ.①约…②宁… Ⅲ.①熊彼特,J.A.(1883～1950)—经济思想—文集 Ⅳ.①F091.354

中国版本图书馆 CIP 数据核字(2022)第 052058 号

权利保留,侵权必究。

熊彼特文集
第 3 卷
从马克思到凯恩斯十大经济学家
〔美〕约瑟夫·熊彼特 著
宁嘉风 译

商 务 印 书 馆 出 版
(北京王府井大街36号 邮政编码100710)
商 务 印 书 馆 发 行
北京通州皇家印刷厂印刷
ISBN 978-7-100-19909-4

2022 年 5 月第 1 版	开本 710×1000 1/16
2022 年 5 月北京第 1 次印刷	印张 21½

定价:98.00 元